辻真先の
テレビアニメ道

立東舎

まえがき

辻真先が書き続けたテレビアニメの第1話

綿引勝美

辻真先先生と初めてお会いしたのはいつだったのだろう。新宿で、有楽町で、私はいつだって辻先生の前に座っていた。マンガ、アニメ、映画、SF、ミステリについて夢中に話していた。サラリーマン編集者からフリーとなり、メモリーバンクを興した私。企画を通す難しさに悩むことも多かった。新発想はするものの、企画を実現させる政治力を持たない自分に腹が立った。しかし、そんな私に力を与えてくれたのが〝辻真先〟という存在だった。

マンガ好きで人気作品の多くに目を通していた辻先生を、多くのアニメプロデューサーが訪れて第1話を依頼している。なぜかといえば簡単なこと。シナリオを書く上で必要な作品世界の説明が必要ないからだ。アニメ化されるマンガのすべてがコミックス化されているとは限らない。私の担当していたマンガでいえば、横山光輝先生の『バビル2世』がその一例だ。コミックス化すれば大化けするという狙いで連載を始めたが、コミックス化はなかなか実現されなかった。横山光輝の少年誌への復活登場に文具メーカーが刺激されて商品化を争っている。人気投票でも常に上位に入る『バビル2世』だけに、すぐにもコミックス化が実現すると考えていた。あわよくばテレビアニメ化もあると考えて、刷り出し（正しく印刷されているかを確かめる印刷見本）を10部用意して、連載順にまとめていた。これが幸いして、そのうちの何部かを東映動画のプロデューサーにお渡しして『バビル2世』の世界観を理解していただいた。

未曾有のコミックス化ブームはしばらく後のこと。アニメ化するマンガの世界を把握するには、少年マンガ誌のバックナンバーを見るしかなかった。マンガ大好き人間で、多くのマンガ誌に目を通していた辻真先先生。人気作品の多くに目を通していることもあって、そのマンガの面白さは十二分にご承知だ。改めて作品世界を説明する煩雑さを省くことが出来るわけで、これが辻真先というシナリオライターが第1話に登用される理由ともなったと想像する。

今回の企画の相談に訪れた時、辻先生は、「第1話を書いた後、次の依頼が来ない。どうしたものかと思っていると、いきなり打ち上げパーティに招かれて驚いた」と苦笑いを浮かべながら語ってくれた。テレビアニメの第1話は、視聴者に舞台設定とともに、主人公の魅力、物語の面白さをアピールする大事な役目を持っている。人気マンガを原作とする場合、その世界を熟知しその面白さを十分に知って書いてこそ視聴者をうならせることが出来るはずだ。

今回『辻真先のテレビアニメ道』執筆依頼の狙いはそこにある。辻先生は日本のテレビアニメの草創期を支えたシナリオライターのひとりに数えられている。その数多い作品リストを見るにつけ、第1話担当が目について驚く。いうまでもなく、テレビアニメ作品の人気の消長はその第1話にかかっている。世界にも稀なアニメ大国となった日本。その屋台骨を支え続けた辻真先先生だが、その真の価値は〝第1話執筆〟にあると私は思っている。

プロデューサーの要求、スポンサーの思惑など、第1話のシナリオ完成まではかなりの紆余曲折がある。しかし、原作マンガの狙い、面白さを変えてまで書いたのでは、原作マンガを知る視聴者に横を向かれる。狭間にあって、第1話のシナリオを書き続けた辻先生。テレビアニメの草創期を支えたひとりのシナリオライターとして、いかに作品に向かったかを書いていただくというのが本書の眼目だ。長寿を誇るアニメもあれば、途中で打ち切られるアニメもある。その消長を決めるのは第1話の出来だが、それも視聴者次第となれば大変な労苦といえよう。60年近くに及ぶ辻先生のアニメ人生はそんな連続であったろう。その話に耳を傾け日本のテレビアニメの行く末を考えていただければ嬉しい。

綿引勝美(編集者・執筆者)　昭和21年、東京都生まれ。昭和44年、秋田書店に入社。『バビル2世』を企画した他、手塚治虫、石ノ森章太郎、藤子・F・不二雄、藤子不二雄Ⓐ、赤塚不二夫、鈴木伸一、永井豪らと交流。昭和55年、メモリーバンクを創設。現在まで、マンガやアニメをテーマにした企画・編集・執筆活動を行っている。

Contents

CHAPTER 3

アニメ こぼれ話　あふれ話 253

CHAPTER 4

アニメの昨日・今日・明日 287

◎本書について

『鉄腕アトム』『エイトマン』をはじめとする人気テレビアニメ作品の多くが、児童誌の人気マンガを原作としています。原作の時点ですでに多くのファンを獲得していることもあって、視聴率に大きく貢献するためです。また、さらにテレビアニメをコミカライズして、積極的に視聴率をアップさせる工夫もされています。本書では、原作マンガならびにコミカライズ作品の書影図版等をご紹介していますが、マンガとテレビアニメの蜜月ぶりを理解していただきたいと考えているためです。

＊ 掲載図版のうちクレジットがないものについて
写真は著者／辻 真先が所有するものです。脚本については、著者より管理を委託されている一般社団法人 日本脚本アーカイブズ推進コンソーシアムに協力を頂き掲載しています。その他のコミックス、ソノシート、レコードなどのカバーおよびパッケージは、綿引勝美コレクションから掲載しております。

＊ 各作品のデータについて（1）
本書で紹介されている各作品は、テレビアニメについては放映年月日、劇場映画については封切日（公開日）、書籍については奥付に記された刊行年月日をもとに紹介しています。なお放映年月日および封切日等については、誌面スペースの都合から地方での放送・上映や再放送を除いた一般の公開日のみ記載していることをご理解いただけますと幸いです。

＊ 各作品のデータについて（2）
アニメ各作品の制作会社、制作に携わった主要スタッフおよびキャスト等のデータについては、基本的にOP、EDのタイトルクレジット表記を参考にしています。なお、フィルム以外に参考にした資料については、本書奥付に纏めて記載しています。

＊ 各作品の著作権表示については、可能なかぎり確認していますが、不明なものについては空欄となっています。

＊ 本文中、他書籍等からの引用部分については、基本的に原文ママとしています。

CHAPTER

1 テレビの原野から アニメの荒野へ

読者のあなたにご挨拶

やあ、はじめまして。

あ、そこのあなた。きょろきょろしなくてもいいです。

ぼくは今、あなたに——買ったのか立ち読みなのか知らないが、とにかく今の時点でこのページに目を止めた読者のあなたに、話しかけているのです。

これもなにかの縁と思って、もう少し先まで読んでくれませんか。

ぼくはあなたの名前も年齢も学歴も知らない。当然あなたの将来の希望（もしかすると絶望）も知るはずがない。

だからこうして気安く話しかけているわけです。

あなただって気軽にぼくの話に耳を傾けられるじゃないですか。これが教室に入るとすぐ後ろの席の奴だったり、オフィスでＺｏｏｍの会議に出たら顔見知りだったりしては、とかく面倒な関係になる。

だが幸いお互い知らない仲だ。あなたのぼくについての知識といえば、アニメのクレジットでチラ見した脚本家だとか、書店で見かけたミステリ作家だとか。せいぜいそんなものでしょう。多少つき合いが深みに嵌《は》まっても、めんどいことになりっこない。

したがってぼくが自分の話をまくし立てても、うるさいようならあなたがページを閉じれば、それでおしまい。

人生ややこしく考える必要なんかない。気楽にゆこうよ、気楽に。

実際ぼくも、これまでずいぶんホンを書いて来た。映像畑でホンといえばシナリオの通称だが、小説も書いてるから紙のホン（この頃は電子ホンも含まれるが）を書いているのも確かです。

アニメ（大半はテレビアニメ）だからドキュメントや評論ではない、フィクション、作り話、ドラマ、嘘っぱちの話ばっかり。

とにかくぼくは、話を創るのが好きだった。

それも子どもの頃からで、生まれついての嘘つきと自覚しています。

ホントだよと言いながら嘘をついては詐欺師だけど、はじめから「これは嘘です、作り話です」と看板を掲げていれば、〝作家〟と呼ばれるからおかしいよね。

「継続は力なり」

誰が言ったか覚えていないが、つまり毎日マラソンしていれば足の筋肉がつきますってことだ。多少トロくても長く続ければそれなりに上達するだろう。

その点ぼくは嘘つきのベテランである（SFを書くときは法螺《ほら》も吹く）。

もちろんはじめは、自分から嘘をついたのではない。マンガ家や探偵作家や冒険作家に嘘をつかれるのを楽しんでいたが、戦前の日本には子どもが面白がるフィクションは、そんなあちこちに転がっていなかった。吉川英治という作家が書いた少年向きの長編『神州天馬侠』が、尻切れトンボに終わったのが悲しくて、伏線を拾って100枚くらい続編を書いた（この作家の代表作は『宮本武蔵』で、マンガ『バガボンド』〈井上雄彦〉の原作といえば、ご存じの読者もいるはずだ）。

その頃のぼくは中学生だった。思えばあれがぼくの嘘のつきはじめであった。

黒澤明監督がまだ無名の頃、『雪』というシナリオを書いてコンクールに入選している（昭和17年「新映画」収載。今なら『全集　黒澤明』〈岩波書店〉第1巻で読めます）。そのホン（これはシナリオのことです）を読んで感動したのが、まだ昨日みたいな気がするけど、だからぼくは小説より先に、映像関係のお話作りを志した。

中学を出て、1年しか行かなかった高校（なぜかは、ぼくの推理小説『たかが殺人じゃないか』〈東京創元社〉を読めばわかる）を終え、大学に進む間ひとりでずっとシナリオの修行を続けていた。

その時代の映画は大衆娯楽の王座だったが、悲しいことに社会的地位は決して高くなかった。名古屋大学文学部国文科を昭和29年に卒業したぼくの卒論のテーマは、『芥川龍之介と黒澤明の比較論』である。

当時は映画脚本だけが主題では、大学の卒論と認めてくれなかったのだ。日本の文化は縦構造なので、映画ごとき歴史の浅い代物《しろもの》は、文学のはるか下風に位置づけられていた。現在は江戸川乱歩をテーマに大学の卒論が書けるらしいが、いい時代になったもんだ。

ちなみに3年ほど前、アニメの勉強で上海の大学から大勢の女子大生が来日したとき、通訳したのが東大大学院に在学する、やはり中国人の女性だった。なにげなく「研究のテーマは」と尋ねたら「アニメ史です」サラリと返答された。

令和の今日では東大でアニメが研究出来るのか。ウワー。

でも昭和のあの頃は、世界のクロサワを研究するにも、文学の威光を借りねばならなかった……。

シナリオ修行を振り出しに

保守的な世の中で映像ジャンルが頭角を現すようになって半世紀と経っていない事実を、若い読者のあなたに（若いんでしょう？　ぼくに比べればたいていのおっさんも若い部類に入るが）知っておいてもらいたい。でないと、この先のぼくのおしゃべりが、よく呑み込めないだろうから。

さっきも書いたように、昭和中期の映画はエンタテインメント業界最大の勢力だった。だから大学を出たばかりの気鋭のクリエーターたちは、こぞって映画界に身を投じたが、ぼくは諦めていた。首都圏や関西なら映画各社が撮影所を持っているが、名古屋にはないからだ。それでもシナリオが好きなので、ほそぼそと勉強を続けていた。

完全にひとりだったらアホらしくなって、辞めた——というか飽きてそれっきりになっただろうが、たまたま雑誌で『シナリオ研究十人会』の記事を目に止めた。

戦時中は自由に書けなかった評論家や実作者たちが集まって、新しい映画文化を興そうというのだ。それも下部組織として新泉会と呼ぶグループを発足させ、シナリオ修行を目指す若い人に通信教育するというものだ。戦争で丸焼けになった東京より、地方に将来の映画をになう人材がいるはずと考えて、十人会は全国に向けて発信したのだ。

ぼくが住む名古屋も丸焼けだが、この記事は嬉しかった。東京の専門家が指導してくれる！　近頃のようにＡＩ詐欺が横行する時代じゃないし、しかも記事に並んだ作者や評論家は、映画ファンなら誰でも知っている錚々《そうそう》たる顔ぶれであった。

地方の中学生（ぼくは4年になっていた。進駐軍による学制改革以前だから、中学は5年まであった。詳しくは前記の拙作『たかが殺人じゃないか』参照のこと。ＣＭでごめん）は、たちまち飛びついた。

やがて教育制度が変わり、ぼくもそれまでの旧制中学から新制高校3年に編入されたが、その過程で起きた生徒たちのトラブルをモデルに書いて、東京に送った。ザラザラの紙にガリ版で罫線《けいせん》を印刷した手製の原稿用紙に、ものすごい悪筆の文字で綴《つづ》った『新しきものへ』と題した脚本を、意外にも褒めてもらえた。

嬉しかった——天にも昇る心地というのは、アレなんだね。

調子づいたぼくは、もうひとつの趣味である探偵小説をネタに、『炎』というスリラー（まだ推理小説だのミステリだのという言葉がなかった）映画のシナリオを読んでもらって、また好評だった。

このときの体験に基づいて、ぼくは新人の新しい作品は加点主義で読むのを原則としている（ツイッターを覗いた人はわかると思う）。本物の意欲があれば筆力はまだ発展途上でも、きっと新鮮な芽吹きを内包しているはずだ。もしぼくの肌に合わないと思ったら、黙って引き下がればいいだけのことだ。

その考えに基づいて猫撫で声のツイートをするぼくです。適当に褒め逃げしているのではない。

あのとき頭ごなしに否定されていたら、小心者のぼくはアッという間に旗を巻いて消えただろう。だがおだてりゃブタも木に登るのだ。

当のブタが言うんだから間違いない。

――で、ぼくは調子づいた。

はじめての男女共学をモティーフに、『共学の記』というシナリオを書いた。それまでの日本の公共教育では小学校の3年生になると、男女別学にされていた。「男女七歳にして席を同じゅうせず」が、モラルの基本であったからだ。そんな前思春期の年頃を飛ばして、出しぬけに机を並べさせられたのだから、生徒全員漏《も》れなく奔馬性《ほんばせい》初恋症候群患者になったから、話のネタに事欠くまい。

そう思って書いた。多少の自信もあった。

結果はコテンパンの悪評だった。前2作が認められていた（つもりだった）だけに、その落差のひどいこと。我ながら落ち込んだ。

評してくれたのは内田吐夢監督（知らない人は調べてごらんなさい。戦前と戦後を貫く名匠です）の『たそがれ酒場』（昭和30年）を書いた脚本家だ。

実験的だがエンタメとしても面白く（宇津井健の初期出演作）、圧倒されていたぼくはグウの音も出なかった。たびたび引き合いに出す『たかが殺人じゃないか』は、70年後に書いたそのリベンジ作である。

こうしてぼくの野心作は見事に挫折、改めて考え直した。書くのを諦めたのではない、ぼくという船の舳先《へさき》を向き直して、さらに書き続けた。

ニブイだけ図々しいだけかもしれないが、いいじゃないですか。書いてナンボの世界だもの、なにも書かずに理屈だけ並べたって始まらない。

「蒔《ま》かぬ種は生えぬ」のだ。

体験をクソ丁寧に描けばいいのではない。フィクションの世界で好きな探偵趣味を全開するやり方で書いてみよう。偉そうにいえば、これはぼくの嘘つきの開眼であった。

まったく未知の世界を舞台に、イマジネーションだけで筋書きをこしらえてみた。最初から本腰を入れたスリラー映画のシナリオなのだ。

タイトルは『犯罪のある風景』。

封建的な故郷に戻った復員兵（もはや死語ですね。海外から帰国した日本軍の元兵士）が、殺人事件で探偵役を演ずる犯人探しだから、ぼくとしては思い切って探偵小説の世界にひたってみた。

これはなんとか褒められ新東宝に推薦してもらったので、たちまち自信を回復した。推薦の結果は梨の礫《つぶて》だったが、このあたりでぼくは自身の限界に気づき、鉱脈のありかを朧《おぼろ》げに探りはじめていた。

褒められたりケナされたり、つまり十人会の先生たちに手取り足取り育てられたと、しみじみ恩義を感じ入る。ざっくり言えば間違ってもアートはダメ、面白おかしいホンなら、なんとか書けそうな気になっていた。幼い頃からの読書体験、観客体験が積み重なって、裏打ちしてくれた。

文芸の香り高い映画でベストテン入りを狙う——そんな野望を、ぼくはカラリと捨てることが出来た。だいたいそんなもの見ても読んでもいないじゃないか。

カニは自分の体に合わせた穴を掘る。

決してぼくは〝名匠〟にならないぞ。いや、なれないぞ。

元々この国では小説の下風に立たされていた映画だ。その中ではまだしも知的な客を迎えた文芸映画だが、それだってぼくのガラじゃなかった。

おかしな覚悟を定めたぼくが、タイミングが良かっただけで転がり込んだのが、テレビ局であった。

テレビとはなんですか

東京では前年から放映が開始されていたが、テレビの電波が発射されるのは、昼と夕方だけ、1日せいぜい5、6時間の番組放映であったから、実験放送（ＮＨＫの技術研究所は東京都世田谷区砧にあった）の頃から生え抜きの制作クルーと、映画、演劇から集まった外部のスタッフだけで、まかなうことが可能だった。

だが大阪・名古屋でも、揃ってテレビ放映が開始されるのだから、今の体制でお茶を濁し続けるわけにゆかない。ＮＨＫ自前の職員で番組制作の実績を積み上げようということになった（ぼくの推測だが）。

そこで名古屋の管内でスタッフを募集、たまたまその網に引っかかったのが、ぼくであった。

その後の発展をご存じのあなたにはお笑い草だろうが、あの頃のテレビは文化以前メディア未満で、世の片隅に縮こまっていたのが実情だ。だからぼくなんか、はっきり言って僻《ひが》んでいた。

「ＮＨＫに入ったよ」

　名古屋の知人にそう告げたら、

「あんた、アナウンサーになったの」

と驚かれた。ＮＨＫにはアナウンサーしかいないと思っている人がゴマンといた。

「いや、テレビなんだけど」

「テレビ？　それなに」

　本気で質問され、仕方なくフルネームで申し上げた。

「テレビジョンのことだけど……」

「ああ、見るラジオのことか」

　一般的なみなさんはそのレベルの理解度だった。なにしろ名古屋では誰ひとりテレビを見た者がない（開局前だから当たり前だ）。

　もちろんぼくも見たことがなかった。

　松坂屋のイベントホールで、ＮＨＫ名古屋放送局（城の一郭にあった）から流した電波を受け、テレビを見るという催しのとき、ぼくは勇んで客席に座った。舞台に鎮座したキカイの画面に「イ」という文字が大写しされた。

　それだけだ。

「イ」はしゃべりもせず、動いてもくれない。

　いつまでたっても「イ」のままであった。

そんなものを見せられて、みんな怒っただろうって？　とんでもない。たった今、名古屋城からの電波が「イ」を運んで来たという科学的事実に圧倒され、お客たちはホーッと感動の吐息を漏らしたのだ。昔のみんなは素直だったよ。笑ってはいけない。

映画好きだったぼくは、東京の新宿という町でフライシャー兄弟（アニメ『ポパイ』の制作者）が制作した総天然色長編漫画映画『ガリバー旅行記』（昭和14年米国公開、同23年日本公開）が封切られると知って、中学生のときひとりで見に出かけた。

名古屋から東京まで10時間かかる史上最低の国鉄で往復、当時の鉄道旅行の悲惨さを全身で味わったのだ。網棚をハンモック代わりに寝る。トイレは客ですし詰め。客車の出入りは窓。

そんな有り様で上京したぼくが、武蔵野館で見た色彩の鮮やかだったこと！

超満員の客たちは、最初にピンク色の1カットが出ただけで、嘆声の嵐だ。実はそれは筋書き説明の字幕でしかなかった。日本には色彩映画に*スーパーインポーズを焼き込む技術がなかったためだが、それでも客は見とれたのだ。いかに大衆が映像文化に飢えていたか、という事実である。

映像に関心のあったぼくだが、動くテレビを最初に見たのは、結局NHK入局後のことだった。配属された東京のテレビスタジオで、柳家金語楼（落語家出身のコメディアン）のアップが初体験なのだ。

ぼくが採用されたCK——NHK名古屋放送局には、まだテレビのスタジオがなかった。大阪には出来ていたので、東京から和田勉さん（ガハハのおじさんでご存じの人もいるかな。のちに芸術祭賞をいくつもとった）が転出した。逆にぼくは名古屋から東京へ転勤させられた。

東京のテレビ制作体制もまだお寒いものだった。

＊ スーパーインポーズ＝映像に文字や図形、他の映像などを重ねる手法。

内幸町の放送会館裏に公開番組用ホールとスタジオが増設されたが、それまでは事務室を改造したテレスタがひとつだけだ。ひとつしかないから、一も二もなく単にテレスタと呼称されていた。床面積35坪、スタジオの中に柱が立っていて、この柱を撤去すると放送会館が崩壊するとおどかされた。

ぼくが職員（ＮＨＫは会社ではないから社員と呼ばない）になったとき、まだテレスタは稼働中だったから、ずいぶんお世話になったものだ。

昔むかしのテレビの制作風景

ぼくがＮＨＫ第1期テレビ要員として飛び込んだときは、テレビの歴史はまだ神話時代で、あらゆる番組制作のシステムが流動的だった。ドラマのテーブルひとつでも、借りるルートは映画相手だった小道具屋と契約出来たが、買う仕組みは出来ていない。ドラマの中で不意にタワシが必要になっても、購入手続きには用度課長や美術課長のハンコがいるから、生放送に間に合わない。ハイヤーを飛ばして郊外の小道具屋へ駆け込み、タワシを借りる始末であった。

アホらしさに音を上げて、ぼくは度々自腹を切った。だから今も手元に、森繁ショー『オオ・マイ・パパ』で使ったコーヒーカップが残っている。主役を象徴する小道具であったから、高島屋で見繕《みつくろ》って来たのだ。

このとき採用されたのはぼくを含めて6人でひとりは女性だったから、労働基準法（でしたか？）により夜10時以後は働けない。もうひとりの男性はあまりに低劣な労働環境に悲鳴を上げ移籍したので、残る4人で奮戦するほかなくなった。むろん実験放送以来の制作スタッフはいるが、放映時間が拡充されれば全員が乱戦の渦に巻き込まれた。

なにをどうすればいいのかおたついていると、ふいに三越が訪ねて来た。さすが大ＮＨＫである、職員に採用されると三越謹製のダブルのスーツ一式を自動的に誂《あつら》えてくれるとわかった。
あいにくぼくは、ネクタイを結ぶことも出来ない半社会人で（水洗トイレをやっと使い慣れた頃だった）、仕事といえば大道具小道具の手伝い、たまに配車と弁当配りであったから、ダブルのスーツにはついに一度も袖を通さなかった。重宝したのは黒くて汚れの目立たない学生服で、ポケットが破れるとその頃売り出されたセロテープでくっつけていた。ぼくの世代に家庭科はなかったので、針に糸を通すことも出来ない。生活力コンマ以下の男だった。

同じ放送でもラジオはとうにメディアの一角をになっていた。

大ヒットした劇場アニメ『君の名は。』（新海誠監督、平成28年）をご存じだろう。あのタイトルから最後の句読点を省くと、ラジオドラマ全盛期の代表作*『君の名は』になる。数寄屋橋を舞台に佐田啓二（現役のタレント中井貴一の父君）と岸恵子が主演した映画も有名だが、原作は菊田一夫が書いた連続ラジオドラマで、放送時間には銭湯の女湯がカラになるという伝説が生まれた人気作品であった（つまり女性はみんなラジオドラマを聞いていたから。その時代、町なかで浴室つきの家に住む人なんていなかったのです）。

それ以外にも『鐘の鳴る丘』『えり子とともに』『向う三軒両隣』などヒット作が続出したし、人情の機微を描いた芸術味ゆたかな作品が、ラジオ小劇場という番組枠から次つぎと送り出された。『指笛』『魚紋』『みんな見えなくなる峠』――。

言うまでもなくラジオドラマは視覚に頼れないから、台詞と音響効果、音楽だけで情景を浮かび上がらせねばならない。音だけで人物の性格を彫り込み、劇的興奮の渦に巻き込むのだから、凄い才能の作家が犇《ひしめ》いていた。ぼくも市販されていたラジオ小劇場の脚本集を貪《むさぼ》り読んでいたひとりであった。

だいたいテレビは、前年2月の放映開始に800そこその聴視者がやっとの有様なのだ。ぼくが局に入ってもまだ

＊『君の名は』＝昭和27年にNHKラジオドラマとして公開。翌28～29年にかけて、3部構成で映画が公開されている（大庭秀雄監督）。

テレビを持つ人は誰もおらず（だってぼくの給料の17カ月分だよ）、みんな街頭テレビや病院の待合室でテレビに接したものだ。

局では小さなテレビ庶務課の部屋に、これも小さな黒板がブラ下がっていて、毎日の聴視者の数がチョークで書き込まれていて、10万の大台に乗ったときみんなでバンザイしたことをよく覚えている。

カラーどころかビデオなんて夢のまた夢だったから、フィルムに頼るニュースの一部を除いて、すべてがナマ放送であった。

時報もナマだったと言うと、みんなへーッとびっくりするが、場所が放送会館なのだからどの部屋の時計も、グリニッチ天文台直結？　の正確無比な時刻を示していた。テレスタの壁に残っていた時計も誤差ゼロだから、時報に使える。というわけでたとえ時代劇のセットでも、一部をくりぬいてあけておき、番組終了時には決まってカメラの1台が時計を狙っていた。

生放送、ときにはぶっつけ本番となるのもザラだったから、ミスだのエラーだのトチリだの、毎日どこかで誰かが演じている。放送中のカメラの前をつい通り過ぎるなんて、毎度のことだ。

歌手の雪村いづみが、楽団を撮っているカメラ前を気づかず通り過ぎた。

「トンコ！」（トンコは彼女の通称）

「なーに？」

と叱ったら、

とばかり戻って来たので、往復特別出演されてしまった。

NHKは公共放送だから特定の商品名を出してはいけない。ビール壜《びん》を見せるときならラベルを汚して読めなくする。

それなのに江利チエミが放送中に「味の素」を連呼してしまった。だがこのときは、誰も叱る気にならなかった。

台本には「化学調味料」とあったけれど、ふつうのホームドラマで「ちょっと、そこの化学調味料とって」なんて言わないものね。

したがってセロテープ（正しくはセロハンテープ）もダメ、テープコーダー（正しくはテープレコーダー）もダメ。みんな特定の商品名なのだから。

生放送のときはまだ良かった。

いや、良くもないけれどナマだからやり直しが出来ない。偉い人が見ていても苦い顔をするだけですんだ。

ビデオテープが導入されてからは大変である。

テープが高価だったため、「切ってはいけない」という命令をもらったからだ。なにしろテープ1本がぼくの給料のなんカ月分にあたる。キズものにするわけにゆかないのだ。ビデオは編集が出来るから便利、ミスした部分を録画し直して切り貼りすればすむ。と考えていたのに、それをやってはいかんというのだから困った。

たとえ1時間ドラマでもミスがあれば、頭から丸ごと収録をやり直す必要がある。そのうちタレントにもその仕組みがわかってきたから、自分がトチると大声で「ごめんなさーい」と叫ぶ。こうなっては録画出来ないから、はじめから収録する羽目になる。誰だって自分がミスったドラマを放送させたくないから、あっちでもこっちでも、

「ごめんなさーい」

を叫び出した。

その夜、収録中だったドラマの主演者水谷良重は、翌日が初日という舞台があった。それなのにみんなが「ごめん」をやり出したから収録は遅れに遅れ、いつの間にか夜が明けてしまった。それでも収録が終らない。初日だというのに

劇場では舞台稽古もはじめられない。

ついに怒り心頭に発した彼女は、

「ビデオを発明した奴を火あぶりにしろ！」

と怒鳴った。今の二代目水谷八重子の若い頃の話だ。

映像には言語があり文法がある

そんな状況の毎日が続いたから、心身ともにへとへととなった。

それでも現場で追いまくられていたから、理屈でなく体で覚え込んだのが〝映像言語と文法〟である。

文章同様、映像にもそれなりの言語があって文法があるのだ。それを呑み込んで制作しないと、見ている者にドラマの感動が――いやそれどころか、話の筋道さえも伝わらないだろう。

映像文化といえば、かつては映画が主軸であった。その時代、誰もが紙に記された文字で教育を受けていたから、たとえ映画を見慣れたカツドウヤ志望者でも、映像文法を皮膚感

▲昭和30年あたりに撮影された、NHKのテレビ番組リハーサル風景（写真協力：池田憲章）。

覚で悟るのはたやすい技ではない。映画の世界で助監督を10年勤めてからやっと監督に昇進出来たのは、年功序列もあるが時間をかけなくては会得出来ない壁があったためだ。

だが若い世代にとって、壁はあの頃に比べて格段に低くなった。

彼らには生まれたときからテレビがありアニメがあったからだ。海に生まれた魚が溺れるわけがないように、令和の若い人たちは映像感覚をデフォルトで保持している。

幼い頃から好きだったマンガを、大人になっても読み続けていたせいで、ぼくはなんとなく映像ならではの言語と文法を感じ取っていた。たぶん第1期のオタク世代なのだろう。

ツイッターで知ったことだが（だから間違っているかもしれないが）、ぼくが小説の中に「オタク」キャラを登場させたのは、かなり早い時期らしい。それまで書いていたラノベ（という言葉さえまだなくてジュブナイルと呼ばれた）ではなく、もう少し読者年齢を上げてほしいという徳間書店の注文で、『宇宙戦艦富嶽殺人事件』というミステリを書いた。冒頭で展開されるのが、大学のアニメ研究会が主催した、『機動戦士ガンダム』（もちろんファーストガンダム）の映写会で殺人が起きる話だ。ここで学生たちは互いをオタク呼ばわりする。出版されたのは昭和56年だった。

社会をリードする大人の世代が知るのはもう少し後になるけど、とにかくこの頃から映像文化は若者の基礎的教養になっていた。

ぼくの世代は全面的に活字文化で、小説はむろん講談でも落語でも活字になっており、寄席に恵まれない名古屋でも活字を介して講談タネ、落語タネを吸収することが出来た。戦前はむつかしい漢語にはフリガナがふってあったから、意味不明でもなんとか読んだ。

だがそれに並行して、ぼくはマンガを読みまくったし、盛り場に家があったから小学生の頃から映画館へ歩いて通った。

残念ながらこうした二流三流の子ども文化に関心を持つ人は、戦前の日本には皆無だったから、五銭十銭の粗悪なマンガ冊子についての記録はない。少なくともぼくは知らない。

大人の世界から無視されていた子ども文化だが、ハロルド・ロイド（というチャップリンに並ぶコメディアンがいた）の都会的なスラップスティックギャグや、ミッキー・マウスとミニーというネズミのカップルの存在をぼくが知ったのは、本屋の店頭に平積みされた冊子（もちろん海賊版だ）のおかげであった。映画の笑いをコママンガに移植するのは無謀だが、それでもぼくは大笑いした。アメコミのヒーロー活劇をコママンガに仕立てたものも読んだ。

おかげでぼくは曲がりなりにも、映像言語らしいものに触れた。

大写し（クローズアップ）はこんなときに、ロング（遠景）はこんなときに使うのだと、理屈抜きで知った。

大日本雄弁会講談社（今はただの講談社だが）から発刊された『長靴の三銃士』『無敵三銃士』になると、ページの上半分がひとコマのマンガで、下半分が映画（まだ無声で活動写真と呼ばれていた）のシナリオ形式になっていた。サイレントだからタイトル扱いの台詞と地の文、さらに映画用語で構成されていたから恐れ入る。

場面転換では「静かに絞る」なぞと書いてあった。今なら「アイリスアウト」と書くところだ。当時のハリウッドの映画俳優が似顔絵で描かれ、国産のヒーロー鞍馬天狗（これはわかる人もいるだろう）と共演したりした。

子ども向けの駄菓子文化を舐《な》めてはいけない。昭和初期のマンガはイマジネーションの翼を懸命にひろげて、幼いぼくに映像の面白さを教えてくれた。

映像文法もそうだ。

A太郎くんとB子ちゃんが会話するとき、べつべつに撮ったアップを繋ぐとき、顔を合わせているのかそっぽを向いているのか客にわからせるには、どう撮りどう繋げばいいのか、本能的にわかるようになっていた。

手塚治虫先生は、ディズニーの長編アニメを100回以上見たと聞くし、ぼくも『白雪姫』を50回は見た。ディスクはもちろんビデオも存在しない昔だから、映画は映画館で見るほかなく、弁当持ちで通った。

シネコンではないからいったん映画館に入れば、時間の許す限り何回でも見ることが出来るからだ。膝の上にノートを置いて鉛筆でメモをとる。真っ暗な中で走り書きするので、後で読み返せばたいていは？？？の連続になるけれど。

亡くなった映画の評論家淀川長治さん（あなたの親の世代なら『日曜洋画劇場』の解説をした、さよならさよならのオジサンでたぶんわかる）になると、映写室にもぐり込んでフィルムのコマ数を数えたそうだ。

ジョン・フォード監督の『駅馬車』（昭和14年）は活劇の古典だが、駅馬車とインディアンの大群が追いつ追われつする場面で、コマ数を勘定してテンポの緩急を会得したという。

今の読者ならそんな苦労をしなくても、ディスクを購入すれば心ゆくまで研究出来る。だから高校生大学生でも映像文法のあらましがわかるから、それなりに形のととのった映画が撮れるだろう。

いい時代になったもんだ！

――と、年寄りが若者を羨《うらや》ましがっても、話は前に進まない。

だからこの先は、もう一足踏み込んでお話ししたい。

映像感覚をどう磨くかということだ。

その上で本題のテレビアニメに入ろうと思う。もうしばらくの間つき合ってくれませんか。

シナリオの読者は誰だろう

ぼくは小説より先に、まずシナリオに興味を持ったと書いた。細部の描写よりおおまかな物語の運びに関心が深かったからだ。

小説ではたとえば地の文で、今日の空がいかに蒼いか、雲の形はどうなの、など本筋に関係ないことを細かく書き立てる。

エイ面倒臭い、さっさと話を進めろよ、作者！

ぼく自身はのろまな癖に、読者の立場だとせっかちになる。時代がテンポアップしたせいか、ぼくみたいなミステリの読者が増えて来たようだ。伏線も人物紹介もいらん、早く殺せ死体を転がせというご要望が集中して、のろまな作者をあたふたさせるが、考えてみると読者のぼくがそうなのだ。

だからシナリオのト書（わかりますね？　戯曲や脚本のセリフ以外の部分。「ト、歩き出す」風に芝居を指定したのでト書といいます）では、

○空

青い。

ひとひらの雲。

といった調子で読みやすいのだが、実はそんな単純な文章にも、映像言語ならではの工夫が詰め込まれていることに、

少しずつ気がついて行った。

不特定多数の読者を想定して書かれる小説と違い、シナリオは特定少数の読者を対象にする。つまり監督・撮影・美術をはじめとする映画の制作スタッフたちである。

一般の書籍と違って、シナリオの任務は読者のイメージを触発して、完成した映画の面白さ楽しさを具体的に想像させることだ。

だからシナリオには間違っても「絵にも描けない美しさ」などと書いてはいけない。飽くまで「絵になる美しさ」を要求すべきなのだ。抽象ではなく具象でこそ、カメラに撮れるのだから。

だが一言で「絵になる」といっても、画面構成の要素はさまざまである。

瞳の接写のようにアニメに多い極端なクローズアップから、地球を丸ごと描く遠景（ロングショット）まで、シナリオライターが想定する画面はピンからキリまで限りがない。

ただし脚本家は監督でもカメラマンでもないから、彼が脳内に描く構図は飽くまでスタッフのためのたき台として存在する。

したがってシナリオの文中に、いちいちアップだのロングだの技術用語で画面を指定するのはライターの独善となるし、そもそもそんな用語を地の文に混ぜ込まれては、純粋なシナリオの読者――あるべき映画の完成形を探りつつ読むスタッフ――にとって迷惑この上ない。

よく出来たシナリオの場合、いちいちそんな指定をしなくても、読み進めれば自然に出来上がった画面が彷彿とするように書く。例を挙げよう。

平原を野生の馬たちが走る場面である。

○平原
馬群が犇《ひし》めいて走り出す。

馬が走る、馬が走る、馬が走る。

走る馬！


地の文の最初の1行は、なん頭もの馬がもつれ合うように走る姿を見せるのだから、読み手は遠景をイメージするはずだ。

2行目は同じロングショットでも、より動的に描きたい。この文章を読んだ監督なら、移動撮影を想定するのではないか。

ここまでの地の文は、動詞止めになっている。

だが3行目になると、名詞止めである。対象をより拡大して描いてほしいというのが、ライターの潜在的欲求だから、たとえば、

○靡《なび》くたてがみ。
○飛び散る汗。
○地を蹴る蹄《ひづめ》。

といった馬のディティルを描くカットの積み重ねを、読み手は想起するのではないか。

前記したように、シナリオとは読者にイメージを誘発させるように書くべきで、それが映像文法に則って記された映像言語、ということになる。

絵にしにくい素材を絵にした例

いかにも映像的な動きのある場面ならわかりやすいが、ドラマを運ぶシナリオとしては、もっと地道で、だが避けて通れない描写がしばしば必要になる。

シナリオの教室で、こんな文章を出題したことがある。

『彼と彼女は公園で毎日のようにデートを重ね、いつか1年という月日が経過しておりました』

この一文をシナリオ化してごらん、というわけだ。

〝彼〟も〝彼女〟も〝公園〟もカメラで撮る（アニメなら描く）だけですむ。

では〝毎日のように〟は画面でどう表現する？

誰でも思いつくのは、デートのシーンにダブらせて、暦を映すことだろう。それも日めくりに限る。1枚、また1枚とめくられてゆく暦。

では「いつか1年という月日」の経過をどう描くのか。まさか日めくりが痩せて行って、最後の1枚になるまで見せる？　元日からスタートした話ならそれもよかろうが（よくない！）、夏からはじまった場合はどうするのだ。途中で新しい日めくりに取り替えるのか。それではギャグになってしまう。

いっそタイトルを入れてみるか。

『ふたりのデートは1年たちました』？

確かに意味は通る。だが味も素っ気もない。それだけでは単なる説明であって、作者の画面に込めたい情緒も余韻もない。

この際シナリオの鉄則として覚えてほしいのは、いかなる場合でも〝説明より表現〟を求めて推敲《すいこう》する、ということだ。時間経過――季節の変遷を、説明ではなく情緒に流し込んで表現した例を挙げてみる。

石森章太郎（まだ石ノ森を名乗る前だ）が好著『マンガ家入門』で取り上げた、黒澤明監督の第1作『姿三四郎』（昭和18年）の名場面だ。

月明かりの下、川を背負って戦う矢野正五郎。襲い掛かった門馬一門の弟子たちをことごとく川に投げ飛ばす矢野の圧倒的な強さに呑まれた姿三四郎――というシーンの直後である。

乱闘に驚いた車夫が逃げたので、三四郎が代わって人力車を挽《ひ》くとうけあう。

以下シナリオから抜粋する。

三四郎は袴を脱ぎ、尻をからげて、下駄をぬぐ。
下駄をぶらさげて、さてこれをどうしよう、と、ちょっと考えるが、率然《そつぜん》と下駄をおっぽりだして梶棒《かじぼう》をとる。

（中略）

――ポツネンと残った三四郎の下駄。　（O・L）

車輪、人の足の行き来の中にもまれている三四郎の下駄。　（O・L）

雨の中で淋しそうな三四郎の下駄。

三四郎の下駄を犬が振り廻している。　（Ｏ・Ｌ）

三四郎の下駄に雪が静かに降っている。　（Ｏ・Ｌ）

桜の花片の流れる河の棒杭に引っかかっている三四郎の下駄。　（Ｏ・Ｌ）

三四郎の下駄が流れて画面から切れる。　（Ｏ・Ｌ）
あとには、灯の入った祭の提灯が静かにゆれている。

○その河沿いの道

人がばらばら走って行く。

「喧嘩だーッ！」

祭り提灯の華やかな宵である。

おわかりだと思う。
この後に描写される喧嘩は、この期間を矢野に師事した三四郎がはじめたものだ。
時間経過を映像化して情緒に溶かし、しかもプロットの一環に組み入れた結果のシナリオである。

念のため注を加えると、O・Lは映画用語でオーバーラップの略記だ。Aの画面からBの画面へ、画像がダブリながら移行してゆく表現のこと。

映画とテレビ技法の齟齬《そご》

ぼくがこの本を書き始めたのは、遠く霞んで行く草創期テレビアニメの道のりを、自分の体験からもう一度見極めておきたいためであって、映像表現だのシナリオテクニックだのを、詳細に解説するつもりはないし、その資格もない。だからキモは飽くまで第2章以後ということになるのだが、〝テレビアニメ〟と看板を掲げている以上、映画館で上映されるアニメと受像機の画面で見るアニメとは、一線を画して話さねばなるまい。

実際にはヒットしたテレビアニメを、あちこち摘んだり増やしたりして劇場にかける〝総集編〟があるし、劇場の大画面で封切った大作アニメがテレビに配信されたりする。はじめからその収入まで見込んで予算が立てられたり、観客と視聴者を行ったり来たりする受け手の側も、「どっちでもいいや」「おんなじようなもんだろ」と、大雑把に構えていると思うが、作り手はそうではない。

少なくともぼくはそうであった。

なぞと書くと映像界を代表するみたいで偉そうだが、現実に最初期からテレビアニメ制作に携わった者の実感を書きます。

1960年代に入るまで、劇場映画を本店とすればテレビはその支店以下——出張所レベルに扱われていた。『ゲゲゲの鬼太郎』『魔法使いサリー』などアニメ脚本の仕事をもらって、大泉の東映へ出入りするようになってオヤと思ったのは、スタッフの誰もが劇場映画を本編と呼称していたことだ。テレビ出自のぼくと違い、映画撮影所育ちの人々にとって劇場映画こそ本物であって、テレビはまがい物でしかなかったようだ。

そんな上下関係に揺らぎを生じたのは、東映の場合でいえば春と夏の恒例となったマンガ映画祭りだろう。

今でもぼくはそのときの情景をありありと思い出す。

西銀座の東映会館には階下に大小ふたつの映画館があった。そのひとつ丸の内東映へ春のマンガ祭りを見に出かけた。創り下ろしの長編漫画映画がメインで、付録としてテレビ放映ずみの特撮テレビドラマ『マグマ大使』ほかが添え物として加えられていた。いざ上映が始まると子どもたちに圧倒的人気を博したのは、『マグマ』だった。なにしろ主役のロボットが出現したとたん、客席がいっせいに「カシーン、カシーン!」とテーマソングを合唱するのだ。

大金を投じて劇場長編アニメを制作した東映スタッフにしてみれば、いったいなにが起きたのか混乱したことだろう。われわれの世代にとって映像とは、緞帳《どんちょう》を左右に押し開いて舞台の最奥に登場する銀幕であった。

だが子どもたちには、映像は生まれたときからベッド越しに眺めた遊び道具でしかなかったのだ。

テレビは映画のひな型ではない。同じ映像文化の申し子で、酷似したDNAが刷り込まれていても、まるで違った環境で育った二卵性双生児である。

そんなことはテレビで揉みくちゃにされたぼくが、もっと早く気づくべきであった。ドラマやバラエティなら演出の片隅に籍を置いていたから朧げにわかっていたはずなのに、アニメや特撮作品となると頭のどこかでジャンル分けしたのだろう、ピンと来ていなかった。

作り手のぼくなどより、視聴者側の子どもたちの方がはるかに先を進んでいたのだ。

そのつもりで見れば、テレビと映画の技法には最初から少なくない相違があった。もしかしたら民放よりNHKの方が、その差異は大きかったかもしれない。

ＮＨＫの場合初期のテレビ制作にアメリカ人の顧問が参加していたし、民放は国内の映画、演劇人が中核となったからだと推測している。

その違いは、ＮＨＫテレビのカメラがＡ・Ｂ・Ｃと呼称され、民放では1カメ・2カメと呼ばれることでわかる。

今はどうか知らないが、ぼくが在籍した頃のＮＨＫテレビは、シナリオの原稿用紙も独特であった。下3分の2に台詞を書き込む罫線が走り、空欄の上部にト書きを記す。民放の場合（ぼくが知るのはアニメだけれど）ペラと称される200字詰めの原稿用紙が主体であった。

細かな映像テクニックも、映画とテレビではたとえばオーバーラップの使い方が違っており、黒澤明で勉強したぼくを面食らわせた。

映画ではもっぱら時空間の経過に使われていたオーバーラップ（またディゾルヴとも言う）が、テレビでは雰囲気醸成に多用されていたためだ。はじめて見たのは、音楽番組でヴァイオリンソロを撮っていたときだ。弦を引く弓のアップから恍惚とした演者のアップへゆっくり二重映しになってゆく。

一瞬ぼくはヴァイオリンを小道具のキーとして、別な場面に物語が移動したのだと勘違いした。日本映画の名匠小津安二郎（代表作は『晩春』。昭和を代表する静寂美だ）がオーバーラップを使わないのは、場面がダブってゆく途中経過の絵が汚いからだという説があった。

それなのにテレビでは、平然とムードを醸《かも》すために使っている。写真技術と電子技術の違いはあるにせよ、ぼくは結構驚いた。

そんな作り手側の事情ははじめからあったけれど、テレビが大衆娯楽の核になりつつあると、マンガ祭りの例証のように目線の違いが明らかとなってゆく。

草創期の混乱が収まって、テレビならではの方法論が研鑽《けんさん》を積み始めた、そんな頃だったのである。衝撃的なアニメ番組『鉄腕アトム』（昭和38年）が名乗りを上げたのは。

毎週オンエアしようという非常識

東映という企業がバックについていても、アニメは――いまだ総天然色漫画映画の肩書をつけないとわからない人が多かった――1年に1本を市場へ送り出すのがやっとという。そんな時代なのだ。

それを手塚治虫率いる虫プロは、1作あたりの長さこそ30分に満たないが、年52本のオンエアを目論んだのだ。誰がなんと言おうと暴挙である。出来るはずがない。フィルムは秒速24コマで走る。実写なら風景でも人間でも写せばいいが、アニメは手作業で風景や人の姿を描かねばならない。戦前からの歴史があるディズニーですら、1年2年の時間がかかるのに。

だが虫プロはその暴挙をやってのけた。

リミテッドアニメ、バンクシステム、ひねり出したアイディアを、アニメーターたちが眠る時間を惜しんでセルに描いた、その苦心談をここで記そうとは思わない。令和の今ならブラック企業として世の指弾を浴びたに違いないが、そんなドン・キホーテがいたからこそ、今テレビアニメが存在しているのは紛れもない事実だ。

だが。テレビアニメを成立させるには、そんな貧寒とした抜け道しかなかったのか――と問われると、当時のスタッフのひとりとして、ぼくには答える術がない。

果たしてあれで良かったのか？

ナマ放送が息もつけない勢いで続いたテレビドラマだって、思い出を拾い上げてみれば似たようなものだ。これでいいのか悪いのか。もっと他に道はなかったのか。立ち止まって考えるべきだったかもしれないが――。

現実にはドラマもアニメも創る者の身になれば、立ち止まるだの考えるだのそんな暇はなく、ただもう無闇と駆け回っていた実感があるし、もしかしたらそれこそがテレビ全般の属性なのかもしれない。

ただ、ホンを書きまくったぼくとしては、締め切りを1日でも遅らせたら、その分だけコンテが遅れる・原動画の発注が遅れる・制作予算が狂う・その果てには番組にアナが空く――という強迫観念に駆られて書いていたのだ。

「辻さんて、書くのが早いんだね」

よく言われた。

貧乏暇ないほどアニメ脚本の注文を頂戴したのは、「辻のシナリオはよく出来てるから」ではなく、「出来ばえはともかくとして、早いのが取り柄」と思われていたからかなと、今頃悩んでいるが手遅れである。

出来ばえは別として早書きになったのは、テレビ屋だからだ。時計の針は待ってくれない。弁解不可能、とにかく書いて創って電波に乗せるしかなかった。

30秒間にタレント3人の演技のダメ出ししたこともある。問答無用、とにかくソコに立ってくれないと、カメラが移動する暇がない！　早口になるのも当然だ。

リハーサルの前日にホンを書いてくれと頼まれた。フランキー堺、小沢昭一とキャストは決まっているのにホンがなかった。仕方なく役者にあてはめて、夢中で書いた。

プロデューサーの家へゆく途中で書いた。最寄りの駅のホームでラストシーンを書いた。机がないので原稿用紙をホームの外れの伝言板に押しつけ、立って書いた。

作家の笹沢左保（『木枯し紋次郎』の作者）が、多忙なときは立って書いたという伝説があるが、本当だ。ぼくはこの目で見ている。横になると眠ってしまうから、床の間の違い棚を机代わりに書いておいでだった。

まさか自分が同じことをやるとは。床の間とホームでは格が違うが。切羽詰まればトイレでも書いた。

自分が演出するドラマならホンを書きながら演技や画面の構図を考えられるが、アニメはそうはゆかない。シナリオの半日の遅れがアニメーターにしわ寄せされる。作品の出来に影響をおよぼす。

伝聞だが、速筆で知られた佐々木守は、口述筆記させたことがあるという。『ウルトラマン』の脚本家だ。彼もぼくも30分ドラマは3時間で書いていた。でもぼくの知る限り最高速のライターは、『細うで繁盛記』の花登筺《はなとこばこ》だろう。1時間半で30分ものを書いたと聞く。

ジェット機の話じゃあるまいし速さを競っても意味はない。その結果出来が悪ければ、悪評は回り回って作者自身の首を締める。それでもみなさん命を削って書きまくった。

だからなのか、ふたりとも早くに亡くなった。

いや――そもそもテレビアニメという非常識な発想をものにした、手塚治虫だってそうだ。老人大国の日本だもの、もっともっと長生きして傑作を書き続けてほしかった。

でも亡くなってしまった。あの人は先頭に立って命を削っていたのだと思う。

非常識が常識なのだ

してみるとぼくはしぶとい。正直なところ、こんな長生きするとは思わないまま書いていた。テレビアニメ文化のノロシを上げる、なんて恰好いいものでは全然なかった。話をデッチ上げるのが好きだった、それだけだ。

第1章のはじめに書いたことをなぞれば、嘘をつくのを楽しんでいたんですね。だまされて、泣いたり笑ったり興奮する人を見るのが好きだった。おかげでふつうなら仕事に直結するストレスが、ひとさまに比べてずっと少ない(らしい)。ストレスの分量をメーターで測ることは出来なくても、自分でそう思っているんだからいいでしょう。

どうやらぼくは、アスペルガー症候群であるらしい。娘につき添ってもらって、専門医の診断を受けたこともある。どんな特徴かご承知ない方は、知念実希人の医学ミステリ『天久鷹央』シリーズを読んでください。いとうのいぢ描く主人公は、「私はアスペルガーだ」と明言しています。

一口に言えば徹底して自分勝手なキャラクターで、常に自分の気持ちを優先して行動する。究極の自己チューと考えればいい。

ぼくはいつ発症したものやら、胸に手を当てて考えると思い当たる。

書店めぐりに勤しんでいた幼児の頃からそうだった。隣り合う2軒の書店は親同士顔なじみだからそうでもなかったが、電車通りをへだてた書店は親の威光が届かないから、立ち読みしていると女店員がハタキをかけに来る。それでもかまわず読み続けた。

神経質で小心なガキだったのに、店員が遠のくとすぐまた棚から本を引き抜く。またハタキをかけに来る。その繰り返しであった。

「この子しぶといわね」

ぼやくお姉さんの嘆声が今も耳に残っている。

この店でぼくは野村胡堂（『銭形平次捕物控』の作者）の時代探偵小説『轟半平』全6巻を読み通し、ちゃんと犯人を適中させたのだ。アスペルガーボーイをなめてはいけない。

そんな先天的非常識人間であったから、ぼくはテレビやアニメの非常識な労働環境を常識として受け止めたのだろう。決して自慢にならない日々であった。

「筆が早いね」

と褒められたつもりで嬉々として書いていたのが、アニメ全体の労働環境の悪さを助成した——とまでは思わないにせよ、黎明期のあの頃こそ制作組織のバージョンアップを目指すべきだったのだ。

ぼくは創設されたときから脚本家連盟に入っている。内部に出来た動画部会の初代部長だったので、シナリオのギャラアップには多少のお役に立っただろうが、テレビアニメの前途に希望を抱いたなら、脚本部門にとどまらずスタッフ全体の地位向上に注力すべきだったと思う。

だがぼくはアスペで、しかも器の小さい人間だった。

同じ頃熊倉一雄さんの音頭取りで、声優さんたちの賃上げ闘争があったようだ。そうした人たちと手を繋ぐ方法もあったはずだが、そろそろぼくはもうひとつの趣味であるミステリに関心を向けていた。

それまでにも機会ある毎に小説を書いていた。

ミステリ専門誌「宝石」が毎年募集する短編の新人コンクールにも、2度応募した。第1作『生意気な鏡の物語』は入賞圏内に入れなかったが、増刊「宝石新人二十五人集」収載まではこぎ着けた。翌年投稿した『仲の良い兄弟』は、宝石賞の佳作に推された。それで調子づいて今度はハードルを一段上げて中編賞に応募した。シナリオ修行のプロセスを再現したみたいだが、果たして3度目は最終候補にも残れなかった。

まあ多少の見どころはあったらしく、選評ページの欄外に拙作の寸評が載った。「筆力はあっても筆がすべりすぎる」というものだった。

このとき投稿したミステリは「犯人は読者のあなたです」というアイディアが中心なのだが、シナリオの先例もあるので、ぼくはさっさとこのアイディアを諦めた。のちに朝日ソノラマから上梓した『仮題・中学殺人事件』の原形となったのに、（そうか。大人の読者に感心してもらうには、非常識なアイディアだったか）と納得してしまった。

やがてアニメの世界に入った

だがとにかくあの頃は、なんでも書いてみようと浮ついた気分でいた。テレビミュージカルのシナリオがＮＨＫで公募されると書いた。3年続けて応募、打率１００パーセントだったが、ぼくはＮＨＫの職員だったのでトラブルになった——という話はあちこちでしゃべっているから省略。日活のプロデューサーの紹介で倶楽部雑誌に短編を書

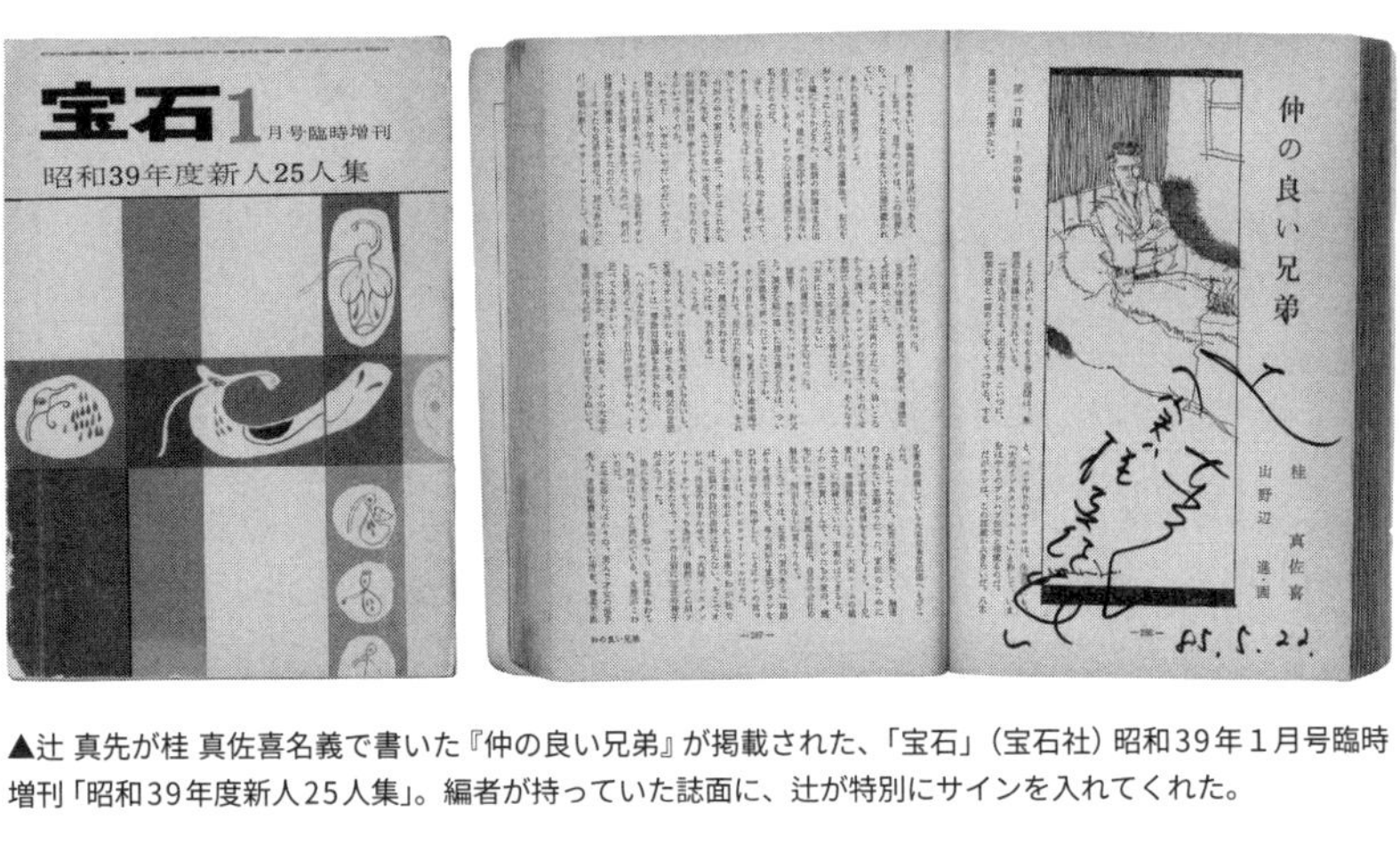

▲辻 真先が桂 真佐喜名義で書いた『仲の良い兄弟』が掲載された、「宝石」（宝石社）昭和39年１月号臨時増刊「昭和39年度新人25人集」。編者が持っていた誌面に、辻が特別にサインを入れてくれた。

いたこともある。映画化予定とプロデューサーが騙してくれたので、ズブの素人の原稿が活字になったのだ。大衆娯楽雑誌として「面白倶楽部」（講談社）「傑作倶楽部」（双葉社）などが月刊誌として隆盛を極めた頃であった。

後の芥川賞作家高橋三千綱が編集にいた夕刊紙にショートショートを連載、彼のつてで芳文社のマンガ雑誌の仕事をもらった。ずっとのちに集英社のマンガ選考で、高橋さんは手塚賞ぼくは赤塚賞の委員として席を同じくした。

学生漫画連盟で知り合ったマンガ好きが出版社に入ったものの、彼が担当させられたのは官能小説誌だったので、たのまれてエロ小説を書いた。柱となったのは『おさな妻』の富島健夫だったが、後で編集氏にこう評された。

「富島さんのは読んで立つ。辻さんのは立たない」

のちに彼とは、文芸著作権保護同盟の役員で長くご一緒した。

ＮＴＶの『おはよう！　こどもショー』も書いた。小林信彦になる以前の中原弓彦も書いていたと思う。ぼくがＮＨＫを辞めたとき不義理を働いているので、お詫びしたかったがお目にかかる機会はなかった。

といった調子で偏食せずに書いた。

全方位を標的とした（要するに何でも屋）毎日が、べつだんそんなつもりはなかったけど、アニメシナリオに役立ったような気がしている。ホン屋としての前歴は、まあこんなところだろう（マンガの原作に首を突っ込んだのは、もう少し後だ）。

つづめていえばぼくの取り柄は、筆が早いこと、題材のより好みをしないこと。

そうだ、取り柄がもうひとつある。マンガ読者のキャリアがあったことだ。

これまでの話に被るが、戦前の大人マンガ家横山隆一、近藤日出造、杉浦幸雄（この方とは晩年まで中日マンガ賞の選考でご一緒出来た）、児童マンガの田河水泡、島田啓三、坂本牙城など読んだマンガは書き切れないし、戦後となると

「漫画少年」（学童社）「おもしろブック」（集英社）「冒険王」（秋田書店）「月刊漫画ガロ」（青林堂）と続く。「少年マガジン」（講談社）や「少年サンデー」（小学館）はむろん、「少年ジャンプ」（集英社）となると創刊号から買っていた。赤塚賞選考を続けたご褒美か、集英社から今も毎号の恵贈をいただいてるから、最長不倒の読者のひとりだろう。

テレビ演出やアニメ脚本の修羅場では心ならずも遠ざかった時期はあるが、台風一過するとまた性懲りなしに復活する。来年90歳になる爺としては、やはり非常識な存在だと自認している。

アニメ化されるほど評判を取ったマンガなら、プロデューサーから言われるまでもなく読んでいたから、局や制作プロ側としては便利であったろう。いちいち説明する手間が省けるのだから。

ただしぼくがはじめてアニメシナリオに関わった『エイトマン』は、原作者平井和正に依頼されるまで、その名を知らなかった。断続的でも読んでいた「少年マガジン」だが、まだ連載が開始されたばかりだったのだ。

彼とは*『ふしぎな少年』（手塚原作で、ぼくが演出した時間テーマのSF連続ドラマ）について「SFマガジン」（早川書房）に投稿、そのご縁で面識があった。前に記した笹沢左保原案を脚本化した『落日への帆走』上演中だったイイノホールへ顔を見せて、「シナリオを手伝ってよ」と言われ喜んで引き受けた。

NHKで一緒に仕事していた美術の橋本潔が、東映に移籍して長編漫画映画『白蛇伝』に携わったと聞き、羨ましく思っていたぼくだからだ。

それがスタートで以降アニメシナリオを1500本から2000本以上（実数は誰も知らない。ぼくも知らない）を書く羽目になろうとは想像出来なかったけれど。

そんな古手だから、残念ながら今のアニメはろくに知りませんよ。せいぜい『名探偵コナン』と某有名アニメの新シリーズくらいだ（原稿を書いている時点ではまだオフレコなのだ）。シリーズ構成という椅子もなかったから、古手といっ

＊『ふしぎな少年』＝昭和36年から同37年にNHKで放映された、手塚治虫原作の実写ドラマ。辻 真先は、NHK局員として手塚治虫『新世界ルルー』のドラマ化を企画。それに対して手塚は、『ふしぎな少年』を描き起こして協力した。

てもぼくは一度も構成をやったことがない。

さて、第2章以後はそんな時代のぼくが第1話を書いた作品を軸に、そのときどきの思い出をまさぐることになるが、番組全体を俯瞰する立場になかったため、決して正しいアニメ史と思わないように。

だいたい日記もつけていない辻だから、昔話を始めようにも頼りになるのは経年劣化の進んだ記憶細胞だけである。作品によってはどうでもいいことを数珠繋ぎに思い出すし、モノによっては逆立ちしても鼻血一滴出ない場合がある。

したがって長短まちまち信頼度もまたまちまちなことをご承知いただきたい。

どうしても正確な記録が知りたいなら相応の対価をはらって、アニメ史を購入することです。

なお今更ながらの注釈だが、これまでもこれ以後もキー打つはずみの例外はあろうが、個人名に敬称を省くのを原則とさせてください。

エ？　ここまで読んできたあなたは、すでに書店で買ったこの本を読んでいる最中だっていうの――気の毒に。

だったら仕方がない、乗りかかった船だ。続けて先を読みなさいよ。アニメ好きなあなたなら、案外耳寄りな情報を得ることが――まあ、ないこともないでしょう。

CHAPTER

2 第1話専用脚本家として

『ジャングル大帝』について

DATA

制作：虫プロダクション

1965年10月6日〜1966年9月28日
水曜日19：00〜19：30
フジテレビ系／各回23分／カラー／全52本

1966年第4回テレビ記者会賞特別賞受賞
1966年厚生省中央児童文化財部会年間優秀テレビ映画第1位受賞
1966年厚生大臣児童福祉文化賞受賞

STAFF

原作	手塚治虫
制作	山本暎一
チーフ・ディレクター	林 重行
作画監督	勝井千賀雄
脚本	辻 真先、石郷岡 豪、雪室俊一、安東穂夫、豊田有恒、他
演出	永島慎二、林 重行、北野英明、山本暎一、勝井千賀雄、平田敏夫、他
原画	斎藤 博、彦根範夫、平田敏夫、正延宏三、上口照人、坂口尚三、他
美術監督	松本 強
音楽	冨田 勲
制作担当	もり・まさき
動物監修	小原秀雄
声の出演	レオ（太田淑子）、ライヤ（松尾佳子）、マンディ（勝田 久）、トミー（明石 一）、ココ（田村錦人）、トット（加藤精三）、他

▲昭和40年頃に発売された、セイカテレビノート『ジャングル大帝』
テレビアニメの人気により、文具メーカーもアニメのキャラクターを文具類の図案に採用するようになった。

第1話「行けパンジャの子」

（脚本／辻 真先）

DIGEST STORY

舞台はアフリカ大陸。赤道直下のジャングルには、白獅子のパンジャがいた。人間に捕られた仲間を救出し、森の王者として動物に慕われるパンジャ。その妻／エライザの身には、新しい命が宿っていた。しかしパンジャを狙うハンター／ハム・エッグが、彼女に目をつける。

時は移って、大洋を行く一隻の貨客船で、船倉の檻に囚われたエライザが、真っ白な子ライオンを産む。赤ん坊にレオと名付けたエライザは、父王の最期について語り聞かせる。ハム・エッグはパンジャの咆声を録音し、エライザをおびき寄せて捕獲。妻を助けようとしたパンジャは、その銃弾に倒れたのだった。

船に近づく大嵐。エライザは沈みゆく船からレオを逃し、アフリカを目指せと励ます。

作品名

ジャングル大帝

第1話「行けパンジャの子」

黒澤明の『生きる』もヒントになった『ジャングル大帝』第1話

1

記念すべきテレビアニメ第1作『鉄腕アトム』の人気は、手塚治虫や彼が率いる虫プロが想像した以上に深まった。山のように届くファンレターに、スタッフはすっかり煽《あお》られてしまった。

ついこの間までロボット同士の格闘戦は俗悪な子どもを作るだけと言っていた教育界の批判は、国産アニメが齎《もたら》した圧倒的視聴率の前に沈黙した（ように見えた）。横浜で手塚マンガを焚書《ふんしょ》にしたことなぞ忘れて、世間は虫プロが次にどんな離れ業を見せてくれるか胸をときめかせて待っていた。

——そんな識者が作り出す世評の危うさを、身に沁みて知っていたのは手塚のはずだ、とぼくは想像する。

世人の目がくらんでいる間に二の矢三の矢を放たないと、マスコミはたちまちテレビアニメを忘れてしまうだろう——だからたとえ時期尚早と言われても、オールカラーのテレビアニメ放映に踏み込む必要があったのだ。

企画スタートの真意を忖度《そんたく》すれば、そんなところか。時期尚早というなら毎週放映するアニメ、なんて企画がそもそも無謀なのだから、チャンスの扉は自力でこじ開けるべきだ。それでこそ、扉の向こう岸に跳躍することが出来る！

経営側ではないぼくたちスタッフは、まあそんな意気込みでいた。

実際にはカラー化のための資金捻出に危うい橋を渡っており、その結果が作品制作にどのような影響を及ぼすのか、ぼくなんざまるでわかっていなかった。わかっていたのは契約のため*渡米した手塚本人と、プロデューサーの山本暎一（『哀しみのベラドンナ』『宇宙戦艦ヤマト』）くらいではなかったか。

プロデューサー補だった真崎守（『ジロがゆく』で講談社漫画賞）はどうだったかな。演出のひとり林重行（りんたろう。『銀河鉄道999』）は知らなかったと見え、脚本に決まったぼくに、熱く夢を語ってくれた。

「手塚先生の原作でヒゲオヤジがムーン山から帰還する場面さ、すごいだろ。俺、あのコマ割りをそのまんまコンテに組み込むつもりだぜ」

大賛成だった。

同席した虫プロの若者たちは、全員があのシークェンスの熱量にあぶられて感動していたと思う。テレビ演出に回り道していたぼくは一番の年上であったが、書店の店頭で「漫画少年」（学童社）を立ち読み、『ジャングル大帝』最終回に涙が止まらず収拾がつかなくなった覚えがある（永六輔が同じ体験を書いていた）。

大河マンガの最後をしめくくるに足る、圧巻のページであった。

雪のムーン山を舞台にしたレオの悲愴な死の姿を、ぼくも早くから思い描いていた。だがそうは問屋が卸さなかった（こういう成句が若い読者に伝わるか心もとないが、遠慮していたら日本語の幅が狭まるばかりなので、あえて使います）。

第1話放映後、新聞の投書欄にこう書かれていた。

「巨匠が入魂の一石を投じた」

ありがたい言葉をもらったけれど、当の巨匠である手塚にしてみれば、素直に喜ぶことが出来なかったのではないか。

実際の制作に入る前、ぼくらスタッフはこう言い渡されていた。

＊『ジャングル大帝』のテレビアニメ版は、『鉄腕アトム』での経験を活かして、最初からアメリカ輸出を意識して制作されていた。

・大河アニメには出来ない。

アメリカは国土が広大なので局数も多い。地方の局では番組をバラで買う。全巻を通して見る視聴者が少ない。飛び飛びに見ても話が繋がるようにしてほしい。

・ラストでレオを殺してはいけない。

中央局で主役が死んでも、地方局ではまだ生きて活躍しているかもしれない。それでは整合性が取れないから、主役は生かせ。

・黒人を悪党にしないこと。敵役が必要な場合は例外なく白人にせよ。なお黒人を登場させるときは、すべてスーツを着用させなさい。

まだ細かな縛りはあったと思うが、そこまでは覚えていない。

だが原作を知る人なら、これだけの注文で十分致命的だということがおわかりだろう。

正直に言って呆然とした。

どうすりゃいいの？　どうにもならない。

まず原作は90パーセント以上使えない。冒頭ドンガ族の踊りのシーンで、ハム・エッグたちが酋長と白い獅子の話をしている。あそこ、スーツの黒人が狩りの踊りを演じるの？

原作ではメインの舞台となるジャングルに辿り着くまで、レオは長期にわたってケン一やヒゲオヤジなど人間たちと交流している。だから白い獅子は人間の言葉を覚え、文明の香りを嗅いだのだ。

そこを飛ばしてレオがいきなり父の故郷に戻っては、視聴者を納得させられる物語が創れない。メルヘンだからいいでしょうとなんのエクスキューズもなく、レオたちを人間と会話させたのでは、原作の世界観が壊れてしまう。

最小限どうしたら視聴者を納得させ、これが新しい人と獣のドラマだと理解してもらえるのか。分析した末、原作80ページまでの情報をプロローグとして纏《まと》めれば、全体のルール、舞台、主題を提示出来るだろうという結論になった（アニメ冒頭のナレーションは、原作の81ページのものを使った）。思い切ってここまでを第1回にしてしまえば、ドラマは現実の地上からフィクションの空へ飛び立てると踏んだわけだ。

2

口で言うのは簡単だが、（そんなこと出来るのか）自分で課題を出して自分が頭を抱えた。概算すればアニメ4本分の内容である。それも、父親のパンジャが死ぬ場面、母のエライザが幼い主役のレオに別れを告げるシーン、そして父譲りの使命に燃えたレオが必死に海を泳ぐところ。どの場面にしても、子どもたちの目と心を引きつける演出で裏打ちされるべきなのだ。

演出は林重行、永島慎二（『漫画家残酷物語』の作者）たちが、手分けして場面ごとにコンテを切った（『白雪姫』も同じシークェンス・ディレクター制だった）。ＯＰでパンジャが駆け下りる背景の崖は畳ほども大きな絵だった。

だがぼくが一番に悩んだのは、どうすれば原作80ページを24分に圧縮して一貫した主題を謳《うた》い上げられるかという点だ。緩急をつけるため、ぼくは途中に割り込むＣＭタイムの利用を試みた。視聴者の目からは休止符にあたる空白の時間を使って、ドラマをひと思いに跳ばした。

黒澤明監督の代表作『生きる』を見ていますか？　昭和27年度「キネマ旬報」（キネマ旬報社）のベスト1であり、彼の代表作と言っていい。

胃ガンに侵されて余命少ない小役人が、残る命をいかに使って人生を充実させるかという物語だ。前半は今風にいえば自分探しで、金も家族も女も自分の生きがいにならず、ようやく生きる目標を捜し当てた主人公は歓喜する——という場面から、出し抜けに彼の葬儀の場面に飛ぶ。

話はこれから面白くなるだろうと膝を乗り出したとたん、主役志村喬の黒枠の写真が大写しされて、

「この物語の主人公は死んだ」

とナレーションが入った。ぼくが見た映画館では満員の客が笑い出してしまった。それほど唐突な構成であった。以後に続く彼の通夜の場面では、同僚や後輩の会話によって疑問があぶり出されてゆく。

「重い病を抱えながら、なぜ彼はあんな満ち足りた表情を浮かべて死んだのか？」

いわば通夜を舞台に推理劇が始まるわけだ。

そして、主人公はどのように人として生き抜いたか——という省かれた部分が、アルバムのように要所を浮き彫りして見せるのだ。

ぼくもその手を使った。

山場のはずのパンジャの死を飛ばして、囚われたライヤが貨物船に乗せられるシーンから再開した。試写室では「フィルムをかけ間違えたのか！」という声が上がったらしい。まあそうでしょうねえ——でも最後まで見てもらえばわかるのだ。

パンジャが死を決して突進する回想場面に、波を乗り越え泳ぎに泳ぐレオのカットへゆっくりとダブらせてゆく。『ジャングル大帝』の根底を流れる、親から子へ受け継がれる命の絆を、深いオーバーラップに象徴させたかった。

放映されたとき、子どもたちはちゃんとレオのドラマを受け止めてくれた。瑕疵《かし》はあったにせよ制約下の第1話の構

成としては、今でもあれがベターであったと思っている。

もっともそれだけ苦労して縮めたにも関わらず、放映時間は足りなかった。やむなく初放映では、スタッフキャストを紹介する最後のクレジットをカットした。星座となって夜空に輝くライヤ――『星になったママ』を梓みちよ（当時大ヒットした『こんにちは赤ちゃん』の歌手）が歌っても彼女の名は出なかった。脚本のぼくの名前も出ていない。あと2分縮めることが出来なかったライターに責任があります、ハイ。

あの頃アニメ番組といえば、スポンサーは視聴率30パーセントを期待した。残念なことに『ジャングル大帝』は最高でも24パーセント台にとどまったが、ロボットもロケットも出ないアニメで、善戦した方だと思っている。

音楽はやがてシンセサイザーで世界的に名を上げる冨田勲。ぼくの知る限り、手塚治虫に並ぶ完全主義のクリエーターだった。

ＮＨＫで演出していた頃フランキー堺の紹介で、彼にドラマの劇伴を依頼した。内幸町にあったＮＨＫ放送会館の内玄関で待っていたら、ドッ、ドッ、ドッとおなかに響く爆音を上げてサイドカーが乗り入れてきた。若き日の颯爽《さっそう》たる冨田勲であった。のちに大河ドラマの音楽をいくつか担当したが、この日が彼のＮＨＫ初登場だったかもしれない。ものが和風ミュージカルだったのに担当するのがサイドカーのミュージシャンで大丈夫か不安だったが、やる気まんまんの彼は、ぼくが紹介した三味線の師匠について見事に日本情緒纏綿《てんめん》な作曲をしてくれた。

その代わり凝ること凝ること。ＮＨＫホールに東京放送管弦楽団全員を待たせて、指揮台に譜面を押しつけアレンジをやり直したとき、ぼくは冷汗をかいた。

『ジャングル大帝』の主題曲についても手塚とやり合ったと聞くが（ぼくはその場にいなかった）、さぞ壮観であったに違いない。このときは弘田三枝子の歌う『レオのうた』の作詞をぼくが務めた。はじめにメロディありきで、そこへ作詞をハメ込んだのだ。歌詞に2バージョンあるのは、ぼくも負けずに凝った結果だと思ってください。

第1話の思い出からハミ出すが、ついでにもうひとくさり。手塚治虫も音楽に強いが、演出の林重行も強かった。

「このメンツが集まったんだから、1作くらいミュージカルでやろう」

誰かが言い出し、スタッフ何人かで麻布鳥居坂にあった冨田のマンションへ押しかけた。てんでにイメージを開陳、脱線また脱線のディスカッションは楽しかった。

話は単純にということで、よその密林から刺客がレオを倒しに来る活劇仕立てだ。

「殺し屋の登場シーンはかっこ良く!」

「夕焼けの砂漠にそいつらの影が長く長く尾を引くんだ」

「むろん殺し屋のテーマを裏に流そう」

「誰に歌ってもらう?」

「デューク・エイセス!」

リーダーの谷さんにはＮＨＫ以来のつき合いがあって、ぼくも大賛成した。向こう疵《きず》を顔に刻んだ凶暴な象をリーダーに、メインキャラも固まった。あと白紙なのはストーリーだけだ。そこでみなさんの顔がいっせいにぼくを向いた。

ふつうは話が先に出来てそれからキャラデ、背景、音楽になるのだが、今回に限ってあべこべで最後に帳尻を合わせるのが脚本の役目になった。

長い間いろんなものを書いているが、あんな経験ははじめの終りだと思う。

昭和40年、ぼくはすでに『エイトマン』『鉄腕アトム』『スーパージェッター』などいくつもアニメを書いて来たが、テレビシリーズの第1話を任されたのは、これが皮切りである。

▲『ジャングル大帝』脚本執筆の頃、虫プロ文芸課にて撮影された１枚。
右から順に、豊田有恒、駄菓子屋の主人、辻 真先。毎日午後になると、皆で駄菓子屋におやつの注文をしていた。辻はいつも洋菓子のシベリヤを頼んでいたと語る。

『ゲゲゲの鬼太郎』について

DATA

制作：東映動画	1968年1月3日～3月27日（第1話～第13話） 水曜日 18：15～18：45
	1968年4月7日～1969年3月30日 （第14話～第65話） 日曜日 18：30～19：00
	フジテレビ系／各回30分／モノクロ／全65本

STAFF

原作	水木しげる
企画	笹谷岩男、斉藤 侑
作画監督	細田暉雄、羽根章悦、落合道正、我妻 宏、高橋信也、古沢日出夫、他
脚本	辻 真先、高久 進、鈴樹三千夫、若井基成、雪室俊一、安藤豊弘、小沢 洋
演出	黒田昌郎、村山鎮雄、白根徳重、山口康男、高見義雄、明比正行、設楽 博、茂野一清、他
美術	千葉秀雄、山崎 誠、遠藤重義、他
音楽	いずみたく
声の出演	鬼太郎（野沢雅子）、目玉おやじ（田の中勇）、ねずみ男（大塚周夫）、ねこ娘（山口奈々）、砂かけばばあ（小串容子）、他

▲ステレオ『ゲゲゲの鬼太郎』（朝日ソノラマ）
辻 真先脚本による「おはなし　妖怪雨ふり天狗」の他、テーマ曲を収録したソノシート本だ。
© 水木プロ・東映動画

第1話「おばけナイター」

（脚本／辻 真先）

DIGEST STORY

夜の墓場で、野球のバットを拾ったドン平少年。それは、意のままに打球を放つことが出来る百発百中のバットだった。

ドン平と仲間たちのチームは、天下無敵のバットを使って快進撃を続ける。やがて噂を聞きつけた大人が集まり、ドン平の前に大金を積んで専属契約を迫るようになった。

しかしドン平が拾ったのは、妖怪の百目のバットだった。鬼太郎は、妖怪を代表してドン平に交渉しバットの返還を求めるが、金に目がくらんだドン平は聞き入れようとしない。

そこで鬼太郎が提案したのは、妖怪バットとドン平たちの命を賭けた野球の試合。丑三つ時の墓場で、妖怪チームと少年チームによる真剣勝負が幕を開ける。

作品名

ゲゲゲの鬼太郎

第1話「おばけナイター」

『墓場鬼太郎』が変身する!?
子ども向けアニメを
意識した第1話

1

水木さんの原作は同じでも、テレビアニメに企画された題名がまだ*『墓場鬼太郎』だった頃である。

ぼくが東映動画の脚本を頼まれたのは、決して早い方ではない。最初は劇場長編アニメとして横山光輝の『グランプリ野郎』のシナリオを書いてくれという注文だった。東映の籏野義文《はたのよしふみ》プロデューサーと打ち合わせしたのが、中野ブロードウェイの駅寄りにあったルノアールだ。

ぼくは昭和41年に出来たブロードウェイの居住者第1号である。ぼつぼつ建ちはじめた鉄筋コンクリートの高層共同住宅には、まだ一般に通用する呼称がなかった。今でこそマンションで通用するが、メジャー企業が業界に参画する以前であったし、このジャンルの専門誌の名も「高層住宅」(有朋社)であった。テレビといいマンガといいアニメといい、ぼくはどうも先物買いの性格があるらしい。だからブロードウェイもマンションと名乗っていなかった。コ・オペラティブ・ハウスだから、直訳すれば文字通り共同住宅だ。長すぎるのでコープと呼んでいた。

当時の呼び名はまちまちだ。販売会社によって、コーポ(コープではなく)だのハウスだのハイムだの。前に書いた鳥居坂の富田邸はレジデンスだった。ブロードウェイにはやがて青島幸男が入居、ナベプロが契約してジュリーこと沢

*『墓場鬼太郎』=貸本の出版社/兎月書房で出版された水木しげるによるマンガ作品。アニメ化に伴い『ゲゲゲの鬼太郎』に改題した。

田研二が出入りするようになった。

『エイトマン』でご縁が出来た半村良が、見物に来たこともあったが、これは話が纏《まと》まらず彼は北海道へ移住した。

一部屋が狭いのでぼくは別に書庫を買っていた。籏野プロデューサーがここで石森さんの*『幽霊船』を見つけて、長編アニメの原作にしたこともある。

結局『グランプリ野郎』の企画は流れたので、ぼくは同じ東映動画のテレビアニメ『魔法使いサリー』を手伝うことになった。旧知の雪室俊一がすでにいくつも彼らしい『サリー』を書いていたから、ぼくも発奮してなん本か書いた。

虫プロのつもりで、大泉の東映動画の大部屋に原稿用紙を持ち込み、その場で書いたりしていた。映画脚本なら宿屋で缶詰になるのが当然の時代だったので、

「そういうことをしたから、軽く見られた」そうだ。

元がテレビ屋だから、暇さえあると場所をかまわずどこででも書く。第1章に書いた通り喫茶店だろうとバーカウンターだろうと関係ない。講談社のX文庫は深夜の寿司店の盤台で書いた。というより書かされた。印刷が間に合わないと編集者の女史におどされたのだが、テレビアニメとは関係ないので省略する。

『わんわん忠臣蔵』(昭和38年)の白川大作監督に尋ねられた。

「『墓場鬼太郎』知ってる?」

当然知っていた。幽霊族最後の男の目玉がとろけ落ちて、鬼太郎の目玉の親父になる場面は、貸本マンガで読んでいた。

「シナリオ書いてくれない?」

もちろん引き受けたが、同人誌や小型映画の世界ではない、テレビアニメであるしスポンサーは子ども向けの菓子や

＊『幽霊船』＝石森(のちの石ノ森)章太郎の長編マンガ。『空飛ぶゆうれい船』としてアニメ化され、昭和44年の「東映まんがまつり」で公開(制作:東映動画、監督:池田 宏、脚本:辻 真先)。

玩具の世界に限定されているから、墓場チョコだの妖怪キャラメルでもないだろう。

テレビの子ども番組にふさわしく（そんなもの出来るかどうかこの時点では想像がつかなかった）健全で希望に溢《あふ》れる『墓場鬼太郎』を書いてみた。タイトルは「おばけナイター」。おどろおどろしい舞台でも子どもが野球を楽しむんだからいいでしょう、というわけだ。

ぼくとしては気を遣って書いたのだが、のちのちまで「怖かった」とこぼされた。当時の子どもで今はおっさんたちからだ。時代に応じて恐怖の観念がズレて来ているにせよ、まだ刺激の多い話であったらしい。

ぼくの本音は目の玉ドロリ――をやりかったのだが、とてもとても。

でもまあシナリオ脱稿の後で白川大作、『ピュンピュン丸』（昭和42年、同44～45年）のプロデューサー大沼克之といった人たちから「あれでいい」と言われたので、ホッとした。

2

いざ放映にこぎつけると、圧倒的なパワーで鬼太郎のムードを決定したのは、熊倉一雄が歌った主題歌（作詞／水木しげる、作曲／いずみたく）だ。あらかじめアニメのタイトルを『ゲゲゲの鬼太郎』に改題して電波に乗せたわけだが、音楽の強みをつくづく思い知らされた。

第1章で書いたようなラジオドラマ全盛期を支えた作家のひとり内村直也（『えり子とともに』の作者）が、嘆いて書いたエッセイを読んだことがある。

放送局のスタッフに、

「え？　先生はドラマもお書きになるんですか」

びっくりされたというのだ。確かに彼は『雪の降る町を』の作詞者ではあるが、放送劇の巨匠としてラジオ史に1ページを飾る存在なのだ。だが今日この本の読者にしても、名曲『雪の降る町を』は周知していても、彼が残したドラマの傑作群を知る人は少ないだろう。

僻《ひが》みっぽいぼくは、だからときどき音楽のクリエーターを羨ましく思うのだ。

マンガにしろ探偵小説にしろ幼いぼくが好んだものは、大体において世間さまに爪弾《つまはじ》きされていた。図書館の女性司書にこんこんとさとされた。

「あんた、こんなものばかり読んでいたら、中学校へ行けないわよ」

映画にうつつをぬかした中学から高校にかけては、成績は1番と150番をエレベーターみたいに上下して、親を驚かせた。

東京へ出たら、

「名古屋には鉄筋のビルが7つしか焼け残っていないそうだね」

真面目に聞かれて、名古屋モンは大いに僻んだ。

アニメを書いていたらNHKの頃の知人に、

「あんた、マンガやってるんだって」

笑い飛ばされた。

面妖な体験の集積が、ぼくの根性をゆがめたらしい。フィクションを創りたいのならおとなしくペンを運んでいればいいのに、小説より音楽や映像の方が世に長く残る——長く残るのがエライらしい？

小説街道にまっすぐ進まず、シナリオ界隈をうろちょろした一因はそんな思いにあったのかもしれない。

現実にはどのジャンルでもベストからワーストまであって、よその国の高峰をわが家の築山から眺めて羨望の的にしても、ストレスを感じるだけのことなのだが、とにかく『ゲゲゲ』の場合、歌に比べて無力感が残った。

今頃になって考える。なまじ評判を得る前から読んでいたので、『鬼太郎』が潜在的に持っていた作品のエネルギーを、ぼくは過小評価したらしい。

同じ頃の妖怪マンガ家ムロタニ・ツネ象や古賀新一たちと横並びに考えていた。楳図かずおだけは秀作『きずな』に畏怖して別格と思っていたが、水木マンガについてはその真骨頂を見誤っていたに違いない。

マンガ読みのつもりで、読み損ねたなんて不甲斐ない話である。

『悪魔くん』『河童の三平』など実写でも水木原作と向き合っていたのに、いささか不勉強だった。

まあそんなお気楽な見方をしていたから、第2期『鬼太郎』でやったように、『鬼太郎』以外の水木作品をキメラみたいに、ゲゲゲ化して書けたとは言えるが、原作の飄逸《ひょういつ》で深みのある味わいをアニメ化出来ず、口惜しい気分を残してしまった。

『もーれつア太郎』について

DATA

制作：東映動画、NET　1969年4月4日～1970年12月25日
金曜日19：30～20：00
NET系／各回30分／カラー／全90回（1回2話・1話完結分合わせると144本）

STAFF

原作	赤塚不二夫
企画	江藤昌治、大沼克之、飯島 敬、原 徹
作画監督	田島 実、永樹凡人、国保 誠、他
脚本	辻 真先、雪室俊一、小沢 洋、山崎忠昭、安藤豊弘、他
演出	山口康男、田宮 武、西沢信孝、白根徳重、高畑 勲、他
美術	横井三郎、下川忠海、穂積勝義、他
音楽	いずみたく
制作担当	江藤昌治
声の出演	ア太郎（山本圭子）、デコッ八（加藤みどり）、×五郎（永井一郎）、ブタ松（富田耕生）、神様（神山卓三）、ニャロメ（大竹 宏）、ココロのボス（八奈見乗児）、他

▲『もーれつア太郎　ア太郎音頭』（朝日ソノラマ）
辻 真先脚本による「おはなし　ニャロメのネコがやってきた」の他、テーマ曲を収録したソノシート本。

第1話「もーれつ息子とグータラ親父」

（脚本／辻 真先）

DIGEST STORY

舞台は東京の下町。八百屋／八百×のア太郎は、子どもながら懸命に店を切り盛りしていた。

働き者と評判のア太郎に対して、父親の×五郎は怠け者。息子に仕事を任せ切りで、趣味の占いに興じるグータラ親父だ。

ある日、崇拝する易者の元を訪れた×五郎は、家業を魚屋に変えないと不吉だと告げられる。占いを信じた×五郎が、店を魚屋に変えようとして、八百×は大騒ぎになる。これまで我慢をしてきたア太郎も、怒りを抑え切れず×五郎に不満をぶつける。

「グータラ父ちゃんの顔なんて見たくないや」

ア太郎の言葉を聞いて、家を出る決意をした×五郎だが……。

作品名

もーれつア太郎

第1話「もーれつ息子とグータラ親父」

ナンセンスギャグで時の寵児《ちょうじ》！
赤塚不二夫の笑いに
挑戦した!!

赤塚原作とは『ひみつのアッコちゃん』で手合わせしているが、アカツカ調ギャグマンガ脚色に見参したのは、これがはじめてである。

「週刊少年サンデー」（小学館）に連載が開始されて間もなく、アニメ脚本を依頼されたと記憶している。彼とは集英社の少年マンガ登竜門として定評ある赤塚賞で10年ほどご一緒したし、一コマものでは中日新聞のマンガ賞選考でおつき合いさせてもらった。

すでに入院中だった病院からマンガ賞選考の当日になると脱走、帝国ホテルのスタッフに嬉々として酒をオーダーした姿が目に浮かぶ。

無論『ア太郎』の頃は、そこまでアルコール度は深まっていなかったが、作品の内容に関してはご本人より、フジオ・プロのブレーンであった長谷邦夫《ながたにくにお》との方が話が弾んで、帰り道をわいわいマンガ論をぶちながら歩いた。

長谷パロディは大好物であったし、永井豪ファンクラブの副会長（会長は筒井康隆）ということで話のタネが尽きなかったのだろう。

ひょっとしたら赤塚は、『ア太郎』の今後の進め方について、まだ決定的な方針が定まっていなかったのかもしれない。

舞台は東京下町の八百屋で、親父の×五郎（バツごろうと読む）は開幕早々死んでしまう。残された息子のア太郎が、

子分のデコッ八とともに家業に奮戦する。——という大筋からぼくは、

（あ、松竹家庭劇か）

と速断した。

赤塚ギャグを心得ない浅はかさであった。

予想していた町内人情喜劇は宙に吹っ飛び、日本一タマを使うおまわりさん、年中掃いてるレレレのおじさん、ヒトとタヌキのキメラの親分、べしだのケムンパスだの町内動物園の賑わいとなった。脚色者としてハァーポックンポックンである。

さぞ読者は目を白黒させられたことだろう。

もちろんぼくもだったけれど、持論のひとつに「よくわかるが面白くない作品より、よくわからないが面白い作品の方がはるかにレベルは上」というものがある。

必然性？　リアリティ？　そんなもんクソ食らえ。

笑いはいつも時代の息吹を尻に吹きつけられて駆けめぐる。時の寵児にならなくては、ナンセンスギャグは生きてゆけない。タイミングを誤れば誰ひとり笑ってくれないのだ。

シナリオ仲間の山崎忠昭と歌舞伎町を遊弋《ゆうよく》していたら、長谷邦夫に遭遇したことがある。せっかく？　だからと近くのクラブに入ってショーを見た。ネタは山上たつひこの『がきデカ』であった。舞台で「死刑！」とあのポーズを決めたが、観客は誰も知らなかったと見え、しわぶきひとつ起きなかった。「死刑」や「八丈島のきょん」が当たり始める直前のことだ。わずか1月の違いでギャグは生きるし、死ぬ。

恐ろしいものだと痛感した。

しかし『ア太郎』でぼくは、そんな時間の壁を越えて長く通用するキャラと考えて、ニャロメに唾をつけた。だからシリーズの中で一番ニャロメを多く書いたのは、ぼくではあるまいか。

あの「真情あふるる軽薄さ」にしばしば本気で胸打たれた。折から政治の季節で学生たちは荒れ狂い、いっときニャロメは全学連のアイドルとなった。プラカードが破れゲバ棒が折れた今、あの時代の熱風を肌で知っていたはずの若者の群は、今どこへ吹きちぎられて消えたのだろう?

学生たちが舗石を剥がして警察に対抗したので、神田一帯の歩道はすべてアスファルト舗装にされたあの頃。

背後の学生たちがいなくなったのも知らず、ゲバ棒を振り回していたニャロメは、きっとまだブタ箱にいるのだろう。

われわれの若いエネルギーで日本を変えるのニャと、ヒゲを震わせ声をからしているのではニャいか。

イヤイヤ、こんな昔話をしても、令和のみなさんは白い目で見るだけでしょうね。でも確かにあのひとときの夏、若者は理想に手が届くと信じたのです。

時の移ろいは残酷だ。ことにギャグや理想に対して冷たい。

かつてあのゴジラさえシェーをしたことを*『おそ松さん』のファンはご承知だろうか。ぼくの子どもたちはぼつぼつ還暦だが、中野ブロードウェイの屋上庭園でふたりの娘をあわせ居住者2世が大勢揃って、シェーを演じた写真がまだ残っている。

*『おそ松さん』=赤塚不二夫のマンガ『おそ松くん』を原作とするテレビアニメ。赤塚不二夫生誕80年記念作品。

◀『もーれつア太郎』①（竹書房刊、赤塚不二夫）
アニメの原作となった、赤塚不二夫のマンガ作品。八百屋を切り盛りするア太郎の姿が、カバーを飾っている。

◀平成４年、集英社が主宰する手塚賞・赤塚賞の受賞パーティにて撮影された１枚。
選考委員を務めた辻 真先は、檀上で受賞作について講評する。

『アタック No. 1』について

DATA

制作：フジテレビ、東京ムービー　**1969年12月7日～1971年11月28日**
日曜日 19：00～19：30
フジテレビ系／各回30分／カラー／全104本

STAFF

原作	浦野千賀子
作画監督	竹内留吉、吉田茂承、小林 治、中村英一、他
脚本	辻 真先、出崎 哲、山崎晴哉、伊東恒久、七条 門、他
演出	黒川文男、岡部英二、竹内啓雄、他
美術監督	池田 準、福田尚朗、他
音楽	渡辺岳夫
声の出演	鮎原こずえ（小鳩くるみ）、早川みどり（坂井すみ江）、一ノ瀬 努（森 功至）、本郷先生（仲村秀生）、他

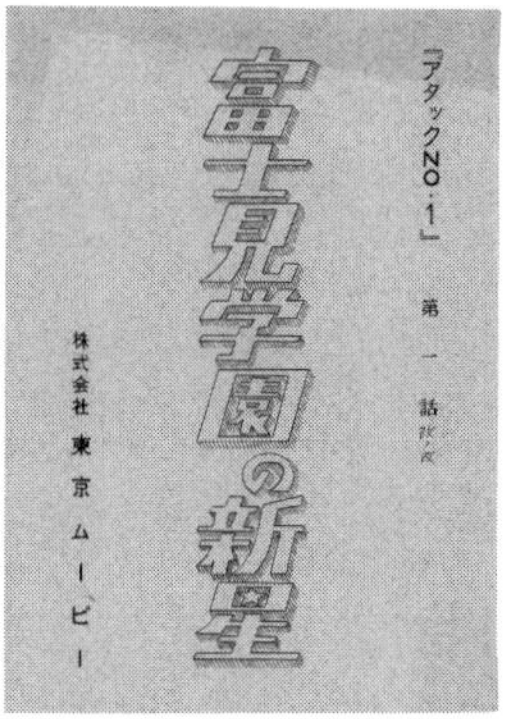

▲『アタック No. 1』第1話「富士見学園の新星」シナリオ
（資料協力／トムス・エンタテインメント、一般社団法人 日本脚本アーカイブズ推進コンソーシアム）

第1話「富士見学園の新星」

（脚本／辻 真先）

DIGEST STORY

鮎原こずえは、東京の名門中学から富士見学園にやって来た転入生。しかし新しい生活に目標を見出せず、授業中には居眠りばかり。教師の叱責を物ともしないこずえは、富士見学園の劣等生たちから一目を置かれるようになった。

ある日、バレーボール部の練習を見ていたこずえは、コートの外に飛んで来たこぼれ球をとっさに打ち返した。その見事なレシーブを認められて、バレーボール部にスカウトされたこずえだが、入部を断って部員の怒りを買ってしまう。

バレーボール部の主将に、対決を申し込まれたこずえ。劣等生仲間と即席のチームを結成するが、富士見学園のレギュラーチームに勝利することは出来るのか。

作品名

アタックNo・1

第1話「富士見学園の新星」

女の子向けのスポ根アニメ！
少女向けバレエマンガ原作の
経験が生きた

1

いわゆる少女マンガ（セクハラになりそうだが、あの頃の感じ方は、まさにそれだった）がアニメ化された第1号だろう。

もちろん『魔法使いサリー』はとっくにブラウン管（現在の板みたいなディスプレイではなく、テレビはごろっとした箱でした）を賑わせていたし、続く『ひみつのアッコちゃん』も1年近い以前にアニメ化されている。

だがご案内の通り『サリー』は横山光輝、『アッコ』は赤塚不二夫の原作であったし、読者対象も小学校低学年を中心に全方位の子ども向けであったから、『アタック』のアニメ化はそれなりに画期的と言っていいだろう。

制作プロは『巨人の星』の東京ムービー。現在『名探偵コナン』『ルパン三世』などの送り手として、日本のアニメ界有数の老舗である。当時の社長藤岡豊は辣腕家《らつわんか》でハッタリのきいた、手塚治虫とはまるで違ったタイプの創業家であった。

ぼくは『オバケのQ太郎』から東京ムービーのお世話になった。例によって会社の会議室かどこかでシナリオを書いていると(悪い癖で、見境なしにそのあたりのテーブルを仕事机にしてしまう)、背後から出し抜けにワハハハと笑われた。

びっくりして振り返るとメガネの痩せた男が、ぼくのホンを覗き込んでいた。「ハッスルばあさんの巻」だったが、ぼくの書いたギャグが彼のツボであったらしい。それが藤岡社長との初顔合わせであった。

実写の『忍者ハットリくん』を東映で書いていたとき、まったく同じ経験をしたことがある。やにわにゲラゲラ笑われて、

「それでいい、それでいい」

ご満悦だった恰幅《かっぷく》のいいスーツの紳士が、渡邊亮徳《わたなべよしのり》――やがて東映本社の副社長になる実力者だった。ホンを書いているときのぼくは集中するので、背中がガラ空きになるとみえる。『ゴルゴ13』（さいとう・たかを）ならあり得ない不用心な男ではあった。

『オバQ』で気に入ってくれたので、その後の注文はギャグものが多かったが、どういうものか『アタック』でもぼくに白羽の矢が立った。講談社の「少女フレンド」誌に連載マンガの原作を書いていたからかもしれない。

「フレンド」では谷ゆきこのバレエマンガを書いたのだが、少年マンガとテイストがまるで違うので悪戦苦闘した。その代わり目玉の大きなヒロインにも、遠景のコマがなくて接写ばかりのコマ運びにも、慣れっこになっていた。

だが男性アニメーターには、『アタック』は手ごわい相手であったろう。

「顔の3分の1が目じゃないか」

「目の中に星がいくつ煌《きら》めいてる?」

「まばたきするのに音響効果がいるんじゃないの」

等々、である。アニメキャラの細かな表情が創れず、なにかと言うと主人公が目を閉ざして睫毛《まつげ》を震わせた時代である。音響効果となるとすべてが手さぐりで、足音ひとつ取ってもアトムやレオをどうしよう――ロボットは足音を立てるのか？　猫族が足音を立ててはヘンだろう――その都度ディスカッションしたものだ。

結局このときは掲載誌「週刊マーガレット」（集英社）にお伺いを立てて、目の中の星の数を減らしてもらったような気がするが、思い出は曖昧である。

2

「マーガレット」の方も自分の雑誌の連載がアニメ化されるのははじめてだから、勝手がわからない。まだチャンネル数も少なくて、同日同時刻に同趣向の番組がぶつかることはしばしばであった。このときも『アタック』の裏番組として『柔道一直線』が登場した。アニメではなく実写だが、主役の桜木健一も吉沢京子も上り坂のタレントであったし、原作はスポーツ根性もの（スポ根ブームは『巨人の星』が火元だったが）で一世を風靡した梶原一騎、作画は『フーテン』で一家をなした永島慎二という、強敵のスタッフだ。どちらともぼくはコンビを組んでいるから、その力量は熟知している。おまけにぼくと同じシナリオライターの席にいるのは、佐々木守だった。マンガの実写化では『おくさまは18歳』などで視聴率男と言われていたし、マンガ原作でも『男どアホウ甲子園』でヒットを飛ばした。

なんだか3人に「勝負！」と刀を突きつけられた気分で、ぼくばかりか東京ムービーも大いにヤル気を出していた。

そんなときだった、『アタック』連載の舞台「マーガレット」が『一直線』の若いコンビで表紙を飾ったのは。マンガとアニメは立ち位置が違うと万々承知の上だったけれど、スタッフみんなが頭に来て、「マーガレット」の版元集英社にねじ込みに行った（ぼくは社外だからか、その話は後で聞いた）。

結果は「編集権を侵害するのか」とけんもほろろであったという。

そりゃあ理屈はそうですよね。

掲載誌だからといって、自分ちのマンガのアニメ化作品ばかり贔屓《ひいき》してはおかしいですよね。

だが現実問題としてぼくは少々士気阻喪《しきそそう》させられた。

今なら「少年ジャンプ」（集英社）が表紙に『名探偵コナン』（青山剛昌）を載せたようなものだ。

週刊誌マンガが昇天の勢いで、アニメの少女マンガテイストはやっと緒に付いたばかり——という空気を読んでいただけるだろうか。

で、そのときの視聴率合戦の結果はどうであったかというと、双方20パーセントずつを獲得、痛み分けとなった。

まずまず人気番組の椅子に座ることが出来て、その後の制作は順調に進んだが、アニメの情報量浸食（これについては、『サザエさん』の項目で書く）ぶりは盛んで、みるみる原作に追い付いてしまった。

放映はまだ半年続くというのに、原作がない。仕方なくオリジナルでその後の『アタックNo・1』を書くことになったが、まだスタッフに「シリーズ構成」のない時代だ。脚本家は4、5人いたと思うが、第1話を書いた責任上？ぼくが主になって、1クール13本をデッチ上げることになった。

新宿西口に『バス通り裏』のレギュラー（やきとり屋のおそめちゃん）江美京子がママを務めるバーがあって、ぼくはそこの常連だったから、ライターのみなさんに集まってもらってミーティングした。

話すのと飲むのとどっちがメインかわからない打ち合わせだった。

ほとんどが実写ドラマのライターなので、「フレンド」も「マーガレット」も区別のつかない（「少女コミック」〈小学館〉はまだない）有り様だから、とにかく勝手に熱を吹いてもらった。

「俺は、バレーよりはバイクを書きたい」

と言う人がいたから、

「じゃあ、新規にチームに参加する女の子をバイクに乗せよう」

という調子で無責任に話を運んだ。よくあれで13本纏《まと》まったものです。実はそれでもまだロングランしそうだったから、東京ムービーの企画部に「２クール分あんたが話を創れ」と言われた。

戦う相手がいないと思ったが、そうだまだ中国選手と戦っていないと気がついて、26本のシノプシスを創った——までは良かったが、結局番組の延長はならず、終了してしまった。

3

実は実はと話を引き延ばすみたいだが、12年以上前に『アタック』の再アニメ化が進展したことがあり、ムービー（すでにＴＭＳだったが）さんから電話をもらった。

「あのとき辻さんが書いたシノプシス持ってない？」

物持ちの悪いぼくだから「持ってない」と返事した。

「ウー、困ったなあ」

「どうして」

「今度のオリンピックで日本が勝ち上がったら、また東洋の魔女がブームになるだろ？　そのときはすぐアニメにしたいから、プロットを探してるんだ」

「じゃあ原作の浦野千賀子さんに頼めばいい」

「いや、あの頃とは時代が変わったから、まったく新しい『アタック』にしたいんだ」

「わかった、書いてみるよ」

鮎原こずえと早川みどりを使うことについては、浦野さんの了承を得てくれると言うので、〝まったく新しい〟『アタックNo・1』を編み出した。

まだ幼いこずえのお父さんは外交官で、一家挙げて南米に赴任していた。テロリストのため一家が誘拐され両親は亡くなったが、こずえはアマゾンの密林に打ち捨てられる。だが彼女は驚異的な生命力で生き延びる。救助隊に発見されたこずえは、生きるために持ち前の打撃力、跳躍力、瞬発力を培っていた――。

ま、ターザンの少女版ですね。

早川みどりの家庭はヤクザさん。彼女も見よう見まねで太股に小さな入れ墨がある。アタックと打球する度にバレそうになってヒヤヒヤする、というとんでもない設定であったが、幸か不幸かオリンピックで女子バレーはあっさり敗退したため、アニメ化は実現しなかった。

令和の今はラノベもゲームもコミックもほいほいアニメになるようだが、あの頃の壁は高かった。そもそも『アタックNo・1』自体、少女マンガのアニメ化第1号として、スポンサー大塚製薬のOKがなかったら、実現出来なかっただろう。

時の運、というものがあるのだ。

『タイガーマスク』について

DATA

制作：東映動画、よみうりテレビ　1969年10月2日～1971年9月30日
木曜日19：00～19：30
YTV・NTV系／各回30分／カラー／全105本

STAFF

原作	梶原一騎、辻なおき
企画	江藤昌治、斎藤 侑
作画監督	村田四郎、木村圭市郎、村田耕一、森 利夫、他
脚本	辻 真先、三芳加也、安藤豊弘、鈴樹三千夫、他
演出	田宮 武、白根徳重、矢吹公郎、勝間田具治、永樹凡人、他
キャラクターデザイン	木村圭市郎
美術	浦田又治、秦 秀信、沼井 肇、他
音楽	菊池俊輔
制作担当	江藤昌治
声の出演	タイガーマスク／伊達直人（富山 敬、森 功至）、若月ルリ子（山口奈々、野村道子）、若月先生（中川謙二）、健太（野沢雅子）、ジャイアント馬場（兼本新吾）、ミスターX（柴田秀勝）、他

▲LD『タイガーマスク　タイガー・ザ・グレイト篇』（東映レーザーディスク）
辻 真先脚本による第72話「ミスター不動登場」を含む4話を収録。

第1話「黄色い悪魔」

（脚本／辻 真先）

DIGEST STORY

アメリカのプロレス界に、「黄色い悪魔」の異名で恐れられる日本人レスラーがいた。その名はタイガーマスク。黄金に輝く、虎のマスクをかぶったレスラーだ。

その正体は、伊達直人という孤児院育ちの青年だ。孤児院を出た直人は、悪役レスラー養成機関の「虎の穴」に入り、卑劣な悪魔として戦う術を徹底的に叩き込まれていた。

相手を叩きのめすため、反則技をくり出すタイガーマスク。その情け知らずの戦いぶりは、周りのレスラーの反感を買っていた。

アメリカの地を去り、日本へ帰国したタイガーマスク。しかし、彼に痛めつけられたことを恨む、アメリカ人レスラーたちに決闘を申し込まれる。

作品名

タイガーマスク

第1話「黄色い悪魔」

梶原一騎原作が連発する秘技！スリリングなプロレス技の表現に腐心した

1

スポ根の元祖梶原一騎の原作だから、時代の大勢に乗った企画には違いないが、掲載誌は講談社「週刊少年マガジン」の弟雑誌にあたる月刊誌「ぼくら」なので、話の筋立ても辻なおきの作画も、やや幼ない年齢層をマークしていた。

だが東映動画はアニメ化にあたって、キャラクターデザインも一新、トレスされた描線も荒々しく、劇画的なリアルさを狙っていた（と思う）。

『ジャングル大帝』の虫プロや、『アタックNo・1』の東京ムービーと違い、社外で受注するシナリオライターは、はっきりよそ者扱いだから、制作に関するミーティングもプロデューサーと一部有力監督とで交わすくらい。映像産業ではるかに歴史のある企業として矜持《きょうじ》があったのだろうか。

それもひとつの見識だが、実際に番組に従事しているアニメーターの姿を一度も見たことがないというのは、こんなとき当時の記憶をまさぐろうとすると、残念な欠落が生じてしまう。したがって思い出といえば、東映動画で担当していた斎藤侑《さいとうたすく》プロデューサーとのやり取りに限られる。

掲載誌が月刊だった事情も手伝って、原作はなかなか前進しなかった。山場のプロレスの試合が始まると、勝負はじきに膠着《こうちゃく》状態となる。といって話がつまらないわけではない。梶原原作が繰り出すレスリングのギミックが刺激的で、読者としてワクワクしながら読んでいたのだが、いざ脚色するとなると容易ではなかった。

とにかく試合の場面が長いのだ。講談社で月刊であった「ぼくら」が休刊、週刊の「ぼくらマガジン」の看板マンガ（「少年マガジン」に〝弟雑誌が出来ました！〟と掲載された広告を覚えている）として再スタートした事情もあるだろう。いったん試合が始まれば、おいそれと終わらない。もちろん読者のお目当ては、つば競り合いの勝負だから当然であり、「少年マガジン」の弟雑誌とあって年齢層も低いから、舞台裏の駆け引きより試合そのものを見たいのだ。

それがテレビではやりにくい。２週３週と勝負の結果を先送りにするのでは、視聴者の興味を持続させられない。といって、まさか毎回異なる試合場面を創ることは出来ない。あっという間に原作を使いつぶしてしまう。

脚本のぼくは東映動画の社外の人間だから、企画制作の段階でどんな経緯があったのか知らないが、原作の絵を担当した辻なおき（苗字は同じだがご本人とは面識もなかった）が描いたキャラクターは丸ッこい線の子どもマンガ風であった。東映動画としては、もっと劇画風でリアルなタッチがほしかったのだろう。

結果として、ぼくがはじめてキャラクターシートを見たときは、

「え、これが『タイガーマスク』なの？」

びっくりしたほどの変貌であった。

あるいはプロデューサーの好みだったかもしれない。

作品的にはあのタッチが好評であったし、ぼくもホンを書きやすかった。

その分掲載誌の読者よりも視聴者の年齢層が上がっていた。だから試合を長く続けて話をダレさせるより、原作にない裏話を必要としたのだと思う。

雑誌の連載ならモツが、テレビではモタない。

——というのは、実はぼく個人の経験則でしかなかった。

NHK時代に松本清張の『黒い画集』を前後編にしたら後編の視聴率がガクッと落ちた同期のプロデューサーが、部長から以後1話完結にせよと言い渡された姿を見ている。後にマンガの世界へ潜り込んだら、あの大ヒットした劇画『子連れ狼』(小池一夫原作、小島剛夕作画)ですら、ひとつのエピソードを前・中・後編にしたら不評だったと、編集長に聞かされた。

成人の劇画読者は、一層うるさ方たちだ。

(水増し!)

(手を抜いた!)

(ゼニ返せ!)

今ならSNSで炎上するところだ。

読者とは視聴者とは、貪欲である。消費した金銭あるいは時間の対価として、少しでも早く大量に物語の先を追いたいと仰る。

現在ぼくの仕事はミステリに傾いているが、読者の反応をネットで読むとそれがヒシヒシ伝わって来る。早く事件を起こせ、さっさと捜査しろ。

贅沢を吐《ぬ》かすなと言いたいところだが、立ち読み王子であった幼時を思い起こせば、これは実にもっともな要求なのである。

時代とともに読者の要求は、一段とテンポアップされて来た。

今の世のなんとまあせわしないことだろう。

それでいて話の中身が薄いと文句が来る、大変だ。

2

タイガーマスクの必殺技すら跳ね返す怪レスラーが登場したときは弱った。原作に失礼していち早く試合を終えようとしたが、奇怪な敵の正体を暴露しなければならないのに、それがわからない。原作者と相談する暇もなく、自分流に解釈して叩きのめした。

その結果は原作とまるで違う試合になったが、どこからも苦情は来なかった。ごめんなさい、だってアニメ制作が間に合わないんだもん。

試合と試合のインターバルはどうしても視聴率が落ち気味になる。なんとかしたいと頭をひねった末、敵役（ミスターX）が悪計をめぐらせて、タイガーマスクこと伊達直人を暗殺しようと試みる話にした。

これならサスペンスを餌に、視聴者を釣れるだろう。お客さんを魚扱いして申し訳なかったが、内輪話を書かせてもらえばそういうことだ。ミステリの*倒叙ジャンルである。

もちろん悪玉の計画を成功させては『タイガーマスク』が終わってしまうので、あわやという局面で難を免れねばならない。こうなるともう完全にミステリの短編を練るようなものだ。たとえばこんな幕間のシーンをでっち上げた。

舞台に四国の祖谷渓《いやけい》を想定することにした。

ぼくは鉄ちゃんでもあるから、大歩危《おおぼけ》小歩危《こぼけ》をめぐる国鉄（まだJRではない）の土讃線には何度も乗ったし、阿波池田からの長距離のバスも熟知している。つづら折りの見本みたいに危ういカーブが続く山道だ。

＊ 倒叙＝はじめに犯人や犯行過程を明らかにして、犯人の視点で物語を展開させていくテクニック。

タイガーマスクがプロレス巡業のため、このくねくねした道を愛車を駆って走行中である。

日が沈む。

山霧が湧き出す。

祖谷渓に街灯なんてあるはずもない。視界は完全にとざされて、道しるべは前をゆく同じ興行グループの車の尾灯だけだ。

その尾灯がいったん消える。車が崖裾に回り込んだのだ。

直人が追走してゆくと、すぐ尾灯の赤い光が見えるようになった。

今度は尾灯はカーブしない。前方に橋がかかっているのだろうか、霧を劈《つんざ》いて直進してゆく赤い灯。

その光を追う直人の車。

だが実は尾灯は偽者で、深い谷をまたいで張られたワイヤーに、赤いランプが吊るされて移動してゆくだけなのだ。

霧の中へ消えるテイルランプ。

なにも知らぬタイガーマスクは、赤い光に誘われるまま、千仞《せんじん》の谷底へ――。

となってはジ・エンドなので、なにやら都合のいい偶然が味方して、危機一髪を逃れることが出来たはずだが、この後が思い出せないのです。

無責任な昔話ですみません。

とにかく原作の間隙《かんげき》を縫ってオリジナルにするのだから、脳内の引き出しをかき回して、心覚えのギミックで取り繕った。のちにミステリを書くのが表芸になったとき、しばしば後悔したものだ。

ああくそ、そのテをアニメで使ってしまった！

いっそ使ったことを忘れていれば、良心の咎めなしでネタのリサイクルが出来るが、こういうときに限って記憶鮮明だから困る。

数年前にある雑誌で『タイガーマスク』の特集記事が掲載されて、取材に応じた。クライマックスでは、虎の穴が用意した最強の敵との対決で、さしものヒーローも追い詰められ、禁忌としていた反則技を繰り出しようやく撃破に成功する。

だが――この試合を最後に、一代の名レスラーはリングを去るのだ。タブーとしたはずの技を出してしまったタイガーマスクを、なによりも自分自身が許せないという論理で。

原作とはまったく違うゴールを決めて、放映時にはそれなりの好評で迎えられたから、実はすっかり自分が書いた最終回だと思っていた。

ところが雑誌の調べによると、クレジットはぼくではなく、別な脚本家の名前になっていた。

書いてしまったとたん、その内容をコロッと忘れてすぐ次の作品に集中するのは、悪い癖ではないと思うし、脳内をクリアしてゆかねばあんな多作（自分で言ってる）は出来なかったとも思うけれど、こんなときは実に困る。

名前が出ていたライターはとうに亡くなっているので、確かめようもない。考えられるのは、なまじ思いつきを口走ったので、自分で書いたと錯覚していたのか？

『アタックＮｏ・１』がそうであったように、口立てでアイディアを持ち寄った頃は、とかく混乱が起きるので、この場合は混乱のままを思い出として書き留めておこう。シリーズ構成のポストがなかった時代です。読者のみなさん、どうかご了承を。

『サザエさん』について

DATA

企画制作：宣弘社、TCJ（現／エイケン）

1969年10月5日〜放映中
日曜日 18：30〜19：00
フジテレビ系／各回30分（1回3話）／カラー

STAFF

原作	長谷川町子
プロデューサー	松本美樹、堀越唯義、他
監修	小林利雄
演出	渡辺米彦、山岸 博、村山 徹、鳥居宥之、山本 功、高垣幸蔵、日山良雄、他
脚本	辻 真先、雪室俊一、城山 昇、他
カラーディレクター	尾崎 孝、鬼沢富士男、他
アートディレクター	大隅敏弘
チーフアニメーター	毛内節夫、月川秀茂、他
文芸	吉留孝子、他
制作デスク	一色宏安
声の出演	サザエ（加藤みどり）、波平（永井一郎、茶風林）、フネ（麻生美代子、谷 育子、寺内よりえ）、カツオ（大山のぶ代、高橋和枝、冨永みーな）、ワカメ（山本嘉子、野村道子、津村まこと）、マスオ（近石真介、増岡 弘、田中秀幸）、タラオ（貴家堂子）、他

第1話「75点の天才！」

（脚本／辻 真先）

DIGEST STORY

磯野家の長男／カツオは、いつも明るいお調子者。勉強嫌いでテストは0点ばかりだが、今日は珍しく75点の答案を手に、上機嫌で家に帰って来た。

答案を見て、カツオの快挙に驚くサザエたち。カツオはこづかいの値上げ交渉を目論むが、自室に隠していた0点ばかりの過去の答案を、妹のワカメが見つけてしまう。

ワカメへの口止め料として、お気に入りの外国製ペンを手放したカツオは、答案用紙が家族に見つからぬよう、慌てて天井裏に押し込んだ。

一方で、磯野家を訪れたハマ子おばさんに、カツオの礼儀の悪さを指摘されたサザエ。カツオの名誉挽回のため、75点の答案を見せることにしたが……。

作品名

サザエさん

第１話「75点の天才！」

長谷川町子原作の
落語調の笑いを
テンポ良くアニメ化した

1

長年の間「朝日新聞」を購読していたから『サザエさん』にはかねて馴染んでいた。それに作者長谷川町子のマンガなら、戦前に「少女倶楽部」（「少年倶楽部」の姉妹誌で、同じ大日本雄弁会講談社の発行）で彼女のデビューした連載マンガ『仲よし手帖』も読んでいた。

お師匠さんは『のらくろ』の田河水泡だったから、

（あ、やはり落語調のお笑いだ）

子ども心に納得したものだ。注釈をつけておくと田河水泡は高澤路亭というペンネームで、落語の台本を書いていた。

戦前のマンガ（漫画）は「漫」とあるように笑いが売りなので、落語や小咄をベースにギャグ化した絵が大半であった。文章で読む方が笑えるような「漫訳不足の漫画」（大人向きに描くマンガ家はついそうなる）の中で、町子作品には確かなテクで笑わせてもらっていた。

そのぼくに、『エイトマン』『スーパージェッター』でおつき合いのあったアニメプロＴＣＪから話が来て、『サザエさん』を書くことになった。

2

東芝の1社提供というから、ホッとした。それまでのアニメは多くが製菓業提供だから被る場合がしばしばだった。おまけに少年誌連載となればライバル同士が常に鎬《しのぎ》を削っており、やりにくいケースが多々あった。『宇宙少年ソラン』を書いていたら、スポンサー森永の担当氏に怖い顔をされた。

「あんた、明治製菓も書いているって?」

「はあ」

そりゃ書いてますよ。明治は『アトム』のスポンサーだもの。

すると怒られた。

「あんた、ソレ裏切りでしょうが!」

「――」

実は不二家も書いてます、『オバQ』です――。

なんて白状したら、首を締められたんじゃないか。

のちに円谷プロのSFX番組で、やはりスポンサーの担当さんと揉めたこともある(このときは、タイムリープがわからんと叱られた)。それで痛感したのだが、大企業の歯車の1個であるみなさんと、矮小ながらも個人事業を営むシナリオライターとは、そもそも歯車比が違うから噛み合わない、という現実であった。

これが『エイトマン』では、会議に現われるのが提供社丸美屋の社長ご本人であったから、裏切りだなんてちっぽけなことは仰らない。

われわれライターのひとりひとりに握手を賜って、

「視聴率30パーセントをよろしく」

それだけであった。

励ましの甲斐あってか番組は30パーセントをキープした。すると次の会議では、

「40パーセントをよろしく」

と仰って、われわれをギョッとさせた。

話が脱線しました。

そんないざこざがあっただけに、大企業の１社提供ならその種の文句が来ることはなかろうと、安心して書き始めたのです。

ついでだからその後の話もしておこう。

家電産業として視聴者にじかに向き合うスポンサーなのだ。販売中の電気製品に瑕疵《かし》があると思われては絶対に不都合である！　当たり前のことだが、放映開始時のぼくはそんな局面を考えつかなかった。

あっと思ったのは、ぼくが気に入っていた原作の４コマで、ガタの来ていた扇風機が電源を入れると少しずつ踊り出し、ついには帰るお客さんの後にくっついて玄関までノコノコ出て来るという場面だ。

「まあ、お客さまをお見送りしてるのね」

ヒョコヒョコと移動する扇風機をアニメで見せれば、さぞ愉快だろうと思ったのだが、受けつけてもらえなかった。

仮にも東芝マークの扇風機に、そんなガタが来るはずはないのである。

同じ理屈で磯野家を照らす明かりが、突然消えることもあり得ない。若い読者に言っておくと、タングステンの白熱

電球はフィラメントの老化によって、前ぶれなしにフッと消えることがある。むろん*マツダランプは不滅だから、フィラメントが切れるなんてあるはずがない。

話の都合でどうしても灯を消さねばならぬときは、磯野家の前の電柱にトラックをぶつけた。電燈が消えたのは東芝の責任ではないと、番組内で明示する必要があったからだ。

故障のときはそんな調子でなんとか誤魔化したものの、まるで新しい家電製品が発売されたときは困惑した。

磯野家にエアコンを入れてほしいという意見をもらったときだ。これは制作スタッフとして丁重に辞退した。

夏の真っ盛り、波平やマスオが会社から帰宅して茶の間に入ると、

「おお涼しい」

「やはりエアコンはいいですねえ」

というシーンにするには、襖は締めっぱなしの画面になる。それでいいのか?

汗をかきかき帰って来ると、座敷まで建具はすべて開放され、簾《すだれ》が涼しげな影を落としたその先には、打ち水された庭がひろがり、どこかで風鈴が鳴っている——。

おお、これこそ日本を代表する磯野家の夏ではないか。

そんな理屈でエアコンを拒否した。

だがそうなると、

「夕立だわ、洗濯物を取り込んで頂戴」

「大丈夫よ、乾燥機を使ってるから」

という会話まで否定して物干し竿に飛びつかせるのが正しいのか。それならいっそ盥《たらい》で行水しろとなりそうで、時な

＊ マツダランプ＝大正から昭和にかけて親しまれた東芝の電球の呼称。ゾロアスター教の主神で善と光明の神、アウラ・マツダに由来するといわれている。

らぬ日本文化論が展開してしまう。

結局、洗濯機や冷蔵庫などメインの家電製品は新型が出るとあえて話題にせず、いつの間にやら作画で描き込んでおくという方式が出来上がった。

これは番組初期の黙契だから、東芝の手を離れた現在はどうやり繰りされているのか、ぼくは知らない。

ガラケーが根こそぎスマホに進化して、子どもの話題にゲームが不可欠となった令和世代だ。頑固な波平もパソコンと向かい合っているのか、あべこべに『サザエさん』そのものが、徐々に時代劇化してゆくのか。

ぼくの年代で日清戦争は遠い昔のイベントであったが、平成から令和に生きる若者にすれば、太平洋戦争も同等の昔話となるわけだ。長寿番組の存在そのものが、やはり日本文化論の素材に行き着くわけだ。

だが現在や未来は知らず、この本の務めとしては『サザエさん』事始め——昭和44年10月の頃の四苦八苦を書き留めておかねばなるまい。

3

長期連載という点で『サザエさん』は、これまでアニメ化されたどの原作より長い。だからすぐには量的な払底《ふってい》を不安視する声は上がらなかった。

長い歴史の間にはその時々の世相を反映して書かれていたのだから、現在（というのは昭和44年のことだが）を舞台にしては使えない４コマがある。七輪バタバタなんて戦後日本のつつましさをネタにするのが、もはや無理な高度経済成長期であったのだ。

作者長谷川町子自身も連載当初は九州在住だったため、テレビで設定した世田谷の雰囲気から遠いものがある。提供東芝の都合でこぼれ落ちるコマがあるのは、扇風機の話で察しがつくだろう。

そんな事情で、アニメに使用出来る4コマを選ぶのが、最初の作業となった。

数はハッキリ覚えていないが、２０００とか３０００とか、その程度の本数だったように思う。

ごく初期の記憶だが、アニメ1本（7分間）の長さで原作の4コマがどれだけ消化されるか試してみた。まだどの4コマもアニメ処女であったから、1話に好きなだけ使ってみることにした。繋ぎの部分を最小限に削ぎ落として、原作から原作へ有機的？　に渡り歩いてシナリオ化した。

その結果びっくりしたのは、アニメ1話の、たった7分間に4コマが30本入ってしまったことだ。そうなると作者長谷川町子営々3カ月の苦心の積み重ねが、毎週日曜夕方の30分間で消え失せる！

テレビアニメの巨大な胃袋をSFアニメで思い知っていたつもりのぼくなのに、『サザエさん』のような家庭生活マンガでも、恐るべき健啖《けんたん》ぶりを発揮して想像を絶した。

なお『サザエ』の脚本に従事して知ったのは、他の番組との原稿枚数の多寡《たか》である。東映動画でぼくが多く組んだ芹《せり》川有吾《かわゆうご》監督（『サイボーグ００９』『魔法使いサリー』他）からは、

「シナリオは55枚くらいで纏《まと》めてよ」

しばしば注文されていた。原稿用紙1枚が２００字詰めで、われわれはペラと称した。小説は４００字詰めが普通だが、シナリオはその半分の大きさだ。紙束の上部を指で抑えてペラペラめくれば、全体の構成をチェックしやすいからなのか、そう呼んでいた。

ちなみに『００９』は30分番組で、『サザエさん』は7分間が1話だけれど、なんとペラで40枚入ってしまう。芹川

監督が要望する枚数の2倍以上を消費した。

だからといって『サザエ』の声優が早口でまくし立てるかといえば、そんなことはない。設定も人物も視聴者ご承知のアニメだから、今さら話の背景をごたごた解説する必要だってないはずだ。そんな大量の内容が、7分間のどこに埋没するのか謎であった。

『サザエさん』を降りて久しいから現状は不明だが、放映開始の頃はそうだった。このペースで推移すれば、早晩原作は品切れ必至となる。

実写版の『サザエさん』をいくつか見ているが、過去の作品では主演者の知名度（江利チエミがサザエに扮して、定評があった）や個性によりかかった感が深かった。アニメでは俳優に頼らぬ独自の魅力を発見せねばならない。

ぼくはＮＨＫ時代に帯ドラマ（毎日一定の時刻に開始する連続ドラマ）『バス通り裏』を演出した経験がある。まだホームドラマというジャンルはなく、まして毎日放映なんて見当がつかなかった。１回が15分だから、月曜から金曜まで通せば1時間15分のボリュームがある。ちゃんとした重量感のあるドラマを放映出来ておかしくない。

作者の筒井敬介と須藤出穂《すどういずほ》は苦心した。ふたりともベテランの脚本家だが試行錯誤した。１週通しで統一したドラマを創ったこともあったが、最後に落ち着いたのは、筒井敬介言うところの「ニコニコ大会」である。なまじドラマらしい構成をとるより、キャラクターの味を全面に押し出し、視聴者に馴染ませることにした。

これはうまく行った。

玄人の批評は「メシばかり食べてる」と芳《かんば》しくなかったが、一般の視聴者には歓迎された。架空のキャラクターが実在して、自分たちの町内に住んでいる。そんな錯覚を与えることに成功したわけだ。

映画にない、テレビならではの持ち味が、すぐ足元に転がっていたのだ。

だから『サザエさん』でも、ぼくは同じ作戦を立てるべきであった。実写ではどうしても俳優が前に出るが（『バス裏』では十朱幸代や岩下志麻といった、視聴者には白紙の新人を軸にした）、アニメはもともと架空の人物に決まっている。まずキャラの面白さを正面に押し立てるのが、テレビアニメとしての正攻法だろう。50年後に思うのは、ぼくに判断ミスのあったことだ。

アマゾンで配信される昔の『サザエ』を見て、ファンからびっくりしましたと、お便りをもらった。

「初期はあんなにドタバタだったんですね」

お恥ずかしい。

キャラよりも話作りに力が入り、シチュエーションコメディを志していたのだろうか。ガッチリした原作があるのだから、どの4コマをどう使うといった設計より、放射されるキャラのオーラを受け止めて、7分間をたっぷり泳がせてあげれば良かった。

引き合いに出して申し訳ないが、雪室脚本の中を遊び回るタラちゃんの姿を見るにつけ、自作の欠点が目についていけない。

今になって反省しても追いつかないから、実際にあの番組の脚本がどんな順序で書かれて行ったか、メモとして残すことにしよう。

前記したようにＴＣＪがアニメの制作を担当したが、脚本のオーダーは広告代理店宣弘社の松本美樹が中心になって行われた。

まず数ある原作の中から、４コマを１本あるいは複数本、それに話のメインとなるキャラのローティションなどを按分して選び、当時のシナリオライター３人に割り当てる。ざっくり言えば、タラやカツオなど年少組の話を雪室俊一が、サザエやマスオたちを城山昇が、波平・フネなどを辻が書いた。

正式なルールがあったわけではなく、だいたいの目安がそうだった。ま、ぼくのケースは書き手のトシが持ち役に反映したのだろう。

原則でしかないので、ぼくの書いた「75点の天才!」（第1話になったので多くの人が目にしただろうが、飽くまでたまたまの第1話である）はカツオが主演を務めている。

初期の『サザエさん』では磯野家の隣に作家の伊佐坂難物先生が住んでおり、これはぼくが主として書いていた。番組の進行中に、難物がよその局に出ることになり転居させたので、ぼくの手から離れた。のちにその話が壊れたため、伊佐坂家はまた『サザエさん』に戻ったはずだが、そのときは今度はぼくが番組から離れていた。

長期にわたる番組なので、生身の人間どうよう有為転変があるのは致し方ない。提供東芝の名前さえ消えたが、今なお『サザエさん』はフジテレビ番組網の一角を守って、最長不倒の記録を更新しつつある。

はじめに宣弘社の松本プロデューサーが敷いた設計図――

- 時事ネタを使わない（地震など）。
- マイナス方向の話題を出さない（家計の赤字など）。
- 流行に左右されない（ファッションなど）。

などなど。

時代の移り変わりで揺れに揺れるルールだが、とにもかくにも墨守を続けた結果のロングランであってみれば、虚心にスゴイという他はない。

『キックの鬼』について

DATA

制作：東映動画、TBS

1970年10月2日～1971年3月26日
金曜日19：00～19：30
TBS系／各回30分／カラー／全26話

STAFF

原作	梶原一騎、中城けんたろう
企画	忠隈 昌、笹谷岩男、旗野義文
作画監督	羽根章悦、落合正宗、小松原一男、国保 誠、古沢日出夫、他
演出	黒田昌郎、白根徳重、山口康男、明比正行、西沢信孝、他
脚本	辻 真先、鈴樹三千夫、安藤豊弘、押川国秋、他
美術	福本智雄、辻 忠直、沼井 肇
制作進行	菅原吉郎
音楽	小林亜星
声の出演	沢村 忠（朝倉宏二）、野口 修（小林清志）、洋子（松島みのり）、悦子（野村道子）、英城（西本雄司）、他

▲『キックの鬼』第１話「キックの夜明け」シナリオ
実際の第１話放映時には、「無敵の沢村」に改題されている。
（資料協力／東映動画、一般社団法人 日本脚本アーカイブズ推進コンソーシアム）

第１話「無敵の沢村」

（脚本／辻 真先）

DIGEST STORY

キックボクシング界の王者／沢村 忠。人呼んで「キックの鬼」は、破竹の勢いで連勝記録を塗り替えていた。しかし、勝利に沸き立つファンや記者を差し置いて、控室に戻った沢村が振り返るのは遠い日の思い出だ。

かつて沢村 忠は、学生空手界ナンバーワンの実力で、「空手三四郎」として名を轟かせていた。同じ頃、ボクシングジムを運営する野口 修は、タイ式キックボクシングの魅力を日本に広めようと、スター選手を探していた。

沢村が繰り出す足技に、天賦の才を感じた野口。空手こそ世界一と主張する沢村を挑発し、タイ式キックボクシングとの異流試合に誘う。

作品名

キックの鬼

第１話「無敵の沢村」

未知の世界を教えてくれた沢村忠ジム取材の思い出

『キックの鬼』は梶原一騎の原作だから、*『巨人の星』『タイガーマスク』から『夕やけ番長』『赤き血のイレブン』まで、かなりな数を組んでいたので気心が知れていた。といっても、キックボクシングなんてまるで未知の世界なのだ。はじめからぼくがメインで書くとわかっていたら逃げ出しただろう。東映動画のスタッフだって、ぼくがそこまでキック音痴と知らなかったに違いない。

善意に受け止めれば、脚本の仕上がりが順調だったので、

「まあいいや。書かせとけ」

てな調子でほったらかしにされたんじゃないか。

トシとともに僻《ひが》みっぽくなったようだ。

――『タイガー』と違ってアニメ化が決まったとき、原作がほぼ出来上がっていたのかもしれない。そんなわけであわてず騒がずマイペースで書けたのだろうか？　おかげで記憶に留まるべき絵柄がない。

お断りしておくと、ぼくは記憶を映像データとして脳細胞に収納するタイプらしい。さまざまな記憶を黄金分割された画面に定着させている。『キックの鬼』の場合、検索してさっと取り出せるシーンといえば、沢村忠の道場が目黒にあり、見学時間の合間に外へ出て目黒川周辺の風情に馴染んだくらいなのだ。

＊『巨人の星』は川崎のぼる、『タイガーマスク』は辻 なおき、『夕やけ番長』は荘司としお、『赤き血のイレブン』は園田光慶、深大路昇介らが作画を手掛けたマンガ。いずれも梶原一騎による原作で、アニメ化の際には辻 真先が脚本に携わっている。

肝心な道場内の記憶となると、まことに心細い。

待遇が良すぎて淡々と脳内をスルーしてしまったものか。

もともと体育会系ではなかったし、戦中戦後の混乱期の学生生活だから、ろくなスポーツの訓練も受けていない。スパルタ教育であった旧制中学では水泳部に所属していたが、プールなんて学校にないから（上京したおり、中央線沿線の小学校にプールがあるのに気づいて、名古屋と東京の格差に愕然とした）、放課後はいちいち遠くの焼跡に残されたプール（というより四角な水溜まり）へ通う始末であった。

遠泳には自信があったが、プールの競泳には役に立たずしごかれた。まだ六尺褌《ふんどし》の締め方を覚えている程度だから、*『Ｆｒｅｅ！』の華麗な選手たちを見て目を回した。

柔剣道のたぐいは進駐軍の命によりＮＧで、拳闘部なぞあるはずがない。ましてキックボクシングなんて想像の他だ。そんなぼくだから珍しいもの見たさで、沢村ジムには結構通った。アニメの取材だからと（原作者の顔もあるのだろう）待遇は上々であった。

その結果が「スミマセン、覚えていません……」では恐縮するばかりだ。よくまあそんな心構えで第1話を書いたと呆れるが、事実だから仕方がない。

無論取材ははじめてではなかった。

ＮＨＫの時代には『ふしぎな少年』で催眠術の場面（被術者を愛川欽也が怪演した。車を運転中に後催眠現象で暗示が再発、藤沢海岸を迷走するのだ。警察に無届出で暴走ロケをやらかした、怖かった）を演出するため、カッパブックス『催眠術入門』の著書を持つ某社の取締役に教えを乞うたのだ。

アニメでは『ピンク・レディー物語』という実録ものを創作するため（オリジナルだった。昭和53〜54年）、人気絶

＊『Free!』＝平成25年から同30年まで放映された、京都アニメーション制作のテレビアニメシリーズ。高校水泳部を舞台にしたライトノベル『ハイ☆スピード！』（おおじこうじ）が原案。

頂のミーちゃんケイちゃんの隠れ家（某高級ホテルのスイートルーム）へ押しかけ、ケイちゃんが入れたお茶を飲んだし、彼女たちが在籍した静岡の高校も、ガッチリと取材していた。

『アタックＮｏ・１』を書くのに、女子バレーチームを取材したこともあるが、男性コーチに笑われた。

「あなた、バレーをやったことありますか」

「いえ、ないんです」

「そうでしょうなあ――」

嘆息を漏らして、ぼくに笑顔を向けた。

「だからあんなことが書けるんですなあ」

〝あんなこと〟というのが〝どんなこと〟なのか、恐ろしくて聞き返せなかった。

そんな危なっかしい取材に比べると、『キックの鬼』のジムのみなさんの、なんと穏やかな対応であったことか。

だから、書く話が出ないのです。

いくらなんでもそれでは愛想がないから、亡き梶原一騎の思い出を書き添えておこう。

『タイガーマスク』は長期にわたって放映されたから、途中のパーティで挨拶する機会があったが、『キック』は２クールだったためお目にかかるときがなかった。

だがちょうどその頃だったろうか。ぼくが放送作家協会の仕事で、マンガ原作とアニメ脚本の教室をやらされたのは。知ってるマンガ家に片っ端から頼み込んで、毎週誰かに六本木の協会へ講師として来てもらった（その節は無理をお願いしてすみませんでした！）。

そんなお手製の教室第１日目に、梶原が来てくれた。

生徒たちが60人ほど席についていると、コートの両袖をはためかせてのっしのっしと登場した。その彼の第一声は、

「おう、こんなに大勢バカがいるのか！」

ドスのきいた声は、生徒たちが震えあがる迫力であった。

当日は永島慎二も駆けつけてくれ、なんのことはないライバルたち（『アタック』の章を参照のこと）のおかげで、教室は無事スタート出来たのだ。

だが、そうか――あのときのふたりは、もういないのか。

長生きするのも悪くないが、なにかの折りにふと立ち止まると、むしょうに淋しくなるのも確かです。

梶原一騎原作のマンガとアニメが後押しした キックボクシング人気

自らも、大山倍達《おおやままますたつ》の薫陶を受けて極真空手の修行をするなど、格闘技を愛した梶原一騎。原作者として、『空手バカ一代』（つのだじろう、影丸譲也作画）や、『あしたのジョー』（ちばてつや作画）、『タイガーマスク』（辻なおき作画）など、多くの格闘技マンガを手掛けている。

キックボクシングを主題としたマンガでは、アニメ化されて人気を博した『キックの鬼』（中城けんたろう作画）の他、『キック魂《ガッツ》』（南波健二作画）の原作を執筆している梶原一騎。２作とも、沢村 忠（昭和18年～令和３年）の半生を描いた作品で、新興スポーツだったキックボクシングの人気を後押ししている。実際の試合の放映と合わせてマンガが連載されて、読者の注目を集めた。

▲「週刊少年キング」（少年画報社）に連載された『キック魂』の扉絵。
「新連載30ページ！」の文字から、編集部の意気込みがわかる。

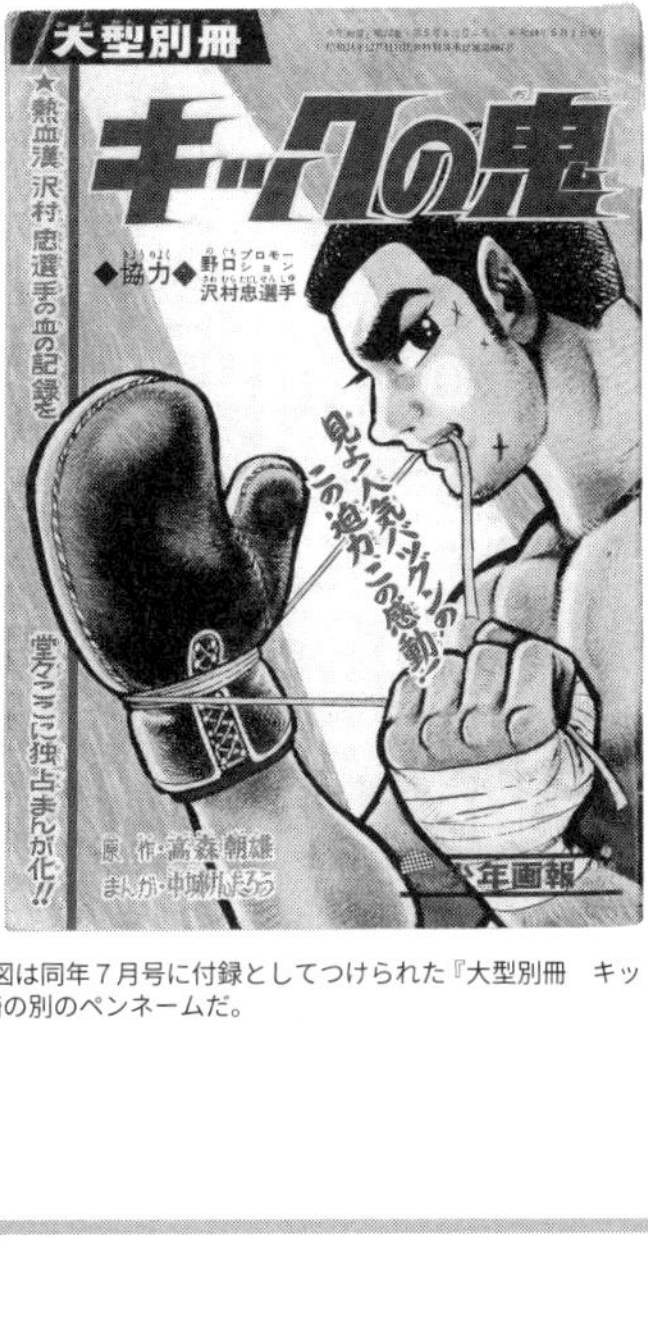

▲ 右図は、「少年画報」（少年画報社）昭和44年５月号、左図は同年７月号に付録としてつけられた『大型別冊　キックの鬼』。原作者名として記された「高森朝雄」は、梶原一騎の別のペンネームだ。

辻 真先が担当した
「東映魔女っ子シリーズ」について

「魔女っ子シリーズ」とは、昭和41（1966）年から昭和56（1981）年まで15年間続いた、東映動画（もしくは東映）制作の一連の魔法少女アニメの総称。辻 真先は、『花の子ルンルン』以外の作品に携わっている。

『魔法のマコちゃん』

深海の国の人魚／マコは、人間に恋をして人間界へ向かうが……

DATA

制作：東映動画

1970年11月2日～1971年9月27日
月曜日 19：00～19：30
NET系／各回30分／カラー／全48話

STAFF

原作 浦川しのぶ

脚本 辻 真先、雪室俊一、北原しげみ、布施博一、浪江志摩、他

『さるとびエッちゃん』

真田十勇士のひとり、猿飛佐助33代目の子孫／エッちゃんが大活躍する。

DATA

制作：東映動画

1971年10月4日～1972年3月27日
月曜日 19：00～19：30
NET系／各回30分／カラー／全26回
（1回2話・1話完結分合わせると29本）

STAFF

原作 石森章太郎（『おかしなおかしなおかしなあの子』）

脚本 山崎忠昭、辻 真先、雪室俊一、押川国秋、城山 昇、他

『魔法使いサリー』

魔法少女物として初めての作品。以後のシリーズの原点。

DATA

制作：東映動画

1966年12月5日～1968年12月30日
月曜日 19：00～19：30
NET系／各回30分／カラー／全109話（1話～17話モノクロ）

STAFF

原作 横山光輝

脚本 吉野次郎、押川国秋、佐藤純彌、浜田 稔、雪室俊一、辻 真先、他

『ひみつのアッコちゃん』

鏡の精から、自由に変身出来るコンパクトをもらったアッコ。呪文を唱えると……。

DATA

制作：東映動画

1969年1月6日～1970年10月26日
月曜日 19：00～19：30
NET系／各回30分／カラー／全94話

STAFF

原作 赤塚不二夫

脚本 雪室俊一、浪江志摩、安藤豊弘、辻 真先、鈴樹三千夫、他

『魔女っ子チックル』

絵本の中に閉じ込められていた魔女っ子チックルの冒険を描く。

DATA

制作：東映

1978年3月6日～1979年1月29日
月曜日19：00～19：30
テレビ朝日系／各回30分／カラー／全45話

STAFF

原作　永井 豪とダイナミックプロ

脚本　馬嶋 満、田村多津夫、篠崎 好、富田祐弘、曽田博久、辻 真先、他

『魔法少女ララベル』

東映動画最後の魔女っ子物。

DATA

制作：東映動画

1980年2月15日～1981年2月27日
金曜日19：00～19：30
テレビ朝日系／各回30分／カラー／全49話

STAFF

原作　藤原栄子

脚本　辻 真先、曽田博久、城山 昇、金春智子、安藤豊弘、他

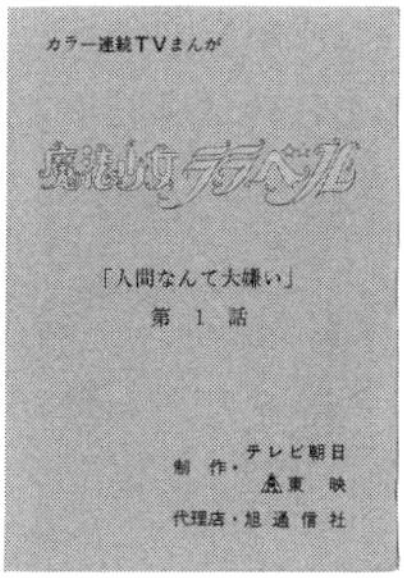

▶辻 真先が手掛けた『魔法少女ララベル』第1話「人間なんて大嫌い」のシナリオ
（資料協力／東映動画、一般社団法人 日本脚本アーカイブズ推進コンソーシアム）

＊「東映魔女っ子シリーズ」に含まれる作品の範囲・定義については諸説あります。本書では、『キューティーハニー』については126～131ページにて特集しています。辻 真先が担当していない『花の子ルンルン』についてはリストから外しています。

『魔法使いチャッピー』

魔法界の貴族の娘／チャッピーが、人間界で大冒険をする。

DATA

制作：東映動画

1972年4月3日～同年12月25日
月曜19：00～19：30
NET系／各回30分／カラー／全39話

STAFF

企画　飯島 敬、宮崎慎一

脚本　山崎忠昭、辻 真先、雪室俊一、押川国秋、城山 昇、他

『ミラクル少女　リミットちゃん』

飛行機事故の負傷で超能力を具えるサイボーグ少女となったリミット。

DATA

制作：東映動画

1973年10月1日～1974年3月25日
月曜日19：00～19：30
NET系／各回30分／カラー／全25話

STAFF

原作　永島慎二

脚本　辻 真先、雪室俊一、原 麻紀夫、安藤豊弘、城山 昇、他

『魔女っ子メグちゃん』

魔界の女王になるため、メグは人間界で修行する。

DATA

制作：東映動画

1974年4月1日～1975年9月29日
月曜日19：00～19：30
NET（テレビ朝日）系／各回30分／カラー／全72話

STAFF

原作　ひろみプロ

脚本　山浦弘靖、雪室俊一、今村文人、辻 真先、安藤豊弘、他

作品名

東映魔女っ子シリーズ

『魔法のマコちゃん』『さるとびエッちゃん』『魔法使いチャッピー』
『ミラクル少女リミットちゃん』『魔女っ子メグちゃん』『魔法少女ララベル』

今も人気の魔法少女路線の原点となる作品群のシナリオを書き続けた15年間!!

前ページの作品の中で、石ノ森章太郎原作の『さるとびエッちゃん』の第1話は、日活の先輩ライター山崎忠昭が書いており、ぼくは第2話を彼と共作の形で参加した。

また『メグちゃん』も第1話は山浦弘靖脚本で、ぼくはずっと遅れて書いており、本数もあまり多くないのだが、同じ魔法少女路線ということで纏《まと》めている。ご了承を。

魔法のマコちゃん

毎週月曜日午後7時からのNET（今はテレビ朝日だが）30分枠として放映された『魔法使いサリー』（横山光輝原作）、『ひみつのアッコちゃん』（赤塚不二夫原作）の好評で、この時間帯は長らく東映魔女っ子路線として定着することになった。

横山光輝、赤塚不二夫と原作ものが続いたが、第3作にあたる『マコちゃん』は、アニメオリジナルのシリーズである。

原作者は浦川しのぶと記載されているが（辻真先の名にされるときもあるらしい）、*八手三郎と同じく架空の名前で、実態はぼくの心もとない記憶では、プロデューサーの横山賢二、監督の芹川有吾、それにぼくの3人が、アンデル

＊ 八手三郎＝東映映像本部プロデューサーの共同ペンネーム。「スーパー戦隊シリーズ」をはじめとする東映の特撮テレビドラマ作品の原作者名、およびその主題歌などの作詞者名として使われた。

センの『人魚姫』を元ネタに、魔法路線参入を試みた――ような気がしている。アンデルセンを持ち出したのは、芹川監督だったと思う。オリジナルの魔法ものという企画は当時として新鮮であったが、対象年齢をしぼり切れなかったのは失敗だ。

連載マンガの掲載は幼年誌なのに、『アッコ』の後番組ということで年長の女の子の視線を気にしたのが、視聴者にどっちつかずの印象を与えたのだ。むしろ魔法の斬新な使い方を工夫して、痛快なコメディに仕立てるべきだったが、元ネタの悲劇テイストに引きずられたきらいもある。

二兎を追うもの一兎を得ずという諺《ことわざ》を地で行って、原作の片割れとして反省すべき点の多い残念な作品になった。

さるとびエッちゃん

『さるとびエッちゃん』はもとのタイトルが『おかしなおかしなおかしなあの子』で、少女誌「週刊マーガレット」（集英社）創刊号から連載が開始されている。ぼくは単行本になってからの読者だが、石森ギャグマンガは『テレビ小僧』以来注目していたので、アニメ化を聞いたとき快哉《かいさい》を叫んだ。

シナリオが山崎忠昭というのもツボであった。既成の枠からハミ出る彼のパワーは、日活の頃から目覚ましかった。岡本喜八監督の『殺人狂時代』（昭和42年）など傑作と言いたい。クライマックスが精神病院を舞台にした仲代達矢・天本英世の決闘だから、そのユニークさがわかる人にはわかるはずだ。そして令和の現在では絶対に映像不可だろうこども。

エッちゃんはいわゆる魔法少女ではないが、怪力怪速怪話（動物語が出来る）という、怪能力の女の子で、なにがあってもｰ「エヘ」ですませる。魔女っ子のファンタスティックコメディ路線から、ひとつ桁が繰り上がってシュールの世界へ飛び出してゆく原作であり、山崎も辻もそんな超日常の世界観に共鳴するタイプだから、公平に見てこれは当たりませんよね。

『マコ』とは違った意味で残念な作品に思う。

早すぎたのだろうか？

そうではないだろう。日本では常にマイナーな立場にあった乾いたユーモアが、石森原作では醒めたナンセンスにまで昇華していた。もともと受け入れられる余地の少ないジャンルだったと思うから、5年や10年遅くしたところで、やはり「早すぎる」と評されたに相違ない。むしろ今となっては、

（よくまあ、あんな女の子を主役のアニメが出来たもんだ）

当時のスタッフの蛮勇に感じ入るくらいだ。

それでもこの番組では、山崎と同じ日活映画の活気を浴びた雪室俊一の知己を得て、ぼくにとって実りあるシリーズということが出来た。主題歌の作詞をした石郷岡豪《いしごうおかつよし》の紹介で『ジャングル大帝』に参加した雪室だが、諸事情あって十分な交流が果たせなかったが、その後の*『ハリスの旋風《かぜ》』で彼の持ち味を確認していたのだ。

アクション、ラブコメ、ユーモア、ホラー、サスペンスなどに比べて、ナンセンスギャグの作品生命は短い。それだけにシュンを狙い定めなくては、いつも不発に終わるだろう。——といった話題はいずれ『Dr.スランプ』の思い出をたぐるとき、また顔を見せるに違いない。

＊『ハリスの旋風』＝ちばてつやによる同名のマンガ作品を原作とするテレビアニメ。昭和41年から翌42年にかけて放映。

魔法使いチャッピー

東映魔女っ子路線の第5作は『魔法使いチャッピー』である。

『エッちゃん』の不振に懲りたのか、東映＝NETは本来の魔女ものに回帰した。魔法の国からやって来たチャッピーを追い、やがて一家は人間世界に住みついてしまう。

大筋は『サリー』の亜流でしかないが、今回の父親は貴族であって魔法の国の王ではなかったので、『サリー』に比べて曖昧《あいまい》な結末に落ち着くことになった。

主役にもっと強烈な個性を与えるべきであったが、『エッちゃん』の口直し的存在であってみれば無理な相談だったかもしれない。

という反省があったのか、第6作のベクトルはまた違う方向に大きくふれた。

ミラクル少女リミットちゃん

『ミラクル少女リミットちゃん』である。

魔女っ子路線でありながら、リミットちゃんは魔女ではない。人間ですらない。サイボーグ少女をヒロインに仕立てたのだから、企画の段階で紆余曲折があったことと推察されるが覚えていないし、もしかすると全然聞かされなかったのかもしれない。すでに企画と原作の分野にシャシャリ出て一敗地に塗《まみ》れたぼくなので、お呼びがかからなかったのだろう。

それでいてシナリオはのんしゃらんと受注したのだから、当時のぼくのあり様はまことに不鮮明だ。クリエーターというより、不出来な職人レベルであったと思われる。

やがてテレビアニメの著作権問題が提起され、東映動画との蜜月状態は破れた——はずだ。放送作家組合（その後日本脚本家連盟と名が変わる）の動画部長として、東映が春夏にまんが祭りとして映画館にかけるテレビアニメのギャラを要求したのが、交渉の口火を切ることになった。

われわれはテレビアニメのシナリオを書き、その対価をもらっているのだ。劇場上映を許諾してもいないし、むろんギャラももらっていない。労働問題なぞと大げさに構えなくても、しごく当然な要求のはずだ。

それでも東映内部では問題になったのだろう。やがて東映動画対脚本家の間ですったもんだが起き、山崎・雪室のふたりに迷惑をかけたのだが、ここでは詳説を控えさせていただく。

仕事の上でもなにかと差し障りがあったはずだけれど、それでもテレビアニメ全体としては受注があり、ぼくは魔女っ子路線をトボトボ書き続けていた。

ただし今回のヒロインが魔女っ子ではなくサイボーグという点が、SF好きなぼくをいささか励起《れいき》してくれた。それにキャラを描いた永島慎二は虫プロ時代の仲間で、彼の『アトム』初演出作品がぼくのシナリオだったし、『アタック』のときは前述したように、ライバルのひとりでもあったのだ。

ついでに宣伝しておきます。令和に入って刊行中のぼくの昭和ミステリ3部作の探偵役那珂一兵のモデルは彼で、ご本人に了承ずみ。

もっとも昭和ミステリ2本での一兵は少年・青年世代として登場しているので、本人の面影はまだない。彼が永島慎二（通称ダンさんだった）の風貌を現わすのは、時系列的にずっと先の既作『TVアニメ殺人事件』以後です。

以上、ミステリに関心のない読者には、余分な道草でした。

口惜しく思うのは、なまじ魔法路線に乗ったため『リミット』がSF的魅力を発揮出来なかったことだ。『エッちゃん』同様、この作品ならではの世界をろくに構築せず、従来の魔法少女イメージを引きずってしまった。

非力という以上に、番組に対して不実であった。

もう少しなんとか新機軸を打ち出すべきなのに、ぬるい炬燵《こたつ》から外へ出られないネコだと後悔する。

表向き半永久的に続きそうであった魔女っ子番組も、裏へ回るとこんな具合にジタバタもがき続けていたのです。

自省が形となって現われるには次の『魔女っ子メグちゃん』を待つほかないのだが、たとえ失敗に終始しても視聴者の目には、「なんか苦労してるな」程度に映っていたかも。競合するアニメがなかったことも幸いして、曲がりなりにも魔法少女は生き長らえていた。

▲左より順に、辻 真先、永島慎二。平成８年頃、映画『トキワ荘の青春』の試写会会場で撮影された１枚と思われる。

魔女っ子メグちゃん

さてそこで『魔女っ子メグちゃん』である。

はじめに書いたように、この作品の第1話もぼくではない。アニメともども実写のドラマで健筆を揮っていた山浦弘靖だ。

代表的作品は『ザ・ガードマン』だが特撮（ＳＦＸ）作品も多いし、読者の年代によってはコバルト文庫の「星子シリーズ」を熱読した人もいるだろう。

少年少女を対象にしたアニメ脚本として妥当な人選——という以上に、この選択は魔女っ子路線にひとつの弾みをつけた。

主役の魔法少女がはっきりと成長を遂げたのである。童女サリーが少女メグになった。

純少女アニメとしてヒットを飛ばした＊『キャンディ・キャンディ』に先んじること2年だから、放映開始は昭和49年になる。少女主体の学園ものなら、鉄板というべき嫉妬や暗闘が、童話レベルでもスポ根が舞台でもなく、真っ正面から扱われた最初のアニメだったろう。

遅まきながら脚本を依頼されたとき、「なるほど」とうなずけたのは、主役メグと同等の魔力を持つライバルが設定されていたことである。

メグ自体それまでの優等生タイプを抜け出して、ドタバタも出来る陽性キャラだったから、ときに美少女にあるまじき悪態をつく。小悪魔タイプで、従来にないホンノリお色気を発揮するケースもあった。

それに対するノンはどこまでも冷静で、上から目線の見るからに高貴な美少女と、対比が鮮やかだからホンが書きや

＊『キャンディ・キャンディ』＝水木杏子原作、いがらしゆみこ作画の同名のマンガをアニメ化した作品。昭和51年から54年にかけて放映された。

すい。

スポ根の頃すでに『アタック』では、鮎原こずえに拮抗するもうひとりの主役早川みどりが造形され、負けず劣らずの人気者になっていた。

そんな手本があったのなら、もっと早く考えつけと叱られそうだが、コロンブスの卵を例に挙げなくても、渦中にあるときはそう簡単に思いつかないのだ、と言い訳させていただく。

放映が始まると、予想通りノンのクールビューティぶりに人気が集まった。

ふたりの少女は中学3年生と、年齢もはっきりしている。思春期まっただ中だから、いちいち魔界の話題を持ち出さなくても、学園の中だけでドラマが創れた。

その代わりこれまでの魔法少女アニメの常連客に、見放される結果になったかというと、そんなことはなかった。及び腰だった『マコ』と違い制作側は割り切っていた。

学年誌のマンガ連載をなん年か務めたぼくの、これも経験則なのだが、主人公は読者の年齢層より上がいい。子どもたちは例外なしに背伸びしたがる。未来を目指してスクスク伸びる世代だなぞとお為ごかしを言う気はないが、実際にそうなのだ。

這《は》えば立て、立てば歩めなんて大人がせっつかなくたって、肉体が成長する時期には心もちゃんと伸びてゆく。小学生も高学年なら、中学生のヒロインになんの支障もなく同化する。これまでの魔女っ子ファンはスムーズに、メグやノンに感情移入して行った。

それはまあ予想通りだったが、主役の年齢が上がったのと健康なお色気とで、ファン層が少年にまで広がったのは想像以上だった。

実はこれも講談社の「たのしい幼稚園」編集部に出入りした頃、気づいたことがある。同じ幼年誌でも小学館と差別化するためか、「たの幼」は大胆な編集法を取っていた。なんと折り込み付録に、*『サインはV』でスターダム入りした岡田可愛のピンナップが添えられていたのだ。

ちょうどその頃娘が幼稚園児だったから、供給側でなく需要サイドから実見させられたぼくは、さすがに驚いた。

大人たちは冗談半分に、

「今の子どもは小学生以前からデートする」

と笑っていたものだが、本当だったんだ――。

ここでまた脱線させてもらう（本当なら『サザエさん』の項で語るべきであったが、忘れていた）。

「よいこ」であったか「めばえ」であったか確言出来ないが、とにかく小学館刊行の幼年誌のはずだ。上層部に声をかけられて『サザエさん』の連載を仲介した。連載といっても読者は幼児だからコマに割らず、2ページ見開きの1枚絵だ。初回だけは責任上、絵（TCJのアニメーターが描いた）の構成を請け負った。

テーマソングよろしくお魚くわえたネコのたまが、磯野家の台所から飛び出して庭へ逃げる。

憤然として追いかけるサザエ。

勢いに煽《あお》られて干し物をしていたフネが、洗濯物を頭からかぶる。

屋根を修繕するため梯子をかけていたマスオが落下する。

等々の動きの間に、波平やカツオやワカメも縁側でひと騒ぎを演じる。

逃げるたまを介して、第1回らしく磯野家をまとめて紹介しようというので、屋根も庭も見下ろした俯瞰の構図で描いてもらった。

＊『サインはV』＝神保史郎原作、望月あきら作画によるマンガ『サインはV！』を原作としたテレビドラマもしくは実写映画。岡田可愛が主演したテレビドラマ版は、昭和44年から翌45年にかけて放映。

それがＮＧを食らった。

編集氏が言うには、

「うちの読者は幼児です。こんな高い場所から見下ろしたことがない。読者の理解力を越えています」

ぼくはびっくりした。

「幼児でも生まれたときからテレビを見ています。鳥瞰のアングルなど感覚的に受け入れます」

びっくり以上にガックリした。産湯代わりにテレビ漬けされた子どもと、物心つく前に映像に馴染むことのなかった大人との隔世感である。某有名児童出版社から、子ども向けの読み物を依頼されて、ブラウン管から恐竜が這い出して子どもの遊び相手になる話を書いてボツにされたこともあった。

編集者はゴジラを知らなかったのかもしれない。

それに対して「たの幼」では、井上ひさしに童話を書かせていた。

ぼくは娘を膝に乗せてその話を読んでやった。鬼が角に雷を集めて電気を起こしエレベーターを運転する童話（！）なのだ。読んでいるぼくと、聞いている娘とが、声を合わせて笑った。さすがであった。

編集者あるいは脚本家が、読者と同じ地平に立つことが出来ず、自分でも意識しないまま上から目線でものを語ると、その創作物は受け入れ先に見放される。

——とわかったようなことを書いてしまうから、ぼくは反省が足りないと反省する。

たとえば数行前に書いたような「産湯代わり」の言い回しなんて、今や古色蒼然としすぎて通用しないだろう。

読者のあなた、わかりませんでしたか。ごめんなさい。

同じアイディア、同じボキャブラリーでも、時代とズレた場合と時代と寝た場合では天地の開きがあって、頭ごなしに良悪を断定する資格は誰にもない。

『メグ』のケースはたまたま運が良かった、そう思うことにしている。

そしてこのヒットが、魔女っ子路線の最後の輝きとなった。

魔法少女ララベル

『魔法少女ララベル』は紛れもなくぼくが第1話を書いた。

タイトルも決めたし、舞台設定もキャラクターも役名を含めてみんな決めた。どうしてそういうことになったのか、よく思い出せない。

企画が進行中の間、ぼくは*藤原栄子の名前も聞いていなかった（と思う）。

主役の名前に「ベル」を入れてほしいと言われた（と思う）。

なぜなのか説明されたのだろうが忘れている（と思う）。

健忘症でもあるまいに（そうだったかな?）、今こうして書き出そうとすると、たぐり寄せられる思い出といえば、タイトルをつけるときの悪戦苦闘だけだ。

ティンカーベル。そんな既成の名をつけることは出来ない。

ベルダンディー。まだ藤島康介のマンガが始まる前だった。

ベルエポック。それでは人の名前にならない。

なんだっていい、ベル○○○。×××ベル。▲▲ベル△△。

✶ 藤原栄子＝「週刊マーガレット」（集英社）などで活躍した少女マンガ家。『魔法少女ララベル』のコミカライズ版を手掛けた。

すべてダメであった。

調べてもらって驚いた。

接頭語も接尾語も、およそベルとついて耳に心地よい呼称は、人智の及ぶ限り商標として登録されていた。カネボウの仕業である。

あかん。

ついに東映さんとしては、大枚払って「ララベル」の名を購入した。アニメ制作以前に巨額？　をカネボウに貢いだ――らしい。

脚本家連盟の動画部長で著作権問題に片足突っ込む仕儀となったぼくは、その後ミステリ作家同士のおつき合いで、加納一朗に文芸著作権保護同盟の理事就任を依頼され、やがて組織ぐるみで日本文芸家協会に吸収されるまで、17年間お勤めを続けた。

マンガ、せいぜいミステリとＳＦに偏っていたぼくの世界が広がったのは、その結果である。同盟の理事長は丹羽文雄だったから、最後の弟子と言われる富島健夫に誘われ、銀座の小料理屋『はち巻岡田』で一緒にメートルを上げたりした（アルコールで調子づくことをこう形容したのは、昭和の初期までか）。

だからカネボウが「ベル」を死守した意味もわかっていた。

ほそぼそとでもテレビアニメの制作が続くには、著作権の問題が大きく関わっていることを、濃いファンならご存じのはずだ。

この本としては必ずしも脱線ではないから、常識的なことだけ書いておく。さもないとぼくが忘れてしまうので。

昭和26年、日本はじめての民間放送局が誕生した。東京でも大阪でもなく、名古屋のＣＢＣ（中部日本放送）であった。繁華街の栄町（その頃は栄に〝町〟がついていた）から市電で2区間東寄りの街区だったが、その後背地にいつの間にかＣＢＣホテルが出来た。実態はラブホテルである。と思ったら、今度は至近の土地にＣＢＣ不動産という会社が設立された。

「民放を創ったのはいいけど財務内容が苦しいらしいよ。気の毒にラブホテルや不動産屋まで経営を始めた」

当のＣＢＣ社員はたまげただろう（ちなみにぼくの妹はここの最初のアナウンサーだ）。会社がどう火消しに努めたか知らないが、とにかく一流を任じる大企業としては、類似する名をおかしな会社に使われてはたまらないと、用心するようになった。カネボウでは自社を連想させるベルについて、あらゆる呼称を登録していたのである。

タイトルを思案するだけでくたびれたが、ＮＨＫではそれもプロデューサー業務の一端だったから、慣れているといえば慣れていた。題名は字面も大切だし、耳に正確かつ美しく響かねばならない。青春ドラマを企画したときなど、百に余るタイトルを並べたことがあった。

今や題名だけで内容が推察出来、長くて説明的なヤツが採用されたりする。書店のラノベの棚を見れば薄い束《つか》だと書き切れないほど長いタイトルが並ぶ時代だが、『ララベル』はヒロインの名前さえ決まればそれで良かった。

とはいえ元ネタなしのアニメオリジナルだ。ゼロからのスタートは緊張がある反面、やり甲斐もある。だがこんなときのぼくは、はっきり言って余り役に立たない。悪い意味のプロデューサー根性が出て、自分で自分にブレーキをかけるためだ。

根がみみっちいから、すぐ予算の数字が頭の中を駆けめぐる。

シナリオライターがそんなことまで考えてどうする、と自嘲するのだが性分だ。

出来るだけ動く絵を抑えて、山場ではキーとなるアニメーターに馬力を出してもらって——と、よけいなことを考える。

そんなぼくだから、長年続いた魔女っ子路線に新しい血を注ぎ入れるのは荷が重かった。デジャヴュ。どこかで見たことのある話をつぎはぎするのがやっとなのだ。

第1話を書き終えても、あまり気分は晴れない。現にその後の脚本の注文がまったく来なかったから、一層だ。主役は堀江美都子なので、録音のときにはタバック（新宿の西にあった動画の録音スタジオ）まで出向いて、この目で作品の出来具合を見定めよう。

そう心待ちしていたのだが、その案内さえ来ない。どうしちゃったのかな、番組がすぐつぶれたのかな。

考えているうちに、それ以外の企画が飛び込んだりして、いつの間にか忘れていた。せめてシリーズ構成でもしていれば、そんな不自然な間があくことはなかったのだが、オリジナルの話を創ったといっても、注文はあくまで第1話脚本だけで、思い出してみれば監督とミーティングもしなかった気がする。

無責任なライターだったが、それにしても、である。

次に東映動画からもらった知らせが打ち上げパーティのご招待だったからたまげた。

この原稿を書くのにウィキペディアを当たったが、ぼくが第1話だけしか書かなかったことについて「諸般の事情」があったそうだ。

誰のどんな事情があったか知らないが、確かなのはボヤーッと待ち惚けを喰った、ぼくの事情ではありません。伺いひとつしなかったのだから、ヤル気がないと思われたんだろうか。原作料よこせと言われては困ると頬かぶりを決めたのか。

その挙句プロデューサーともめて降ろされたのなら、わかる。脚本料の値上げ問題で会社から「あいつを降ろせ」と言われたのなら、わかる。オリジナルストーリーが出来てしまえばこっちのもんだ、もう作者は不要と判断されたのなら——わかりたくないですね。

結局ぼくは打ち上げパーティに行かなかった。

ともかくこれで、東映動画の15年にわたる魔女っ子シリーズは、めでたく幕を下ろしたのだ。ぼくは『花の子ルンルン』を除く全作に、なにかの関わりを持ったことになる。

魔女っ子路線確立を目指し、全精力を振り絞って書いた——と威張れないのは辛いが、適当に投げて書いたホンはひとつもない。

だがぼくのシナリオが、テレビアニメを一歩進めるのに役立ったかどうか。

はるか後に、虚淵玄《うろぶちげん》・新房昭之《しんぼうあきゆき》のコンビ作『魔法少女まどか☆マギカ』（平成23年）を見たとき、どう思ったかといえば「負けた」の一言に尽きる。

閉幕に際して、時代背景をつけ加えておこう。

『魔法使いサリー』の放映開始は昭和41年。NHKテレビ朝の『おはなはん』が視聴率50パーセントをはじき出し、大陸では文化大革命が猛威をふるい、日本では『バラが咲いた』を先頭にフォークソングの時代となった。

そして『魔女っ子ララベル』放映の昭和55年には、モスクワオリンピックへ日本不参加。プロ野球の王・野村両選手が引退、山口百恵が結婚してテレビから姿を消したのもこの年である。読者のみなさん、覚えていますか。

私が生まれるずっと前だって？　あ、そうでしたか。

『デビルマン』について

DATA

制作：東映動画、NET　1972年7月8日〜1973年3月31日
土曜日20：30〜20：56
NET系／各回26分／カラー／全39話（初放映時は38話まで、再放送で39話を放送）

STAFF

原作　永井 豪
企画　有賀 健、旗野義文
作画監督　小松原一男、白土 武、森 利夫、荒木伸吾、中村一夫、他
演出　勝間田具治、明比正行、白根徳重、西沢信孝、鈴木 実、他
脚本　辻 真先、山崎忠昭、高久 進、安藤豊弘、他
美術　久保田弘男、浦田又治、遠藤重義、福本智雄、秦 秀信、横井三郎、他
音楽　三沢 郷
声の出演　デビルマン／不動 明（田中亮一）、牧村美樹（坂井すみ江）、タレちゃん（山本圭子）、アルフォンヌ先生（永井一郎）、魔王ゼノン（柴田秀勝）、妖怪ヘンゲ（滝口順平）、他

▲『「デビルマン」シナリオセレクション』（講談社刊、原作／永井 豪、脚本／辻 真先、編／草野真一）
第１話「悪魔族復活」など、辻 真先執筆回の『デビルマン』シナリオを収録している。

第１話「悪魔族復活」

（脚本／辻 真先）

DIGEST STORY

ヒマラヤ山脈を登山中に、氷河の割れ目に滑落した不動 明少年。クレバスの底で彼を待っていたのは、魔王ゼノンが刺客として放ったデーモン族だった。

明の命を奪った妖獣たちは、その肉体をめぐって戦いを始める。デビルキックにデビルチョップなどの技を繰り出し、デーモン族同士での戦いに勝利したのはデビルマン。明の肉体を「宿り木」として乗っ取り、人間界を征服するため日本へと向かうのだった。

ところが人間界に潜入したデビルマンは、一向に行動を起こさない。ゼノンが放った妖怪／ヘンゲが見たのは、人間の少女／牧村ミキに心を奪われ、使命を忘れたデビルマンだった。牧村家を襲撃するヘンゲ。デビルマンは、愛するミキを守るためデーモンと戦う決意をする。

作品名

デビルマン

第1話「悪魔族復活」

原作の連載と同時スタート！
アニメの展開が
別の道を歩んだ理由とは!?

1

映像配信網の一角ネットフリックスが日本にはじめて上陸したとき、手土産？ に独占配信したのが『デビルマン』だ。あいにくぼくがスタッフに参加したのは、ずっと古い昭和47年放映版だが、ネトフリ『デビル』では随所に昔のキャラが顔を出し、大河内一楼・湯浅政明版しか知らない読者にも顔繋ぎが出来たようだ。

ぼくが原作者である永井豪を知ったのは、「少年マガジン増刊」と銘打たれ『巨人の星』初期の連載が纏《まと》めて1冊になった、その付録的な短編『荒野の剣マン』であった。ややこしい紹介になって申し訳ない。

なにせあの時代は、まだマンガが単行本として出版されることが珍しかった。手塚治虫クラスの巨匠でさえ、大手出版社は出そうとしない。『メトロポリス』も『新世界ルルー』も中小出版社から刊行されていた。

大型書店でマンガ本を並べる店など皆無であった。新宿の紀伊國屋書店、渋谷の東急文化会館に入居中の三省堂書店の2軒でコミックの書棚を発見したときは、涙がこぼれそうになった。

そんな時勢だからあの『巨人の星』さえ1冊に纏めるには、雑誌コードを利用して本誌増刊の形を取るのが手っ取り早かったらしい。仮にも雑誌だから全ページを『巨人』で埋めるわけにゆかないので、巻末になんか新人（たいていは）の短編を載せる。その1作が『剣マン』なのだが、実に笑えた。

可愛い絵柄だというのに、不謹慎なほど残酷ナンセンスだ。衝撃のあまり連載デビュー作と聞く『馬子っこきん太』を見つけ、また笑った。ぼくには稀な出来心で永井豪ファンクラブに入会しようと調べたら、会長筒井康隆、副会長長谷邦夫なのでまたビックリした。ただちに入会の手続きを取ったのが始まりである。

その後も永井マンガは、片端から追いかけて読んでいた。

すると東映動画の籏野プロデューサーから、声がかかった。

「永井豪原作のアニメ化やらない?」

2

「やるやる」

ふたつ返事で引き受けてダイナミックプロ（まだ大塚にあったと思う）へ出かけ、ご本人にお目にかかった。

最後まで原作者長谷川町子に会う機会がなかった『サザエさん』を思えば、まことにスピーディーな出会いとなった。

――このときが永井豪と初対面と思い込んでいたが、これはぼくのカン違いでどこかの出版社のパーティで名刺を交換くらいしていたらしい。

たまにぼくを記憶力がいいと褒める人がいるが、実際はそんなものだ。いかにも古いことを覚えているよう振る舞うから、そう見えるだけだろう。だからこの本だって、わかったようなことをまくし立てるが、事実かどうか危ないものだ。

――と、さりげなく逃げを打っておいて、さて。

いざミーティングを始めて驚いた。

原作がまだなかった。

へっ？

永井マンガ流に描写するなら、辻が1ダースほど手を結び円陣を描いて一斉に、「困った困った困ったネ！」と足を上げて踊り出すコマだ。

まあ設定は出来ていた。

すでに連載を終了しているが『魔王ダンテ』（「週刊ぼくらマガジン」〈講談社〉）の雰囲気を生かすことだけはわかった。主役のキャラも朧げながらわかった。

設定も氷の下に眠る悪魔族が復活して、そのひとりが人間世界に侵入するが、好きな女の子が出来てしまうらしいとわかった。

だが原作はこれから「少年マガジン」誌に連載されるというから、テレビアニメ制作には絶対に間に合わない。それにどうやらマンガは大河長編の形を取るようだ。毎週1回放映のアニメでは視聴者の興味を繋ぐことが出来ない。

よし、放映は毎回単発の形を取ろう。

これならテレビの枠組みに合う。毎週メンツを変えて襲来する悪魔どもを、デビルマンが迎え撃つのだ。

ここまでプロデューサーを交えてスムーズに決まったけれど、では毎週1体ずつ敵役を紹介した挙句、使い潰さねばならない。これは大変だ、原作者の負担がべらぼうに増える——と承知の上で申し上げざるを得なかった。

「敵キャラが毎週最低ひとりいるんですけど」

自分で描けない癖に無理な注文をした。

「シナリオで扱う敵の性格や能力は、出来たその絵を見て決めますんで——」

週刊誌連載の画稿と別に、テレビ用のキャラデザインを依頼したのだが（ダイナミックプロは困っただろうな）、永井豪は快諾してくれた。

おかげで以後のぼくは、毎度毎度永井マンガの神速ぶりを目の当たりに出来た。いやもう早いったらない。ぼくも原稿を書くのは遅くないはずだが、こっちは文字だ。イロハに分解すればたかが48字のコレクションでしかない。

ところがあちらは絵である。真っ白な画面はいわば無限大の点の集積だ。点と点を結ぶ線の本数だって無限大なのだ。それをまあ、ぼくの目の前でヒョイヒョイ描線を疾走させてゆく。壮観であった。

呆気に取られていたぼくも、ポカンとばかりしていられない。その線から造形された怪物（最初はまだ妖獣というネーミングがなかった）に、血と肉をあたえて動かさねばならないのだから。

3

ぼくだって懸命に、永井豪の筆先から次々生み出されるモンスターを睨んだ。

（最初に出す怪物は、能力の出し惜しみをしてはいけない。第1話のライバルはなんにでも化けられるヤツがいい、その名はヘンゲ）

（こいつは女性的だが粘液質の面構えだ。移動した痕に銀色の粘液を残すことにしよう。ナメクジ的な怪物、ネーミングは銀色の魔矢子）

（いやにペッタンコな体つきだな。二次元的モンスターにしてやれ。横移動する方角から見れば大型だが、正面から見

れば厚さがなくて線にしか見えない。そう決めれば、セルを起こす労力が減る)

いつものようにケチ臭い根性で検討しながらイメージを拡げる。これがなかなか楽しい作業だった。数あるキャラの中にはぼくが使い切れなかった妖獣もいた。のちに連載マンガの中で活躍する姿を見つけて、

(そういう風に使うんだ!)

思いも寄らぬ妖獣使いぶりを見て、大いに勉強が出来たりした。

ぼくの方からあえて注文したこともある。

「豪ちゃんが創る妖獣なら、読者だって期待すると思うんだ——ぜひとも色っぺー妖獣を出演させてやってよ」

ごもっともと受け止めてくれたのだろう、誕生したのがシレーヌである(ギリシャ神話のサイレンを読み替えた)。デビルマンの好敵手美しき怪物は、かくて全編を代表するスターとなった。

彼女が世に出るのに、ささやかながらひと役かったと思うと誇らしい。

原作マンガにもむろんシレーヌが登場して、文字通りデビルマンと死闘を演じる。それに比べて1話完結のテレビの、なんとお手軽に見えたことか。

瀕死のシレーヌが純情妖獣カイムと合体して、強敵を屠《ほふ》った歓喜の姿で立ち往生する最期には、やられた。しみじみやられた(「永井GO展」の冊子に「木漏れ日」と書いたが、筒井原作の別の作品と間違えた。シレーヌの最後は鮮烈な逆光で捉えられていた)。

合体までは視野に入れていたが、立ち往生の演出には降参した。

豪ちゃん、スゴイ!

——。

テレビアニメの内容が、同じ永井豪原作でありながら「少年マガジン」連載とまるで違った経緯は、こんな話で納得してもらえただろうか。原作とアニメの同時スタートで、内容をシンクロニシティさせるのは時間的に不可能だったのだ。テレビと雑誌が同時にエンドという好例なら、*『鋼の錬金術師』のケースがある。ともに見事な大団円で感服したものだ。

原作とアニメの双方を読み比べて、読者の違和感が大きいのは飛鳥了の存在だろう。マンガに彼が登場した段階では、原作者もどこまで大きく扱うのか、決めかねているように見えた。

まさか了の正体がアレで、不動明とどう関係づけられて――なんておよそ想像の範囲を逸脱していた。

そのあたりをぼくは感じていたらしい。触らぬ神にたたりなしとばかり、頭から敬遠することにした――正解であった。原作が完結してから、胸を撫で下ろした。たとえ物語の行く末を朧《おぼろ》に読むことが出来たとしても、テレビには翻訳出来ない図抜けた構想だったから。

飛鳥了を含むあの原作の結末をアニメ化するのは、ぼくにとって荷が重かったし、雑誌とテレビという媒体の違いを処理する法が見つからなかっただろう。

マンガとアニメという土俵の違いではない。ネットフリックス版『デビルマン』ではあの破壊的なクライマックスまで、ちゃんと映像化したのだから。

リアルタイムで原作に接し、ヒロインの生首を見て腰を抜かしたぼくでは、とうていホンを書けませんよ。たとえその一方では、桁の外れ具合に感奮したぼくであっても。

チマチマというか、行儀良くというか、縦から見ても横から見てもぼくはテレビ屋なのかなあ。たとえ映画のシナリオを書いても、ワイドスクリーンらしい構えが取れないぼくなのだ、という自分自身にあたえた評価を、『デビルマン』

＊『鋼の錬金術師』＝荒川 弘による同名のマンガを原作とするテレビアニメシリーズ。平成21～翌22年に放映された『鋼の錬金術師 FULLMETAL ALCHEMIST』は、「ヤングガンガン」（スクウェア・エニックス）誌の原作完結とほぼ同時に最終話放映を迎えた。

で再確認した。良い悪いではなく、持って生まれた器の大きさ、あるいは形だから、今頃修正出来ないしそのつもりもなかった。

——これがぼくなんだ。

根っこのところはそうなのだが、枝の剪定《せんてい》や樹姿の矯正など細かい部分では、呆れるほどの小器用さを発揮するのもぼくだった。

4

原作に次から次へ顕現する怪キャラは、残念ながらテレビでは追い切れない。ご家庭向けの制限つきだから、一定以上の刺激演出にはブレーキがかかる。

プロローグにあたる場面で、デビルマンが2体の妖獣と戦っている。悪魔同士の決戦だから容赦がない。テレビコードもなんのその鮮血が飛び散る。

「これ、まずいよ。クレームが来る」

「じゃあ赤でなく緑にしたら。血液ではなく体液ですって言えば」

パスした。

下っ端でなく将軍クラスの妖獣なら、特技もさぞ大きいだろうと時間を操る力を付与したりした。NHK『ふしぎな少年』ではSFXの費用ゼロでやったが、アニメなら一層安心していろんな芸当が出来る。

逆に妖獣ララを造形したときは、天然（妖獣にそんなもんがあるのかね）の女性にして、デビルマンが自分に惚れていると思い込んだ可愛い存在で書いた。柱になれるキャラではないと思い、数回出演させただけで殺したが、意外にこの子に人気が出て弱った。

助命の便りをもらったときは、ホンの上でもう殺した後だったのだ。ファンにも声優さんにも申し訳なかった。

小回りのきかないテレビアニメは、こんなとき悔しい思いを残してしまう。

深い時間帯の割にある程度の評価をもらったが、やがて最終回を迎えることになった。

この回については始めから目算があった。

舞台を一気に宇宙空間へ飛躍させる。

デビルマンが突如として、スペースオペラになる！

タイトルは古典ＳＦをパクって＊『月は地獄だ！』

いい気分で書いて、ラストにふさわしい大法螺が吹けたと、自分でも納得していた。

そこへ籏野プロデューサーがやって来た。ひどくすまなそうな表情だったから、ヒヤリとした。

(ありゃ、話が月まで飛んだのはやりすぎだったかな)

心配したがそうではなかった。

東京のキー局と地方局では放映本数が違っていたのだ。

なぜそんなねじれが起きたのか理由不明だが、とにかくこのまま放映が進むと、最後は地方局で確実に穴があく。まさか最終回に既成の作品をリサイクルすることは出来ないでしょう。仕方なく最終回の後にもう1本最終回を書いた。

宇宙まで出張してしまったデビルマンだ、これ以上話のスケールを拡げても得られるものはない（今なら異世界へ飛ばしたかも）。ここはやはり原点にもどろう――不動明の恋に重大な障害が起きる、それを解決して、エンドマークに

＊『月は地獄だ！』＝アメリカの作家／ジョン・W・キャンベルによるSF小説。

突入する。これなら最終回らしいだろう。

方向づけはしたものの、ではどんな敵がいいのか、となると思いつかない。このときばかりはけっこう悩んだ。

仮にも全編のクライマックスなのだ、妖獣も究極の強敵であるべきであった。

そうか、魔のライバルなら神だ！

苦し紛れにひねり出した妖獣ゴッドのおかげで、ドラマが出来た。デビルマンに対抗するのだから、ゴッドマンというネーミングにしたかったが、円谷プロが登録していたので使えなかった、と覚えている。

神、光あれと言いたまいければ光あり。

全知全能の神さまだから、デビルマンの弱点だって承知している。不動明は自分がデビルマンであることを恋人の美樹に隠している。だから妖獣ゴッドは美樹の目の前で、全能の神の威力を見よとばかり、明をデビルマンに変身させてしまうのだ。

絶体絶命の明なのに、当の美樹は驚きもしない。

「あなた、神さまなんでしょう。だから明をむりやり変身させたんでしょう。それだけのことだわ。明がどんな姿になっても、私にとっては同じ明なんだから！」

啖呵《たんか》を切られてしまう。

なまじ全知全能をひけらかしたため、自縄自縛に陥るゴッド。

——というロジックには、屁理屈ながら説得力があったと思っている。

原作ではデビルマンが惨憺たる苦闘を続けても、テレビは能天気に終わりを告げた。まあそれでも、あの時点では土俵いっぱいの相撲をとったつもりです。

『ドロロンえん魔くん』について

DATA

制作：東映動画、フジテレビ

1973年10月4日～1974年3月28日
火曜日19：00～19：30
フジテレビ系／各回30分／カラー／全25話

STAFF

原作	永井 豪とダイナミックプロ
企画	別所孝治、旗野義文
チーフディレクター	矢吹公郎
作画監督	白土 武、白川忠志、森 利夫、大貫信夫、他
演出	矢吹公郎、永樹凡人、山吉康夫、生頼昭憲、他
脚本	辻 真先、山崎忠昭、雪室俊一、上原正三、他
キャラクターデザイン	白土 武
美術	福本智雄、遠藤重義、下川忠海、他
音楽	筒井広志
声の出演	えん魔くん（野沢雅子）、 雪子姫（坂井すみ江）、 カパエル（肝付兼太）、 シャポー（滝口順平）、 ダラキュラー（神山卓三）、 えん魔大王（柴田秀勝）、他

▲「週刊少年サンデー」（小学館）昭和48年9月30日号
永井 豪の『ドロロンえん魔くん』カットが表紙を飾る。「ニューパワー強烈新連載!!」の惹句に、編集部の期待の高さがうかがえる。

第1話「地獄から来た奴ら」

（脚本／辻 真先）

DIGEST STORY

えん魔くんは、地獄を仕切る閻魔大王の甥っ子だ。閻魔大王の命を受け、幼馴染のユキ子姫とカパエル、お目付け役のシャポー爺と共に、人間界にやって来た。

えん魔くんは「妖怪パトロール」に就任し、人間界に脱走した妖怪を捕まえて、地獄に送り返すと宣言する。パトロール隊の先任者／ダラキュラーは、えん魔くんからクビを言い渡されて逆恨み。洋海小学校に住みつく不良妖怪の「へびつぼ」「しびれ柳」「電機あんま」をたきつけて、えん魔くんをおどかそうと企む。

同じ頃、洋海小学校の教室で子どもの悲鳴が上がる。人間の新鮮な霊魂を狙う不良妖怪3体に襲われたのだ。妖怪パトロールは、不良妖怪たちを退治することが出来るのか!?

作品名

ドロロンえん魔くん

第1話「地獄から来た奴ら」

新感覚の妖怪マンガ！
永井豪のギャグ性を
摑み切れなかった

永井豪原作のアニメが東映動画制作で集中的にスタートした。

まさしく怒濤の勢いであった。

動画スタッフをどう割り振りするか。仄聞《そくぶん》したところでは、芹川監督とぼくは意識して別々の作品に出張？　させられたそうである。

芹さんは*『マジンガーZ』へ、ぼくは『ドロロンえん魔くん』『キューティーハニー』へ行った。

いくら永井豪でも、こんな大量にアニメ化を抱え込んで大丈夫かと思ったが、なんの少年週刊誌すべてを横断して、連載したマンガ家である、屁でもなかったろう——というのは外野席の言いぐさだから、内情はさぞ火事場騒ぎであったと思う。

たぶんこの頃のはずだ。ぼくが高田馬場のスタジオへお邪魔して、あれこれ取材させてもらったのは。

アニメでも東映でもなく、自分が書いたミステリ『改訂・受験殺人事件』（ソノラマ文庫）のクライマックスでスーパーこと可能キリコと殺人犯の老人が立ち回りを演じたのは、このときの取材の収穫である。

実名を出しては恐れ多かったから、ダイナミックプロはクレージー・プロ、『マジンガーZ』は『超電人スパーク』、永井豪は呉井Gと、世をしのぶ仮の名前にしているが、小説の中でプロダクションのみなさんが、その頃流行したヌンチ

＊『マジンガーZ』＝永井 豪とダイナミックプロによる同名のマンガを原作とするテレビアニメ。昭和47年〜同49年放映。『キューティーハニー』については126ページを参照のこと。

ャクを振り回しているのがご愛嬌だった。行数稼ぎに（あっ、本当のことを言ってしまった）そのときの拙文を引用しておこう。

「舞台装置はととのった。
バックはマンガ界の雄、クレージー・プロの白亜の二階建て。正面玄関にレリーフされた、『超電人スパーク』の顔が、老人対少女（キリコ）の決闘を、静かに見おろしている。
（中略）
風、颯々《さっさつ》として天に鳴り、
雲、漠々として空を往《ゆ》く。
ようやく西にかたむいた陽は、はるかな超高層ビルの谷間に落ちようとしていた……」

ヨッ、名調子です。

あまり脱線していると、本書を編集しているメモリーバンクに叱られそうだが、ヒトさまの作品を脚色するには、その作家歴――少なくとも作家の個性を知っておかねば、手のつけようがないと、これは本音である。

幸いリアルタイムで愛読した*『ハレンチ学園』は永井豪マンガ初のビッグバンであり、彼の多彩な個性が八方破れで飛散している。

一番に目覚ましかったのがナンセンスのセンスで、それまでのマンガではついぞお目にかかったことのない超越パワーの代物であった。

次に位するのがスケベ根性で、『学園』読者には説明不要と思うし、『ドロロン』の原作でも遺憾なく発揮されている。

この2点を含有した上で、豪マンガの掲げる反旗がはためく風に、ぼくは痺《しび》れたのだが――ここはマンガ論を展開す

＊『ハレンチ学園』＝昭和43年～47年「週刊少年ジャンプ」（集英社）にて連載された、永井 豪のマンガ作品。当時の少年マンガとしては過激な表現で物議を醸した。

るページではないから飛ばす。

この時期の彼の原作で、ぼくがもっともシナリオ化したかったのは、ナンセンスの『キッカイくん』であった。「COM」（虫プロ商事）誌でお師匠さん石ノ森章太郎の連載『ファンタジーワールドジュン』をおちょくった『豪ちゃんのふぁんたじぃ・わらうどバン』では、地平に昇った満月に正面衝突するギャグのシュールさに笑いが止まらず、

（ああ、ここに永井豪ならではの世界が広がっている）

と感に堪えなかった。

年寄りに言わせてもらう。

古い映画ファンなら、フランス映画の巨匠ルネ・クレールの名を聞いたことがあるだろう。『巴里祭』（昭和7年）、『自由を我等に』（昭和6年）、クリスティの『そして誰もいなくなった』（昭和20年）を映画化した監督でもあるが、ぼくはなんの機会だったか忘れたが、彼の『幕間《まくあい》』（大正13年）という無声の実験映画を見たことがある。

『ハレンチ学園』終盤の教育軍団（記憶違いだったらごめんなさい）との大決戦を見たとき、クレールの問答無用のこのナンセンスシーンを想起した。

天才だ、そう思った。

圧力に生理的な反発を覚えたレベルの抵抗ではなく、マンガの表現を武器として哄笑爆笑《こうしょうばくしょう》の火線を放つ戦闘力に圧倒されたからだ。

ついでに正直な思いを伝えれば、感動の次に押し寄せたのは、

（ぼくは決してこの境地に及ばない）

という諦観《ていかん》であった。

ナンセンスもまたセンスの範囲であってみれば、感覚は年齢と共に衰える。ＮＨＫに勤めていたぼくは、マンガ・アニメの世界に入って痛感した。

（ぼくって年寄りだ！）

令和の今なら開き直って「爺さんですがなにか？」というところだが、まだ若いつもりでいたあの頃は、スタッフのみんなと会話する度に汗をかいた。感覚的についてゆけないのだ。第一線のマンガ家となれば、感覚のすべてにいつもトップギアが入っている。

まして永井豪はぼくよりひと回り以上若かった。今でもそうだ（当たり前か）。息せき切って疾走せねば、置いてけぼりを食わされるのだ。

そんな感覚の主の妖怪マンガだ。長く書いていた『ゲゲゲの鬼太郎』とかぶるのが怖くて、用心しながら書き始めた。

原作はどうやらスケベ路線を走るらしかったが、これもテレビでは追随しにくい。

えん魔くんのキャラとして重要な美点？　なのだけれど、そこを外したものだから、東映動画風味のまっとうな妖怪ものが主流となった。電気あんまみたいにコミカルオバケを正面に押し立てれば良かった。

『デビルマン』『キューティハニー』に挟まれて、『えん魔くん』のアイデンティティを見失ったとすれば、失敗だ。

右顧左眄《うこさべん》して前へ進めなくなるのも、ぼくの子どもの頃からの欠点で、もう少し大胆に妖怪世界を泳ぐべきであった。

せめて雪子姫を強烈にクローズアップして、『鬼太郎』の猫娘に先鞭をつけておきたかった。

後悔とはもう間に合わなくなってから、するもんだね。

『キューティーハニー』について

DATA

制作：東映動画、NET　1973年10月13日〜1974年3月30日
土曜日20：30〜20：56
NET系／各回26分／カラー／全25話

STAFF

原作	永井 豪とダイナミックプロ
企画	勝田稔男
NETプロデューサー	宮崎慎一
制作担当	江藤昌治、吉岡 修
作画監督	荒木伸吾、落合正宗、菊池城二、上村栄司、小泉謙三、宇田川一彦、他
演出	勝間田具治、設楽 博、葛西 治、大貫信夫、小湊洋市、他
脚本	辻 真先、高久 進、藤川桂介、他
キャラクターデザイン	白土 武
美術	浦田又治、伊藤英治、井岡雅宏、伊藤岩光、他
音楽	渡辺岳夫
声の出演	如月ハニー／キューティーハニー（増山江威子）、早見団兵衛（富田耕生）、早見青児（森 功至）、早見順平（沢田和子）、アルフォンヌ（つかせのりこ）、夏子（吉田理保子）、ブラック・クロー／ファイヤー・クロー（北浜晴子）、シスタージル（渡辺典子）、他

▲ソノラマエース・パピイシリーズ『キューティーハニー』（朝日ソノラマ）
テーマ曲を収録したソノシートと、絵物語「パンサークローのおそろしいわな」が収録された本が一体になっている。

第1話「黒い爪がハートを掴む」

（脚本／辻 真先）

DIGEST STORY

全寮制高校「聖チャペル学園」で学ぶ女子高生の如月ハニーは、ロボット工学の研究者／如月博士の愛娘。教師の目をかいくぐって、学園を脱走する常習犯だ。

今日も学園を抜け出したハニーだが、その耳に仕掛けられたイヤリング型スピーカーから、「すぐに帰れ」という父の声が届く。急ぎ帰宅したハニーが見たのは、秘密結社／パンサー・クロー（豹の爪）に襲われて命を落とした父の亡骸だった。

如月博士の遺言から、自分がアンドロイドであること、そして体内に空中元素固定装置が隠されていることを知ったハニー。愛する父の言葉に従い、愛の戦士／キューティーハニーとして、世界の平和のため戦う決意をする。

作品名

キューティーハニー

第1話「黒い爪がハートを掴む」

永井豪の明快なドラマと荒木伸吾によるキャラでヒットを期待したが……

前章の『ドロロンえん魔くん』では助演格でしかなかった雪ちゃんに比べ、『キューティーハニー』はタイトルを背負って立つ看板娘である。売り出すのに遠慮は無用であったので、その1点については最初から全力疾走した。『えん魔くん』の場合「少年サンデー」と並行して、幼年誌や学年誌などでズラッと『えん魔くん』連載が展開されていた（幼稚園児が見るのではねえ）。

と、腰が引けた程度のぼくは筋金入りのスケベにほど遠かったが、それでも『ハニー』の場合は原作のサービス精神を盛り込もうと努力した。

もちろん庵野秀明監督の颯爽たる実写版（平成16年）も見ている。センスのいい都会派コメディアクションだった。ビリー・ワイルダーに監督させ、オードリー・ヘップバーンにハニーを演じてほしかった。『昼下がりの情事』（昭和32年）を見た人にはわかるかな。

個性の充実したキャラには、クリエーターが寄ってたかって自分の得意な型にはめようとする。NET側で担当した宮崎慎一プロデューサーは、しきりと「*多羅尾伴内《たらおばんない》の少女版」と説いていて、これも面白い解釈であった。

敗戦日本が進駐軍に占領されていた頃、チャンバラを忌避されたため（剣はいけないのに、銃ならいいという米国流モラル）、時代劇の大スターであった片岡千恵蔵が、七変化の名探偵に扮してピストル活劇を演じ大ヒットした。それ

＊ 多羅尾伴内＝比佐芳武原作・脚本のミステリ映画シリーズ。片岡千恵蔵主演で、昭和21年〜同23年に大映が４作品を、昭和28年〜35年に東映が７作品を制作。

が多羅尾伴内なのだ（タラオ・バンナイが一発で漢字変換が出来たぞ）。

酒呑童子も源頼光もむろん三国志の英傑も、女体化する以前であったから、なかなかユニークな発想だと感服した。

「――あるときは片目の運転手、あるときはインド人の魔術師――しかしてその実態は！」

朗々と名調子で名乗りを挙げたのをパクって（推理作家協会の文士劇でこの台詞を使ったときは、ちゃんと脚本家に許諾をもらった）、最後を「愛の戦士キューティハニーさ！」で締めた。書いてるライターも気分が良かった。

ではぼく本人は、どんなイメージで展開しようと考えたのか。

実はごく単純。

極彩色ＳＦ女人肉弾妄想格闘アニメ！

をやってみたかっただけなのだ。

オオ、興奮のあまり文字を倍角で印刷してしまった。

力んだ割に大してお色気はなかったと仰る？

ウーム、期待が大きかっただけに、そんな反応があったかもしれず、それを言われると少々辛い。

永井豪の僚友で夭折した石川賢の連載マンガの原作を務めたことがある。そのとき本人だか編集者だかが、ヒョイと漏らしたのを聞いた。

「どうしても豪ちゃんの描く女の子の線にならないんだ――」

絵心のないぼくだが、言われてみるとそうだった。

『デビルマン』で書いたように、平面には無数の点が伏在しており、マンガ家はその中の任意の点と点を結んで、独特の線を引いてみせる。その線分がなぜか永井豪作品では、女性のお色気表現に最大限の奉仕をしてのけるのだ。

だから永井マンガに出演する女の子は、片端から色っぺー（ぼく個人の意見では、『あばしり一家』の菊の助がイチオシなんですが）。

複数の原画家、アニメーターの集団作業によるアニメで、原作がもたらすピンキーな境地に至るのは、まことに難しい。せめて話の舞台で、アクションのギミックで、そんな魅力の片鱗だけでも窺わせることが出来たらと願って書いた。

でもやはり――ムリでしたかねえ。

第1話の歌って踊って戦って――の場面など、スタッフは善戦したつもりでいるのだが、まだ足らなかったか。いっそ『けっこう仮面』でもやれば良かったか。

そりゃ無理だよね。

本家を知るファンにはイマイチでも、局としてはあの裸身にしか見えない変身がまずかったか（NETの〝E〟はEducationの〝E〟だったから）、つまりは全25話で終了した。

決してライターたちのせいではない。

それにぼくとしてはお色気という飛び道具に留まらず、宝塚のイメージを混在させたかった。

『リボンの騎士』（手塚治虫原作）、『ベルサイユのばら』（池田理代子原作）のようにオーソドックス乙女チックなヅカではない、少しばかり背伸びしたピカレスク。あるいは実験的なライトオペラ。NHKを辞めてアニメに専念する短い期間だったが、関西テレビで宝塚の新人を主役にバラエティを書いていた。ヅカの魅力は大劇場だけでなく、小股の切れ上がったミニミュージカルもアリではないかと思うのだ。

『ウエスト・サイド物語』（昭和36年）以前、アーサー・フリード（MGMのスペクタクル・ミュージカルを多数制作、ジーン・ケリーをスターに仕上げた）がプロデュースしたような理屈抜きのエンタメを標的として、ぼくの脳内では華やかな金管楽器を吹き鳴らしていたことだろう。

一緒に脚本を書いたのは、高久進と藤川桂介と、どちらも歴戦のライターだ。実写でもアニメでも、テレビでも劇場でも、黒岩重吾の『脂のしたたり』(昭和41年)から特撮の『吸血鬼ゴケミドロ』(昭和43年)までものした高久進と、『宇宙戦艦ヤマト』(昭和49年)、『マジンガーZ』を書き、少女マンガ『さすらいの太陽』(すずき真弓作画)原作をこなした藤川桂介だから、コメディ、アクション、メロドラマなんでも来いだ。もちろんSFも。

そう、『ハニー』はれっきとしたSFであった。

なにしろハニー自身が超高性能のアンドロイドで、本人も知らなかったのだから凄い。

その上、父親代わりの如月博士が発明した空中元素固定装置ときたら、もはや天下無敵で悪の組織パンサー・クローが欲しがるはずだ。ぼくだってほしい。

企画開始早々に、ミーティングで話題になった。

「変身した後のハニーの衣装は、どこから出て来るんだ?」

「そりゃもちろん、空中元素固定装置の性能だよ」

「変身する度に衣装が破れるけど、どうやって修理したんだ?」

「そりゃもちろん、空中元素固定装置の性能だよ」

まことに便利な発明だから、一時はみんなで羨ましがった。

「次回のシナリオがほしい!」

「空中元素固定装置を作動しよう!」

ここまで万能の主人公だと敵役の設定に困るものだが、そこは永井豪の原作だから敵もまた多士済々で、先ゆきの展開は明るかった。筋立ての上でも敵対の理由は明快だ。ハニーにとってパンサー・クローは父の敵であるし、パンサー一味からすれば空中元素固定装置を内蔵するハニーをまるごとほしいのだ。

話を長引かせようとして対立の構図にあれこれ理屈をこねて、どんどんつまらなくするケースがあるが、『ハニー』にその心配はない。相手の能力をひねり出し、その攻撃を固定装置がどう跳ね返し逆襲に転じるか、その１点の工夫しだいでいくらでも面白く出来る。物語の構成がくっきりしていたから、山場に至るプロセスを提供するのが、ライターの守備範囲のすべてであった。

このスタイル、どこかでやったような気がすると思ったら、スポーツものの要領であった。勝負へ持ち込むのに理由はいらない。同じグラウンドに立てば、おのずとゲームが始まる。明快極まりないから、ハニーVS.パンサー・クローの活劇はスポーツものの爽快さをもたらし、そこにスポ根にはないお色気が加わるのだから、ぼくとしては書くのもストレスが溜まらず勝算が十分にあった。

作画の面でも美男美女に定評のある荒木伸吾がキャラデだから、受けること間違いない。

１年以上のロングラン可能と踏んでいたのに、25本で終わったからがっかりであった。やはりお色気と〝E〟は両立しなかったのだろうか。

『ドロロンえん魔くん』の〝残念〟はぼくの読み違いもあったと思うが、『キューティハニー』の〝残念〟はそれと意味が違っている。果たしてその後、ＯＶＡやらアニメの新作やらで、『ハニー』はさまざまな形で息を吹き返した。

エデュケーションの〝E〟ではなく、エロの〝E〟であったのだ。

▲左から辻 真先、永井 豪のふたり。
『デビルマン』『キューティーハニー』など、数々のアニメでコンビを組んだふたりが作品の見どころを語る。

『ミクロイドS』について

DATA

制作：NET、東映動画　1973年4月7日〜1973年10月6日
土曜日20：30〜20：56
NET系／各回26分／カラー／全26話

STAFF

原作	手塚治虫
企画	旗野義文
NETプロデューサー	宮崎慎一
制作担当	江藤昌治、菅原吉郎
作画監督	我妻 宏、森 利夫、落合正宗、小松原一男、白土 武、木暮輝夫、野田卓雄、奥山玲子、伊賀章二、加藤政治、角田紘一、他
演出	明比正行、設楽 博、葛西 治、大谷恒清、岡崎 稔、小湊洋市、山口秀憲、落合正宗、他
脚本	辻 真先
作画	高橋信也、落合正宗、田村晴夫、青鉢芳信、他
美術	泰 秀信、内山文広、勝又激、山崎 誠、他
音楽	三沢 郷
声の出演	ヤンマ（井上真樹夫）、マメゾウ（曽我町子）、アゲハ（鈴木弘子）、美土路 学（野沢雅子）、美土路博士（鈴木泰明）、他

▲『ミクロイドS』③（秋田書店、手塚治虫）
背中の羽根を広げたヤンマの姿がカバーを飾っている。

第1話「友よ！　自由を…」

（脚本／辻 真先）

DIGEST STORY

高度な知能を持つ昆虫が、科学力を武器に人間社会の侵略を企んでいた。その名は蟻族のギドロン。その力で、昆虫サイズに縮小された人間がミクロイドだ。ヤンマ、アゲハ、マメゾウら３人のミクロイドは、ギドロンの魔手から逃れて人間に警告を与えようとする。

日本に上陸したヤンマたちだが、人間たちに研究対象として捕らえられてしまう。そこに、ギドロンの追手が追い打ちをかけて、絶体絶命のミクロイドたち……。

しかし、ヤンマはトンボのように空を舞い、アゲハは蝶の鱗粉で物を破壊。ミクロイドは敵を撃退し、その場に居合わせた美土路博士と、その息子の学を救出した。人間の美土路父子を味方につけたミクロイドは、ギドロンと戦う決意を新たに飛び立つのだった。

作品名	
ミクロイドS 第1話「友よ！ 自由を…」	主人公のトリオを ひとりに絞りたい…… 叶わなかったキャラ設定

小人というと令和の現在差別語になるのかな。侏儒《しゅじゅ》と言い換えればパスするのか。一寸法師のおとぎ話はどうなっているんだろう。

とにかくこのシリーズでぼくが書いたのは、小さな妖精たちだ。『ガリバー旅行記』（ジョナサン・スウィフト）で彼が流れ着いたあの世界の住人の話である。

まあいいや。校正さんに迷惑をかけないよう、この項目ではコビトと、カタカナで表記させていただく。

手塚治虫の原作はメルヘンではない。「少年チャンピオン」（秋田書店）に連載されたSFである。おなかも空いていないのに、同族の仲間を集団で攻撃する悪の集団生命体は、アリとハチとニンゲンだ。ライオンでも満腹なら目の前を子鹿が歩いていても襲わないのに、アリやヒトは戦いを挑む。

そんな好戦的な種族のアリが突然変異してギドロンとなり、異常に知能を発達させたことから話が始まる。ギドロンの科学力で改造されたミクロ人間が、ミクロイドである。

はじめはミクロイドZというタイトルだったが、スポンサーがセイコー（SEIKO）に決まったので、頭文字を取ってミクロイド〝S〟に改題された。主人公のトリオは、ヤンマ・アゲハ・マメゾウの3人で、マメゾウはカナブンがモデルの三枚目だ。

原作はアリによる人間侵略というヘヴィーな主題であったから、テレビはもう少し軽めのヒーローアクションでゆくことになった。

——と、このあたりまで決まったところで、ぼくがシナリオを書くことになった。

手塚原作、東映動画は籏野プロデューサー、キー局ＮＥＴは宮崎プロデューサーと顔なじみが揃っていたので、ぼくも安請け合いしたのだろう。

コビトが主役と聞いてオヤと思った。

このジャンルのアニメ企画ははじめてではない。その数年前と記憶するが、『エイトマン』『スーパージェッター』の絵コンテをひとりでこなした実績のある河島治之が、『快傑ミューたん』というアニメを企画していた。

少年の勉強机の引き出しをマイホームに改装したコビトの話だ。

たまたまその後で東京ムービーの藤岡社長に呼び出され、ジブリを名乗る以前の高畑勲・宮崎駿の演出で『屋根の上のチッカとボッカ』という企画のホンの依頼を受けたことがある。これがやはり小さな妖精が人の家に住みつく話であった。

たしか雪室俊一・藤川桂介も一緒だったはずだが、『ミューたん』の企画を思い出したぼくだけは、内容がかぶっては河島監督にまずいと藤岡社長にお断りした。

結局どちらの企画も実現に至らなかったが、時間的に近かったから、コビトものははやる端緒でもあるのかと首をかしげたのだ。

ずっとのちにスタジオジブリの制作で『借りぐらしのアリエッティ』（平成22年、米林宏昌監督）が劇場アニメとして上映されているが、あるいはこの企画が様変わりした作品だったかもしれない。

この2本に比べると『ミクロイドZ』は、シンプルなヒーローアクションだから、企画意図がダブる不安はなかったけれど、ライターとしてもの申した。

「主役が3人いるわけ?」

「そう、男性・女性・子ども」

「ウーン。いかにもよくあるパターンだなあ」

主役3人の場合、どの企画でもハンで押したみたいに、二枚目、美女、子役のトリオで設定する。もう少しバラエティが出来ないものか。

いや、それよりも。

「ビッグXや鉄人28号なら図体がでかいからアクションもサマになるけど、トンボなみの小さいヒーローでは、恰好がつかないでしょ」

その代わり狭い場所や隙間で活躍出来るだろうと、スタッフのみなさんは仰る。

「だったら3人はいらない、ひとりでいいんじゃない?」

ヒーローは虫のように小さいのに頑張って、大きな人間の美女のピンチを救う——だからヒロイックファンタジーになるのだ。

そう力説した。

まんま一寸法師のパクリだが、主人公が小さくてしかも孤独だから、いろんな芝居を演じさせられると考えたのだ。

ぼくとしては*『ニルスのふしぎな旅』のイメージがあった。

男女子どもと3人揃っては、コビトたちだけで世界が完結してしまう。それでは視聴者の出る幕がない。そう主張し

*『ニルスのふしぎな旅』=スウェーデンの女性作家ラーゲルレーヴが執筆した児童文学。ニルス少年が妖精によって小人にされ、ガチョウやガンの群れと共に旅をする。日本では、昭和55年にスタジオぴえろがアニメ化。

た。

残念なことにぼくの意見は通らなかった。

というより時期的に遅かったらしい――すでにマンガの連載が開始される時期であった。そんなわけでこの作品では、原作者と一度もミーティングする機会がなかった。『アトム』のときを思うと、手塚治虫自体が作品にいくらか距離を置いていたのだろうか。

ほかのライターの名がついぞ挙がらず、ひとりで26本書き終えたのも、

（ぼくって信用があるんだなあ！）

喜ぶより先に、

（顔なじみばかりだから、適当にお茶をにごしてよ）

と言われたみたいで脱力した。相変わらず僻みっぽい。だからと言って手を抜いた覚えはまったくないのだが、腰を据えて思い出そうにも、なんにも出て来ないというのは――ちょっと情けない。やはり、もうひとつ気合が入らなかったのか。原作者に申し訳ない気分がある。

『一休さん』について

DATA

制作：NET（テレビ朝日）、東映動画

1975年10月15日～1976年3月31日（第1話～第20話）
水曜日19：30～20：00

1976年4月12日～1982年6月28日（第21話～第296話）
月曜日19：30～20：00

NET（テレビ朝日）系／各回30分／カラー／全296話

STAFF

制作	今田智憲
プロデューサー	坂梨 港、栗山富郎、高見義雄
テレビ朝日プロデューサー	宮崎慎一、碓氷夕焼
制作担当	吉岡 修、菅原吉郎
脚本	辻 真先、田代淳二、大川久男、他
総作画監督	石黒 育
チーフディレクター	矢吹公郎
演出	今沢哲男、古沢日出夫、山本 寛、他
キャラクターデザイン	我妻 宏
美術設定	影山 勇
音楽	宇野誠一郎
声の出演	一休（藤田淑子）、和尚（宮内幸平）、 さよ（桂 玲子）、哲斉（清水マリ）、 弥生（小山真美）、秀念（はせさん治）、 蜷川新右ヱ門（野田圭一）、 足利義満（山田俊司〈キートン山田〉）、 五条 露／やんちゃ姫（白石冬美）、他

第1話『てるてる坊主と小僧さん』

（脚本／辻 真先）

DIGEST STORY

今からおよそ600年前、日本を南北に分けて争う戦乱の時代が終わり、武士が支配する世が幕を開けた。千菊丸は、後小松天皇の血を引く身でありながら、母親が足利家と敵対する家の生まれであったため、時の将軍／義光の命令で安国寺に預けられることになった。名を「一休」と改めた千菊丸は、母にもらった「てるてる坊主」をお守りにして、禅寺の小僧として厳しい修行に励む毎日……。

ある日、桔梗屋の娘／弥生が安国寺にやって来た。和尚への土産として「壺」が渡されるが、その中身は「子どもには毒」であるという。お嬢様育ちで、日頃から寺の小僧や近所の子どもたちに高慢な弥生。一休は、得意のトンチで弥生への仕返しを思いつく。

作品名
一休さん 第1話「てるてる坊主と小僧さん」
水上勉作品の アニメ化依頼にビックリ！ トンチでまとめたオリジナル作品

1

テツ（鉄道ファン）であった上、「日経おとなのＯＦＦ」（日経ＢＰ）誌の準レギュラーライターとして、全国の温泉宿はては老舗旅館、売り出しのホテルなどをピックアップして書く仕事（趣味の成れの果てと言うべきだが）に励んでいた頃だ。

旅先に籏野プロデューサーから電話がかかった。

「今いる町に、大型の書店がある？」

「あるけど」

「水上勉の『一休』を大至急買って。読んで」

「？」

ぼくはミステリなら喉を鳴らして読む人だから『飢餓海峡』は当然読んでいた。だが同じ作家でも文学づいてしまうと追いかけない。ぼくはまた他のミステリ作家に目を移す。だから『一休』は未読であった。

「読んだよ」

「それ、アニメにしたいんだ」

「えっ」

水上一休は大いにブンガクしていた。禅師は老いてもなお盛んで、若いが盲目の森女《しんにょ》をはべらしている。

ええええ！　である。

「アニメにして誰に見せるつもりなのさ」

「見せるというよりスポンサーになってもらうんだ」

聞いてみるとターゲットは日本船舶振興会であった。

そういえば＊『少年徳川家康』のアニメの提供先だった。なるほど家康が通ったんだから、今度は一休を狙ったわけか。いいセンだと思ったが、

「水上版ではアニメにならないよ。『家康』は山岡荘八原作だけど、タイトルの頭に〝少年〟とつけてるでしょう」

放映の時間帯からしても、令和の深夜番組ではない。どう考えても子どもが視聴者である。まあぼくがあの洒脱な高僧の名を知ったのは、少年講談『一休禅師』であったが。

「トンチ話の一休さんなら出来るかも」

「それでいいよ。じゃあ原作なしで設定を考えてみて」

オリジナルでＯＫなら断る筋合いはない。

「へーイ」

一休は少年時代の話に限ることにした。

仕事部屋に帰って調べてみると、単純なトンチ坊主ではない。高貴な生まれでありながら生母との仲を裂かれて僧籍

＊『少年徳川家康』＝NET系列で昭和50年4月9日から同年9月17日まで放映された東映動画制作のテレビアニメ。山岡荘八の小説『徳川家康』が原作。

となる。幼くして人生の悲哀を痛切に感じた彼が、反骨の高僧となった経緯をおさらい出来て、いい題材にめぐり合ったと感謝する。

問題はそうした一休少年の姿を、どうアニメに落とし込むのかということだ。

矢吹公郎監督も思い悩むところがあったようだ。

たまたまぼくがディスカッションで持ち出したテルテル坊主のイメージが、監督に歓迎された。

「それで吹っ切れた」

というような言葉だったと記憶している。一休のシンボルキャラクターとして、テルテル坊主はエンディングタイトルにも飄逸《ひょういつ》な姿でブラ下がっている。

仇役と言っては気の毒だが、毎度一休にギャフンと言わされる豪商や、その娘で一休のガールフレンドなどはすぐ決まったが、彼とタッグを組ませる予定の蜷川新《にながわしん》右ヱ門《えもん》は、キャラがなかなか落ち着かなかった。

もともとは将軍家が、一休の監視役として置いた男である。番組がスタートしてすぐ一休に心を許すようでは、役の重みがない。徐々に視聴者を慣れさせて、やがて一休の表も裏も熟知する良き相棒に仕立て上げたつもりでいる。

7年にわたる長期の番組だったが、本来はせいぜい半年という弱気で始めた『一休さん』であったから、放映中にも役柄が少しずつ変化していった。恰好良く言えば番組とともに役柄が育って行ったのだ。

その最たるものは将軍さまこと足利義満だろう。

はじめて登場させたときは、ほとんどラスボスの扱いであった。一休を目の上の瘤《こぶ》とばかり冷たくあしらっていたはずだ。まさかあんな三枚目になるとは、書いてるぼくも考え及ばなかった。声優キートン山田の将軍さまに、見事押し切られてしまったのだ。でもコメディアンと化した義満公に一定のファンがついたのだから、結果は声優の勝ちであった。

もうひとり声でキャラクターを創造し切ったのは、白石冬美のやんちゃ姫である。セリフの末尾に「ぞよ」をつけただけなのに颯爽たる快演で、テレビの30分に留まらぬ長編アニメをいくつか、姫主演で創られた。

ふたりともシナリオに登場させただけで、ライターのぼくをほっておいて勝手にしゃべり動き出す。快適に馬を乗りこなす境地を「鞍上人《あんじょうひと》なく鞍下馬《あんかうま》なし」と形容するが、まあそれに近い気分でキーを打てた。わざわざこの役の性格は……エート……なんて頭を使わなくても、スラスラその場に相応しいセリフが出てくるから、書く方はホント楽させてもらった。声優のおふたりに感謝。

念を押しておくが、意味わかりますね？

どこかの試験でこの言葉を問われた生徒が、

「はい、鞍だけ残っています」

と答えたそうだが、読者のあなたは大丈夫でしょうか。

2

SNSで読んだと思うが、ぼくがこの番組の途中で降ろされたというのは、誤伝である。

『タイガーマスク』では、

「視聴率が20パーセント行ったから、あなたはこのあたりで休んでいいよ」

「――？」

という会話があった。

視聴習慣がついてしまえば、もうこっちのもんだ。後は1円でも安い脚本料のライターに書かせればいい。というロジックは正論と言えば言える。実写でそんなことをすれば、しわ寄せがゆく俳優だって黙っていまいが、アニメではそうはゆかない。

スゲ替えられる危険は常時あったけれど、『一休さん』のように原作がないのに強引にシナリオライターを更迭しては、代替のライターも見つけにくいし、ホンが遅れれば作画に影響する。

構成のパートが確立していれば、まだしも、長期にわたる番組はけっこう難しい。

一千話を越えて放映中の『名探偵コナン』は、トリック中心のミステリだけに、ネタがかぶれば致命的だ。

こんなとき頼りになるのが制作プロの文芸担当で、『コナン』の場合はさらにストーリーエディターという部署があるから、トリックの鮮度やダブりなどはここでチェックされる。

『一休さん』になると、シリーズ構成者もストーリーエディターもいないので、ライターは自作の面倒を自分で見なくてはならない。

そのルールに従えば『一休さん』のケースでは、トンチネタがかぶらない用心をする必要があったが、実際にはそんなものは不要であった。

番組を視聴した人ならわかるだろう。オープニングのバックにポピュラーな一休のトンチ話が、片端から紹介されてしまう。これでは使いたくても使えない。ＯＰに出て来ないトンチはひとつだけだ。

将軍家出入りの豪商桔梗屋が、皮の衣を着て寺に入ろうとしたのを、小坊主たちに叱られる噺をご存じと思う。寺域に生臭い衣装を持ち込まれては困る、というのだ。

すると桔梗屋が逆ねじを食わせる。

「寺には太鼓がある。あれは獣の皮じゃないか」

そこで一休の出番である。

「だから罰として太鼓をバチでブン殴るんです」

というわけで皮衣を殴りつけたから、桔梗屋も降参してしまう。

——この一節が、テレビには使えなかった。

動物の皮を剥ぐのは賤民の職業という先入観があった。そんな話を持ち出すのは差別に繋がる！　だから皮に関する話は敬遠されてしまった。

若い読者にはピンと来ないだろう。土着の住民が多い西から始まった偏見だが、ぼくの祖母（明治元年生まれで学校へ行けず、死ぬまで自分の名を書くことも出来なかった）はさらに頑固な差別主義者で人の体に触れる職業をすべて否定していたから、床屋の息子と友達づき合いするのに苦労した。え、トコヤと書いてはダメなんですか。理髪業と書かねばならないって——ソレがつまり差別じゃないの？

なんてジョークのつもりで書いたら発禁にされたりして。

冗談でなく、あるマンガ社に差別的なマンガを掲載するとはなにごとかと、殴り込みがあったと聞いてみんなブルった。テレビが大衆娯楽の王座につくに従い、こうしたデリケートな問題はスタッフの手が届かない上層部で、対案が出される風潮となった。

要するに触らぬ神にたたりなし、である。

真剣に差別を憂慮するのではなく、世の中が騒がしいから頬っ被りしようというのが、マスコミサイドの本音であった。

小説の世界の言葉狩りに腹を立てた筒井康隆が、断筆宣言をしたことがある。その頃ぼくは著作権連盟の理事であったが、彼の行動に文壇の一部は冷たかった。

四谷怪談の上演がヤバい、という噂さえ聞いた。

なぜかといえば、四↓四つ足↓獣↓皮剥ぎの職業と連想されるから、だそうだ。バカみたいと笑うのは読者の勝手だが、コロナ事変が始まるとたんに自粛警察が発生するこの国では、半世紀前の騒ぎがいつ再燃するかわからないのだ。

話を戻す。

つまりアニメが始まった時点で、原作というべきトンチ話はすでにすっからかんであった。それに比べれば２０００に余る４コマが手つかずだった『サザエさん』なんて、幸運なアニメであった。

幸いぼくはＮＨＫを辞めラジオのトーク番組などで食い繋いでいた頃、大量のトンチ話をコレクションしていた。季節に合わせて、タレントに合わせて、ご時世に合わせて、バラエティ豊かに連日コントを書きまくっていたから、『日本のトンチ話集成』だの『世界笑い話事典』なんてホンを座右に置いていた。

なんだ、パクっていたのかよ。

そう蔑《さげす》みの目で見ないでください。

ではぼくオリジナルの例も挙げておく。

『ホウ、ご隠居さん、歌をお詠みになりましたか』

『うむ。鶯《うぐいす》がいい声で鳴くのでな』

『でもあの声は録音ですぜ』

『構うものか。わしの歌も贋作だからのう』

　チャンチャン。

　世に流布するトンチ話、笑い話、もう少し枠を広げて民話と総称してもいいが、その時代その土地に根づいて残ったものだから、そう簡単に足利時代の小坊主の話に直訳出来るわけがないのだ。良く出来ていればいるほど、どうひねくっても一休噺にならなかったりする。

　他のライターのみんなもさぞ苦労したのだろうな。

　チェックする部署はなかったが、なん人かのライターが犇《ひし》めいて書いたから、そのあたりの調整は電通の坂梨港《さかなしみなと》プロデューサーが窓口役になってくれた。

　企画当初ぼくに声をかけた籏野プロデューサーは東映動画だが、番組の進行につれスポンサーと制作サイドを繋ぐ電通に重きが置かれるようになった（と思う）。

　組織と組織の力関係か、会議で大声を出す人が発言権を持つのか（まさか）、ＮＨＫ育ちで広告代理店とつき合いのなかったぼくには、判断しかねる。

　とはいえ『サザエさん』のように、テレビ局や制作プロ以上に、代理店宣弘社の松本プロデューサーが脚本を仕切ったという前例がある。

　あのときは原作者との橋渡し役以上に、番組への思い入れが一段と深いプロデューサーが彼であった。だからフジテレビもＴＣＪも、あえて舵取り役を任せたのだと思われる。

　頑固一徹ぶりにしばしばぼくたちと衝突の場面を見かけたが、そんな人柄まで含めて長寿番組の基礎を築いてくれたプロデューサーであった。

『一休さん』のケースでも一癖ある人物だったから、毀誉褒貶《きよほうへん》いろいろであったと推察するが、脚本家のために『一休』のコミック版を企画して、ライターの収入に配慮してくれたから、脚本連の動画部長としては話しやすいプロデューサーであった。7年越しの番組が終わった後も、いくつか企画書を注文されている。彼から見てもぼくは、つき合いやすかったかもしれない。

前記したように、ぼくは電通とまったくご縁がない。

そのためか『鉄人28号』『ムーミン』「世界名作」シリーズなど、一度もお座敷がかからなかったので、坂梨プロデューサーひとりだけが細い絆であった。

どんな企画があったのか、もう時効だろうから書き留めておく。

ひとつは謝国権の『性生活の知恵』。当時の大ベストセラーでその内容はというと18禁なので、年配のお知り合いに個人的に尋ねていただきたい。

「リミテッドアニメで描きやすいね」

笑ったことを覚えている。

もう1本は阪本牙城の『タンク・タンクロー』だった。

戦前に講談社が出していた「幼年倶楽部」誌の連載マンガである。あちこちに書き散らした話だが、ぼくが5歳の頃「泣かずに手術を受けたら買ってあげる」という約束で、アデノイドのオペを受けて手にしたマンガ本なのだ。喉の中へメスを入れるのだから、泣きわめいては施術出来ない。洗面器に真っ赤な血を吐いたワンカット？　を、90歳近い今でもありありと思い出す。

主役のタンクローは今ならサイボーグだろうが、炭団《たどん》みたいな体にチョン髷《まげ》で長靴履きの男が、体中の穴からプロペラを出すわ、翼を出すわ、ミニタンクローを無限に吐き出すわ、わけのわからない超人の活劇マンガであった。

昭和初期としては最前衛をゆくマンガで、もしこの企画が通っていたら、われながら首尾一貫したマンガファンとして、ぼくは満悦出来ただろう。

残念ながら企画は2本とも、あっさりポシャッた。世の中そうそううまくゆかないのである。

3

トンチ小僧の一休は、史実によればやんごとない高貴な生まれなのだ。雲の上の身分なだけに、母親との絡みなどに神経を使わねばならなかった。

番組の*エンディング曲が「ははうえさま――」で始まったのも、トンチだけではもたないから、生き別れさせられた母と子の情愛を物語の軸のひとつに考えていたためだ。

ついでに内幕をバラすと、作詞者に『ひょっこりひょうたん島』を井上ひさしと共作した山元護久を迎えたのも、彼にホンを書いてもらおうと企んだからだ。

「彼なら『一休さん』らしいシナリオを書ける！」

「同感だけど、書くのが遅いよ。『ジャングル大帝』のときもふたりがいる喫茶店に乗り込んでOKをもらったんだよ。それで1年半待ったんだが、とうとうふたりとも書いてくれなかった」

「催促しないからいけないんだ。物事には順序がある。だったらまず、テーマソングの詞を書いてもらおう」

深みに引きずり込んで逃げられなくするという高等戦略で、出来た歌はいいものであったが、彼が京王ホテルで打ち

＊『一休さん』のエンディング曲は、山元護久作詞、宇野誠一郎作曲・編曲『ははうえさま』。一休役の藤田淑子が歌っている。

合わせ中に倒れたため、ついにその機会を失してしまった。

残念でならない。

スタッフの間で、さらに雲の上に神経を遣ったのは、提供先が当時の会長として笹川良一をいただく船舶振興会という団体だからだ。東映動画としては『少年徳川家康』以来の大事なお得意先だ、気配りが大変であったに違いない。

もっともぼくは気楽に構えていた。

まったくの私事なのだが、会長夫人（笹川鎮江）とはぼくがまだ小学生だった頃、共に知多の海へ避暑に出かけた仲なのだ。７つ８つ年上だったが、色白のきれいなお姉さんでぼくは彼女になついていた。

まだ10代の少女でも父親譲りの吟詠《ぎんえい》の名手で、しばしばラジオに出演した。知人に売れっ子のタレントがいる気分で、ＮＨＫから彼女の朗々たる声が流れると、自分のことみたいに自慢したものだ。

戦後は東京で1度会っただけだが、ぼくとしては十分に顔なじみのつもりだったから、「もし番組にクレームがついたら、間に入るよ」なぞとエラそうにふかした。

幸い『一休さん』にスポンサーから1度も文句は来ず、ぼくも馬脚をあらわすことはなかったが、注文があったのは北陸の名刹永平寺からである。

「仏心もないのに若者が大勢やって来て応対に困る」

と仰る。

まだそんな言葉はなかったはずだが、『一休さん』の好評につれ、永平寺がアニメの聖地となったらしい。

向こうでは、そもそも一休禅師がアニメになったことも承知していなかったろう。

困ると言われてもこちらも困るので、その話はうやむやになったが、意外なところへアニメの威光が飛び火すると知ってちょっと驚いた。

仏心どころかわれらミステリ界の俗人どもは、一休さんに探偵役を演じさせることもしばしばであった。

ミステリ評論家の新保博久が連載マンガの原作として*『探偵ボーズ21休さん』を書いたのはパロディ的な現代のミステリであったが、鯨統一郎の『とんち探偵・一休さん金閣寺に密室《ひそかむろ》』は、完全に探偵一休の主演である。ぼくも『一休さん』で密室を使ったけれど、ひそかむろと読ませるとは大発明だ（最近では獅子宮敏彦が別な時代のミステリでこの読みを使っていた。ぼくはなぜ思いつかなかったんだろう、残念）。

そんな具合で一休とミステリは、相性がいい。

――ということは気づいていたらしく、トンチの種が尽きると『タイガーマスク』で味をしめていたぼくは、またもミステリのトリックを一休の世界に導入した。

雪の日の消えた足跡、かまくら風の雪密室、竹の弾性を応用した飛び道具、エトセトラだが、時代が時代だけに人工的なトリックを構築するのに、動力の種類が少なかったので苦労した。

横溝先生が某代表作で駆使した*水車なんて、抜群の思いつきだなあ。

だが白けることを言ってしまえば、しょせんはトンチである、狭隘《きょうあい》な世界に跼蹐《きょくせき》したオハナシでしかない。しかも時代は庶民にとって閉鎖的な室町の世だ。都でこそ優雅な日々が続いても、地方では到るところで戦乱が起きていた。

本当に賢い一休ならトンチを隠れ蓑《みの》として、民衆をさいなむ現実を直視していたはずである。アニメでは描くことのなかった青年以降の一休像を培《つちか》うために。

＊『探偵ボーズ21休さん』＝原作／新徳丸（新保博久・徳山諄一）、作画／三浦とりのによるマンガ作品。
＊ 横溝正史の長編推理小説で「金田一耕助」シリーズの第１作である『本陣殺人事件』で、水車がトリックに使われている。昭和21年に「宝石」誌上に連載。

4

一休さんが墨染めの衣の袖からフト見せる、苦いユーモアが好きだ。

家の新築祝に一句を求められ、

「親死んで子死んで孫死んで　この家から葬式千口」

ぬけぬけと言ってのけた禅師が好きだった。

新しく建てた家が長持ちしたからこそ、お葬いを次々に出すことが出来る、だからめでたいという塩味の効いた祝辞だけれど、家に比べて人の命の短さを再確認させる言葉でもある。

ぼくは仏縁に遠い男だが、祖母につき合わされて幼い頃読経の場にしばしば座らされた。今でも『仏説摩訶般若心経』なら暗唱出来る。かつては『同朋奉讃』（帰命無量寿如来……で始まる「正信偈」です）も最後まで口ずさんだが、このトシになるとはじめの3ページでつかえてしまう。

それでも末尾につけ加えられる蓮如上人の御文は、今もぼくの思い出の1ページに収まっている。

『ソレ人間ノ浮生ナル相《スガタ》ヲツラツラ観ズルニ――』

の一節が痛烈であった。

『朝ニ紅顔アリテ夕べニ白骨トナレリ』

わが家は父母の代から戒名をつけていない。〝居士〟ならいくら、〝大居士〟と名付けてもらうにも相場があるんだって？　そんなバカ高い戒名料はナンセンスだ。現に親父はうそぶいていた。

「死んでからつけられた名前で呼ばれても、俺は返事出来ないぞ。戒名ではお盆に帰れやせん！」

その言葉通り両親とも本名のまま墓に入った。

冬に亡くなった妻も戒名はない。彼女の発案で生前にわが家は墓そのものを処分しており、いずれ機会を得て海に散骨する予定だ。

悟ったようなことを言うぼくの場合なら、2年前に抜いた右下の臼歯（立派なホネでしょ）を死後に骨壺へ入れるよう袋に入れてテープで留めてある。手塚治虫七回忌のときの特製酒壺で、パンジャとレオの姿が描かれている。ぼくの骨壺としては分に過ぎるだろう。

宗旨と関係なく、死は「無」だと思っている。

ディビッド・ニヴンが主演した戦後公開された英国映画『天国への階段』（毎度古い話でごめん。『赤い靴』のＭ・パウエル、Ｅ・プレスバーガー共同監督作品）では、長大なエスカレーターで上りつめた天国に、亡くなった人間がひとり残らず無限大に広い空間に犇《ひし》めいていた。今ならＣＧだがあの頃は作画で、壮観の密集ぶりを描いた。

あそこにコロナの死者が加わったら、全員たちまち感染するだろう。天国で病死したら亡者はどこへゆくのかね。

仏教では死ねば極楽か地獄へ行くらしいけど、蓮の葉っぱで瞑想にふけるのは退屈だし、血の池地獄だったら別府温泉でぼくはもう観光ずみである。

一休さんはユニークな宗教家だから、死生観も独特だった。ぼくにも納得出来る言葉を次々と吐いた。

幼くして人の世の辛苦を舐めさせられれば、否応なくリアリストとなるだろう。トンチの限界なんて、一休本人が一番知っていたに違いない。

大俗人にして大聖者であった禅師の心境なぞ、ぼくに知る由もないのだが、トンチごときで世直し出来るものかと、しみじみ達観しておられたと思う。

こんな心がけのぼくに『一休さん』を書く資格があるわけないのに、鹿爪らしく7年もの間断続的だが書いてきた。

ときにはひねくれた話も書いた。

一休さんの有名なエピソードに、

門松は冥土の旅の一里塚
めでたくもありめでたくもなし

と歌い、髑髏《しゃれこうべ》を乗せた杖をついて都大路を踊りまわったというものがある。

ハテどんな主題のドラマなら、トンチ小僧にそんな頓狂な真似をさせられるだろうと考えた。

正月が来るというのに地方では戦乱が続き、家も仕事もなくした庶民は都に逃れて、寒空のもと加茂の河原に集まって来た――。

そんな場面が、賑やかな都の新年風景に対比して、まず浮かんだ。

一休さんなら、みんなのために一肌脱いでやろうと考えるはずだ。

欲張りだがすぐ罠にかかる桔梗屋は､今回もうまうま一休に乗せられて､河原の大勢を助ける約束をする羽目となった。してやったりと一休さんは、加茂川へ飛んで行って吉報を知らせようとするが、河原は無人になっている。どうしたことかと思えば、近くで戦が始まったから戦場漁りでうまい汁が吸えると、全員行ってしまったのだとわかる。

頭へ来た一休は、例の狂歌をわめいて大路を駆けめぐる――という24分にした。

後半の踊り狂う部分が木に竹を接いだような構成でいい出来とは言えないが、そのときの一休さんの気持ちは、戦中派のぼくにはわかるように思われて、多少の綻びに目を瞑《つぶ》ってしまった。

戦後早くに中野好夫が書いたエッセイ『人は獣に及ばず』が、ぼくの基本的な思考の枠組みを創っている。戦が終わる度に人々は厳粛な面持ちで平和を誓うが、その舌の根も乾かぬうちに軍備を増強して戦いを始める。空腹のときだけ餌を求めて戦う獣の方が、生き物として遙かにすぐれている。

そんな趣旨だったが、たまたま大戦後の日本を生き続けたぼくは、同感しないわけにゆかない。米中対立の気運高まる今「この道はいつか来た道」と歌いたくなるのは、かけらでも戦争を知っているぼくの世代までらしい。

さっさとヒトは滅びた方がいい、そうなれば地球の環境問題は抜本的に解決されるぞよと、ＳＮＳに投稿して大炎上させられる一休さんの姿が目に浮かぶ。

『超電磁ロボ　コン・バトラーV《ブイ》』について

DATA

制作：NET（テレビ朝日）、東映、東映エージェンシー
制作協力：東北新社、創映社

1976年4月17日～1977年5月28日
土曜日18：00～18：30
NET（テレビ朝日）系／各回30分／カラー／全54話

STAFF

原作	八手三郎
企画	落合兼武、飯島 敬
総監督	長浜忠夫
脚本	辻 真先、田口章一、五武冬史、藤川桂介、他
作画監督	金山明博、林政行、佐々門信芳、塩山紀生、安彦良和、坂本三郎、高橋資祐、谷口守泰、他
制作担当	岩崎正美、野崎欣宏
美術監督	宮野 隆
キャラクター原案	成田マキホ、村野守美
メカニック設計	スタジオぬえ
アニメーションキャラクター	安彦良和
音楽	筒井広志
声の出演	葵 豹馬（三矢〈三ツ矢〉雄二)）、浪花十三（山田俊司〈キートン山田〉）、西川大作（立壁〈たてかべ〉和也）、南原ちずる（上田みゆき）、北 小介（千々松幸子）、他

▲『超電磁ロボ　コン・バトラーV』第1話「コンバイン！　どれい獣を倒せ!!」シナリオ。実際の第1話放映時には、「出撃！　どれい獣を倒せ」に改題されている。
（資料協力／東映、一般社団法人 日本脚本アーカイブズ推進コンソーシアム）

第１話「出撃！　どれい獣を倒せ」
（脚本／辻 真先）

DIGEST STORY

人間が生まれるより遥か昔、地球上にはキャンベル星人が築いた高度な文明があった。やがて彼らは、地球の奥底深くに潜むようになったが、人間を滅ぼして地上の支配を取り戻す時が至るのを待っていたのだ。地底で雌伏していたキャンベル星人は、女帝オレアナの命令で行動を開始する。オレアナの息子で、大将軍のガルーダ率いる地球侵攻軍は、どれい獣／ガルムスを地上に解き放って市街地を破壊し始めた。

キャンベル星人の侵略を予期していた南原博士は、超電磁の力で合体する巨大ロボ／コン・バトラーVを開発。葵 豹馬、浪花十三、西川大作、北 小介ら４人の少年を集めて、孫娘／ちずると共に「バトルチーム」を結成し、どれい獣に立ち向かう。

作品名

超電磁ロボ　コン・バトラーV《ブイ》

第1話「出撃！　どれい獣を倒せ」

世界観の創出からスタートした大仕事！

美少年の敵役に期待するが……

1

一シナリオライターとして、めったにない体験をさせてもらった。

企画のごく早い時期から、作品成立に至るプロセスにタッチ出来たのである。

ことの始まりは、東映本社が系列の東映動画と別個にテレビアニメの企画制作を目論んだのだ。

なぜそんな屋上屋を架すようなプロジェクトが始まったのか、社外の個人でしかないぼくにはわからないし、正直どうだっていい。商売の間口が広がるからと、歓迎の気分だってあったのだ。

とにかく＊飯島敬《いいじまたかし》プロデューサーから電話をもらった。

「アニメの新しい企画があるから、手伝ってよ」

「あいよ」

ふたつ返事した。

相手は東映動画生え抜きのプロデューサーであり、テレビアニメ初期に別名義でシナリオも書いていた。だから物書きの内実を良く知っていて、ぼくとしてはおつき合いしやすかった。

＊ 飯島 敬＝昭和10年〜平成5年。日本のアニメ草創期から、東映動画で数々の作品をプロデュース。東映に異動後は、他のアニメ制作会社と組んで、多くの作品を世に送り出した。吉野次郎の筆名で脚本家、山本清の名で作詞家としても活躍。

大酒飲みと聞いており、東映動画至近の店で酔いつぶれている姿を見かけたこともあったが、虫プロと違って東映関係と飲み歩いた記憶はぼくの場合ない。

だから今回もアルコール抜きで、まっとうなミーティングのつもりでいた。

だが会ってみると、様子がおかしい。

「東映動画は誰が監督なの」

「うーん、それが」

口ごもっていた。

「原作はあるの」

「スポンサーはバンダイなんだ」

ということはわかった。

バンダイのスタッフとは徳間書店発行の「テレビランド」誌で連載企画の話を詰めたことがある。玩具会社だけに顧客の子どもたちの本音を熟知していた。彼や彼女たちの好奇心の標的、年齢別の購買力、子どもなりの射幸心。初期にSFアニメを提供していた製菓会社よりずっと微妙な〝童心〟を精確にキャッチしていることに驚いた。

ぼくがバンダイのスタッフと練っていたのは、月世界に建設する居住区の模型であった。キューブとキューブを回廊で結んで、三次元のどの方向へも建て増し出来る組み立てハウスだ。

レゴを連想してもらってもいいし、銀座8丁目に建つ黒川紀章の代表作カプセルマンションを想像してもいい（ついでに申し上げると、この建築がぼくの仕事部屋である熱海ライフケアの本社である。近々取り壊しの予定らしいが）。

月に最初の足跡を残した人類は、必ず月世界の本格的開発を目指すはずだ。その本拠となる居住区はきっとこんな形になる。というのがバンダイの目論見であった。

すばらしい先見の明でスタートした宇宙玩具であったが、肝心の月開発計画がうやむやになった。膨大なドルの浪費をあやぶんで、アポロ計画を17号で中止、拡げた風呂敷を畳んでしまったのだ。

極東の一小国の壮大なトイプランは、こうしてあえなく消えた。

「テレビランド」誌にはやがて兄貴分の「アニメージュ」誌が創刊され、ぼくはその新雑誌で、超合金による人型ロボットの進化に、おつき合いすることになったわけだ。

「原作というなら、つまりその巨人ロボットということだね」

「そう。それも合体なんだ」

「すると首、上半身、それに足に分かれる?」

せいぜい3体だろうと多寡《たか》をくくっていたら、こう言われた。

「5体合体だよ」

「ええっ。ちょっとオーバーだな」

「それくらいの戦闘ロボでなきゃ、話題を呼べないからね」

ぼくは反射的に勘定した。

頭と、両腕と、体躯と、両足と——まだ足らない。腰部を独立させるのか。

うおっ、ずいぶんでかい!

想像は正しかった。その後に出現する巨大ロボ群を視野に入れても、今なお最大最重量をマークする文字通りの巨人なのだから。

「その5体にひとりずつパイロットがいるわけだ」

「そう。1体ずつでもちゃんと戦える。でもクライマックスで合体すると、さらに強力になる――だから〝超〟がつく」

ぼくはまた勘定した。

「それぞれに搭乗する戦士たちの紹介。5体が合体してからの圧倒的戦闘力。そいつを第1話のドラマに入れなくてはならないわけか――シナリオのボリュームも容易じゃない」

いや、待て待て。

「そのヒーローと戦う相手も、第1話で見せるの？」

「もちろん。1話ごとにやられる敵と、敵の軍団を支える巨大な悪を創ってよ」

「へい」

つまり世界観の創出である。こりゃ大仕事だ。

「ヒーローだってそこらへんから湧いて出るわけじゃない。時間と費用をかけて創らなくては、物語全体が安っぽくなる」

まことにごもっとも。

『エイトマン』のとき原作の平井和正に指摘されたことを思い出した。「味方にせよ敵にせよ、それなりの組織が時間と予算をかけて製造したモンスターのはずだよ」

正論である。だからエイトマンはＮＡＳＡが生みの親であった。

さあ、どうしよう。まず敵を設定しよう。

太陽系外から飛来した怪物を想定してみたが、それでは敵を突発的に出現させるのが難しくなる。最初の戦闘は急襲して来た敵を迎撃する話から始めたい。

で、地球空洞説を援用することにした。

リンゴにつく虫はリンゴを知悉《ちしつ》しているが、地球に住む人類が果たして地球のことをどこまで知っているのか。大深度工法などといばっても、やっとこ都営地下鉄の大江戸線くらいの深さしかわからないではないか。

地球の中はマグマで煮えているのが常識なら、それをぶち壊そう。

実は地殻の中心に大洞窟があって、地表に生きるわれわれとは異なる生命体が、異なる文明を営んでいた——という仮説の下に、大いなる母オレアナを信奉するガルーダが、一族を率いて地上に躍り出そうと虎視眈々の図を、視聴者につきつけるのだ。

申し訳ないことに、そうした細かな裏設定を、ドラマの中で本格的に展開する機会は訪れなかった。

当初われわれの想定した富野喜幸（由悠季）ではなく、監督が長浜忠夫に替わったため、ガルーダが敵役という設定は2クールまでで終え、続く2クールは別な敵のトリオに変更されたので、世界観を敷衍《ふえん》する時間がなかったのだ。

ぼくが案出したガルーダ（この人とも鳥ともつかぬ怪人は、東南アジアに広がる礼拝の対象として存在する）は、*『勇者ライディーン』の敵役シャーキンの次代キャラのつもりでいた。

大敵《おおがたき》でありながら美少年という、アニメ独特のキャラクター／シャーキンは、富野ライディーンのコアとして、ぼくはショックを受けていた。

（絶対にアタる！）

声優も『スーパージェッター』を演じていた市川治で、のちのち美形キャラの総称でアクションアニメ必須の人物であり続ける。

ガルーダとしてぼくはそのエスプリをパクったのだ。キャラデも安彦良和だから正統2代目だったろう。コレ、富野

＊『勇者ライディーン』＝昭和50年から翌51年まで、NETテレビ系列で放送。NET、東北新社制作。全50話で、第1話〜第26話を富野喜幸、第27話〜第50話を長浜忠夫が監督。キャラクターデザインは安彦良和。

監督に断ってあったかな？

飯島プロデューサーにしてもぼくにしても、制作は『ライディーン』のプロダクションを想定していたから、わざわざ許諾を得なくても、どうせ一緒に仕事するのだから、と思い込んでいたのだろう。

2

というのはすでに記したように、東映本社が動画制作のために抜いた人材は飯島プロデューサーひとりだったし、その彼が社外から呼んだのもぼくひとりだったのだ。

それがわかってぼくは狼狽した。

「じゃあ、監督も美術も作画もいないのかよ」

「いない」

「どこが作るんだ」

「創映社のつもりなんだ」

「ああ、そこなら知ってる。ロボットものがうまい」

なぞと合いの手を打ったが、それが『勇者ライディーン』であり、実はぼくも脚本陣のひとりだった。

富野監督とは虫プロの『リボンの騎士』のミーティングで、劇構成に一家言あるのを知って感じ入ったし、お世辞抜きで『ライディーン』のシャドーボクシング風ロボ操縦が面白かった。

当時の創映社は有力代理店のひとつ東北新社と組んでいたが、アニメーターには虫プロ系が多かった。もうこの頃になると、勝手知った顔で動画机の間へノコノコ入ってゆくには、どの制作プロも敷居が高くなっていた。テレビアニメの草創期が過ぎ、あの頃の虫プロやムービーやＴＣＪみたいに、外部の者が割り込めるほど緩い企業ではない。東映動画並みに組織化されて行ったのだ。

マンガでいえば同人誌のプロダクションが昇格して、出版社の看板を掲げる時代に移行していた。キャラクターデザインの安彦良和、メカニックデザインの宮武一貴たちの名はすでに知っていたものの、『エイトマン』以後続いていたＳＦ作家のシナリオ参加は、ぼつぼつ終わろうとしていた（やがて『宇宙戦艦ヤマト』のメインスタッフになる豊田有恒は、例外的にアニメに関心を抱き続けたが）。

はじめのうち活字の世界で忌避されがちだったＳＦだが、若い読者の獲得が進むにつれ書き下ろし出版の機会が増え、一時アニメシナリオに活路を見出したＳＦ作家も、本来のフィールドに帰って行ったのだ。

なんだか置いてけぼりを喰った気分で淋しかったが、活字にご縁のなかったぼくは迷いもなくアニメに専念し続けた。のちにサンライズと社名を改め『機動戦士ガンダム』で名を売る創映社だが、早くから品質のいいアニメを制作していたから、飯島プロデューサーも手応えを感じていたはずだし、すでに『ライディーン』を書いていたぼくも大賛成だった。ついこの間まで、ＳＦはテレビアニメの主流であった。ギャグでもスポーツでもなんでも屋のぼくだが、周りにいた純ＳＦ作家が去ったのなら、自分だけでもＳＦアニメを書き続けたかった。白状すると「ＳＦマガジン」（早川書房）に拠る作家のみんなには、コンプレックスがあった。戦前の海野十三、蘭郁二郎しか知らないぼくでは、背伸びしても準ＳＦ、あるいはＳＦ風なものしか書けないと思っていた。

この件について言うなら、決して僻みではない、本音だった。

ＮＨＫ時代に『ふしぎな少年』を時間テーマのＳＦのつもりで演出したぼくは、みんなの溌剌《はつらつ》たるＳＦソウル、仰天のセンスオブワンダーにひっくり返っていた。

そんな事実を痛感出来るようになっただけ多少は進歩したと思うが、まだまだオリジナルのＳＦ企画をぶち上げるには非力に過ぎた。

そのレベルのぼくでも、合体ロボアニメなら適度にＳＦ風味が生かせるし、ライターとしての足腰を鍛えられると思い、熱心に取り組んだ。

その時代からアニメに馴染んだ読者はご承知と思うが、東映系アニメにはしきりと〝原作　八手三郎〟というタイトルが出た。そんな個人は存在しない。本来なら東映企画部原作としたいところだろうが（始まりはいつからかぼくは知らない）、会社の名を出すより架空でも個人名を使った方が、視聴者への受けが良かったのか。それとも税制の面でプラスがあったのか。

脚本連の動画部長として怠慢のそしりを免れないが、まあそんなもんでしょうとあえて質問しなかった。映画の場合に裏取引があったのを実体験しているし、ましてテレビアニメとなるとマーチャンダイジングの権利金が動くので、いろいろあるのだと思っていた。

こういう手ぬるさが同業者の権利主張を妨げたかと反省するが、動画部長としてマンガ祭りの金よこせくらいが、ぼくに出来ることだった。

また愚痴になった。時間を巻き戻そう。

3

「大変だ、辻さん」

　飯島プロデューサーから、電話をもらった。

「なにが大変なの」

「『ライディーン』が好評につきロングランするらしい」

「げっ」

　自分も書いている番組だから延長は結構な知らせだが、それでは東映のアニメをどこへ頼めばいいんだ。

　作画の日時、放映のスケジュールから逆算すると、そろそろ絵コンテに入るべき時期が来ていた。

「で、どうするのさ」

「仕方がないからとりあえずコンテを誰かに切ってもらうよ」

「誰かにって、誰に」

「考える……」

　えらいことになって来た。

　プロデューサーが考えた挙げ句、『タイガーマスク』の演出をしていた東映動画の人が、エージェンシーに移籍しているという。ぼくも知っている中堅どころのアニメーターで、実話だから名を挙げてもいいが、この前後の事情と来たらなにがオープンでなにが企業秘密なのか判然とせず、迷惑がかかってもいけないから名は秘しておく。

　要するに彼に内職させようと決まって、急遽シナリオを手直し、ようやくぼくなりの決定稿に仕上げた。

これでひと安心と思ったら、現実はそう甘くなかった。

『ライディーン』の延長が中止らしい」

「へっ？」

話は白紙に返って、もとの創映社でゆくことになった。

4

ゴタゴタしている間に『ライディーン』の監督は富野から長浜忠夫に交代しており、そのまま彼が『コン・バトラーV』の監督に確定した。

長浜監督作品なら『オバQ』『巨人の星』を書いているが、ＳＦでおつき合いするのははじめてだ。

改めて長浜監督にフィットするシナリオに改訂するのか。

ライターに個性があるように、監督にも個性がある、当然のことだ。だから監督が替われば、頭から意見をすり合わせないと納得のゆく結果にならない。

もっとも今回は持ち時間がないから、ホンの修正は第2話以降に持ち越された。ヤレヤレである。

——といった楽屋裏の経緯がけたたましく、情勢が変化する都度几帳面に修正していたため、第1話の脚本は7稿を数えた。迷っているより直した方が早いと思ったのだが、こんなとき筆が早いのは善し悪しだ。

『ジャングル大帝』では、ただもう内容凝縮のため改訂を重ねたが、今回は客観情勢に振り回されてコロコロ変わった。

ぼく自身が原因でもあった。読み返す度にあちらが気に入らない、こちらが説明不足だと、自分で自分にクレームをつける。生意気に文豪気取りになっていたのかもしれないし、性格的に優柔不断でもあった。

今になって考えると、役名だけでも道草を食った。

5人のパイロットを全国から集める設定にしたので、東京は徳川家の紋章〝葵〟を苗字に、名前はただの恰好良さから〝豹馬〟（乱歩の『人間豹』、高垣眸《たかがきひとみ》の『豹の眼《ジャガー》』が好きだった）、大阪生まれのヒーローは〝浪花〟を苗字にして、歓楽の町〝十三《じゅうそう》〟を名前にした。ぼくは戦前のSF作家海野十三の大ファンでもある。

いやもう幼年期の趣味全開である。

京都の代表は美女にするつもりで、京の宮都。

たまには生まれ故郷の名古屋も出したいと、那古屋丸八にした（名古屋人以外は知らないだろうが、市のマークは丸に八なのです）。

と決めて行った途中で、制作プロが変更になり、改めて別方式で命名を始めた。

コンテを切る人にしても、自分が関わるより前から設定が完成していたのでは、自分のDNAがない。養子を押しつけられた気分だろうからと、昔のプロデューサー根性が頭をもたげる。

我ながら面倒臭い性分で、このときも葵・浪花を除く3人の名前をつけ直した。実を言えばだんだんいい加減になっていた。このときは誰が言い出したかな。

「マージャンでゆこう」

「それでいいや」

勝負ごとはからっきしのぼくだが、母がマージャンの達人（現在の熱海の仕事部屋は、母の雀荘代わりだった部屋である）であったから、パイの名前くらい知っている。

――で、トンナンシャーペイをヒントに、南原ちずる・西川大作・北小介。以上、ロボのパイロットの名が決定した。

いい加減な名付け方だと呆れる向きもあるだろうが、どこの楽屋裏でもこんな風にトッ散らかっているものです。

それから半世紀、ＳＮＳを覗くと南原ちずるは美少女キャラとして今も命脈を保っているみたいで、名付け親として感謝したい。

曲がりなりにも目と耳にきれいに感ずる名前で良かった。

5

命名の話だけで長引いてしまった。

白紙からのスタートとあって、考えるべき要素は山盛りである。

登場人物のキャラづけはもちろんだけれど、書く商売が長かったのでそれなりに引き出しがある。主役ならこういう性格で、対抗する役どころはこんな性格と、およその設計はすぐデッチ上げられた。

その程度の浅い思考能力だから、どこかで聞いたような平凡なキャラしか編み出せないのだが、言い訳ではなく（やはり言い訳か？）この企画でユニークなドラマを創ろうとはもともと考えていなかった。

率直に申せば、スポンサーとしてはオモチャが売れりゃいいのだ。

そのためには、パーツの1体ごとに魅力があり、5体纏まれば子どもと言わず若い父親まで、目を輝かすほど恰好いい大型ロボットを画面いっぱいに暴れさせれば、なにもかもノープロブレムなのだ。

そんなオタク家庭の奥さんは、口を尖らせるだろうが（令和世代なら夫婦揃ってオタクの可能性がありそう）。

年齢層が高くなれば購買力も増す。超合金、5体合体、巨人だが細部まで作り込まれた高級玩具にも羽が生えるだろう。だから戦う5人に必要以上のドラマの枝葉はいらないのだ。

それはわかっているから、ぼくは始めから敵役にスポットを浴びせようと企んだし、そのためにSFの背景を用意していた。

『エイトマン』『スーパージェッター』にアイディアをつぎ込んだSF第1期のみんなにも、竜の子プロでSF考証を試みた小隅黎《こずみれい》（小松左京・星新一らSF作家群を輩出した同人誌*「宇宙塵《うちゅうじん》」主宰者柴野拓美の筆名）にも笑われそうだけど、ロボット玩具の愛好者にSFの匂いを嗅ぎ取ってもらおうとした。

そうはゆかなかった。

後に『ガンダム』を生んだ富野監督と『巨人の星』の長浜監督では肌合いが違っていた。新しい監督は情愛濃密なメロドラマの人であった。

はじめてのお手合わせじゃないんだから、それくらいわかれよと自分を叱りつけたくなるのだが、わからなかった。

それはぼくがNHKを辞めた理由のひとつでもある。

時間テーマの『ふしぎな少年』を演出したとき、偏った趣向の発露とはまったく気づいていなかった。

自分が面白いと思うものは、みんなもきっと面白がってくれる。そう考えていた。アスペルガー男の一典型である。

アスペは究極のジコチューと第1章で書いたが、自覚のないぼくは、「時間よ止まれ」に子どもでなくても興味を持つと思い込んでいた。

おまけに実用になって間もないビデオを、面白がって使いまくったヤツでもある。

『ふしぎな少年』では、売れなくなったチャンバラ小説の作家と感覚の古びた少女マンガ家を出し、時間を止める奇蹟

＊「宇宙塵」＝昭和32年、小隅 黎（＝柴野拓美）の主宰する「科学創作クラブ」が日本発のSF同人誌「宇宙塵」を創刊。以降、平成25年まで続いた同誌は日本におけるSFファンジンの草分けとなった。

の少年を取材するエピソードを創った。作家はなにかといえばアクションにしたいし、マンガ家は涙うるうるのセンチな絵を描きたがる。ふたりの願望をビデオ場面で交互に見せるという、今ならメタのドラマにした。

話が西部劇・時代劇・アラビアンナイトと変転するため、俳優も小道具も衣装も照明も（予算がないからすべてノーセット）キリキリ舞いである。

なんだ、ジュリアン・デュヴィヴィエ監督『アンリエットの巴里祭』（昭和29年）のもじりじゃないかと、看破した読者がおいでなら偉い。

化粧直しもライトの手直しも、みんな徹夜の作業になる。夜に強いぼくはニコニコしながら、ビデオ撮りを続けていた。そんなぼくに囁《ささや》いたのが東京放送劇団の勝田久（のちの『鉄腕アトム』のお茶の水博士役）であった。

「辻ちゃんねえ。給料分だけの仕事にしておかないと、恨まれるよ」

アッと思った。

深夜にわけのわからんエスエフのビデオ撮りにつき合わされた、スタッフ、キャストの怨みの視線が、全身に刺さってぼくは血塗れになっていた。

今でこそタイムリープなんてラノベの定番だが、60数年前には辻という変人の寝言でしかなかった。時間が止まる状況を部長たちに説明（ガモフの『ふしぎの国のトムキンス』、コクトオの『オルフェ』を例示した）して、ドラマの許可を取るのに半年かかってる。大半の人が白けて当然であったのに、ぼくにはなにひとつ見えていなかった。

このとき――『コンＶ』（と略称させてもらう）の場合もそうだ。

すでにテレビアニメはＳＦが主流で隆盛を極めた。だから油断した。あれはＳＦではなく、ＳＦっぽくメイクしただけの活劇だ。ロボットやロケットを出すだけでＳＦ顔をしていたのだ。

それなのにアニメに従事する人は、誰もがＳＦの理解者とカン違いしていた。それどころかぼくは、なまじＳＦ最先端をゆく人たちを目の当たりにしていただけに、

（ああ、エッジが利いた人たちは、あそこまで行ってるんだ。ぼくはすっかり遅れてしまった）

歯噛みしたい気分でジタバタしていた。

だから長浜監督がつれて来たライターのホンを読んで愕然とした。

（こんなのＳＦじゃない！）

ぼくには稀なことだが、スタジオの駐車場で監督に食ってかかった。いつもフワフワしているだけのぼくが怒っている？　さぞ珍奇に見えたことだろう、監督はキョトンとしていた。なにを腹立てているんだ、このヒト。

ぼくは相変わらずマイナーなジャンルに肩入れして、自分では天下布武に一足踏み出したつもりでいた。小学生で甲賀三郎を読んで女性司書に目を剥かれた頃と、ちっとも変わっていなかった。

アスペの悲喜劇ですねえ。

結局美少年敵役ガルーダは、２クールで悲愴な最後をとげた。それでも長浜監督は、そこまで布石を打って世界観を構築した労を認めてくれて、ガルーダの死の前後を任せてくれたから、視聴者には裏のすったもんだは気づかれなかった（と思いたい）。

残る２クールは悪相の敵役トリオがコンＶの対抗馬を務め、可もなく不可もない結果に終わったが、その間に視聴者から起きた反応で、監督たちはガルーダというキャラの有効性を認識したようだ。

次の１年の企画（年間通しての企画制作がふつうの頃だ）は、はじめから美形ものに決まっていた。

＊『超電磁マシーン　ボルテスＶ《ファイブ》』である。

＊『超電磁マシーン　ボルテスＶ』＝昭和52年から翌53年まで、テレビ朝日系列で全40話を放送。前作に続き東映テレビ事業部が企画し、制作を日本サンライズが受けている。監督／長浜忠夫、キャラクターデザイン／聖 悠紀。

残念なことに、ぼくが試したかったＳＦムードのスペオペではない。中世ヨーロッパ風絵巻に巨大ロボットが参戦するメロドラマで、こうして長浜監督のロマンロボアニメは確立したのだが、どうもぼくはこのシリーズでは、ブレーキ役に終始した思いがあり納まりが悪い。

『コンＶ』スタートに際して、あまりにノイズが多かったため、初心に帰ることが出来なかった、全面的にロマンロボに打ち込むに至れなかった――。

そんな思いが頭のどこかで残響している。

豹馬たちがはじめてコンＶを目撃するシーンで、ロボットの巨大さを視聴者に実感してもらおうと（テーマソングにまでコンＶのスペックが読み込んであった）工夫したり、合体の前と後で豹馬のコントロールパネルが変形したり（宮武さんだったよね、恰好いいメカデザイン）と、あれこれやったつもりだが。

やがて発想された＊ミノフスキー粒子には降参であったし、『蒼穹のファフナー』（平成16年、羽原信義監督）の頃までは、

「そう来たか」「ああ、その手があったか」

なぞといちいち嘆声を上げたけれど、最近のロボアニメの合体戦闘を観戦すると、どう合体して誰がどこに搭乗してどう戦っているのかわからない。

ああぼくもこんな台詞を吐くようになったか。細かいトコはいいから全体の流れを摑めと自分で叱咤するんだがなあ。

それにしてもあれほどディティルに力瘤を入れたのがアホみたいだ。ロボットを売り出すためのギミックに振り回されていただけなのか。

今はごく一部を除いて、テレビアニメの裏を覗く立場にないが、画面の前で固唾をのんでいることに変わりないから、最後の章では外野の立場から、なにか言わせてもらうつもりではいる。

＊ ミノフスキー粒子＝アニメ『機動戦士ガンダム』をはじめとする「ガンダムシリーズ」に登場する架空の物質。

『アローエンブレム　グランプリの鷹』
について

DATA

制作：東映（東映動画）、フジテレビ

1977年9月22日～1978年8月31日
木曜日19：00～19：30
フジテレビ系／各回30分／カラー／全44話

STAFF

原案・監修	保富康午
企画	別所孝治、田宮 武、横山賢二
監督	りん・たろう（りんたろう）、西沢信孝
演出	石崎すすむ、川田武範、蕪木登喜司、原田益次、りん・たろう（りんたろう）、他
脚本	辻 真先、上原正三、藤川桂介、他
作画監督	野田卓雄、鈴木孝夫、菊池城二、富永貞義、南条文平、森 利夫、青鉢芳信、他
制作担当	菅原吉郎
美術設定	椋尾 篁、辻 忠直
キャラクターデザイン	杉野昭夫、野田卓雄、小泉謙三、他
メカニックデザイン	小林 檀
音楽	宮川 泰
声の出演	轟 鷹也（富山 敬）、逢瀬すず子（小山まみ）、逢瀬半五郎（野沢雅子）、大日方 勝（野田圭一）、香取梨恵（吉田理保子）、ニック・ラムダ（徳丸 完）、車大作／轟タクジ（柴田秀勝）、他

▲『アローエンブレム　グランプリの鷹』第1話「栄光へダッシュ―」シナリオ。実際の第1話放映時には、「栄光へダッシュ！」に改題されている。
（資料協力／東映動画、一般社団法人 日本脚本アーカイブズ推進コンソーシアム）

第1話「栄光へダッシュ！」
（脚本／辻 真先）

DIGEST STORY

サーキット、そこは人間と車が一体となり、命を賭けて戦う戦場だ。

ある日、富士スピードウェイに風変わりな青年が現われた。彼の名は轟 鷹也。はた目にはポンコツにしか見えないマシンと共に、サーキットに乗り込んで来た鷹也だが、それは育ての親である叔父の反対を押し切り、人生のすべてを注ぎ込んで創り上げた車だった。

一躍レースの先頭に躍り出て、見る者を驚かせた鷹也。しかし、一瞬の気のゆるみからマシンをスピンさせて、ガードレールに叩きつけられてしまう。愛機が一瞬のうちに灰になり、鷹也はレーサーへの道をあきらめかけるが、伝説のレーサー／ニック・ラムダに才能を見出されて、日本の大手自動車メーカーである香取モータースに入ることになる。

作品名

アローエンブレム　グランプリの鷹

第1話「栄光へダッシュ！」

山岳信仰まで飛び出させた
ツカミに悩み抜いた
レーサーアニメ！

『超電磁ロボ　コン・バトラーV』と違って、こちらは古巣の東映動画作品である。

だがシナリオで参加する前に、動画のプロデューサーから相談をもらった。

「うちの既成の殻を破りたい。監督を推薦してよ」

そんなことを言われたのははじめてで、面食らった。

しかるべき理由を聞くべきだったのに、いつものルーズさで（いろいろ事情があるんだろ）気安く考えて「*りんちゃんがいいのでは？」と返事した。

虫プロで馴染んだ監督だが、もとは東映にいたはずだし、もしぼくが組めるのなら気心知れてるしと即答したら、話はじきに纏まった。

企画の内容は自動車レースだという。

ぼくは免許は持っていたが、2度目の免許の書き換えを諦めて失効した。始めから視力に問題があった。生まれてはじめて視力検査をしたとき、すでに0・3だった。昭和40年であったか、メガネをかけてなんとか0・7をキープしたものの、結局書き換えは1度だけで断念している。

そんな車音痴がグランプリのアニメを書くなんて暴挙だ。

＊ アニメーション監督／りんたろうのこと。本名は林 重行。東映動画から虫プロダクションへ移籍し、『ジャングル大帝』などで辻 真先と組んでいる。

自分でそう思ったが、東映動画サイドで気を利かせてくれた。

「レーシングカーの専門家をつけるよ」

ありがたい話だが、心配もあった。

あまりにアカデミックなエキスパートだったら、われわれスタッフの意見を一笑に付すのではないか？

『ジャングル大帝』のとき動物考証を依頼した小原秀雄教授は、幸い砕けた学者さんで、マンガにもアニメにも関心を抱いてくれた。

「ライオンが日本語をしゃべるのはおかしい」

なんてことは言わなかった。

それでも企画当初に、

「参謀役としてサルを出そう」と言い出したぼくが、

「森の人といわれるオランウータンがいい」

主張したときには反対された。

「あれは東南アジアに住むサルです。アフリカには絶対いません」

知りませんでした、すみません。

だいたい虫プロの中でアフリカの土を踏んだ者なんて皆無だ。

ぼくの無知はマンガ原作のときも続き、横山光輝作画の『戦国獅子伝』では、中国大陸で獅子を活躍させた。念のためと思い交流が続いていた小原教授に、問い合わせたら叱られた。

「獅子は中国に生息しておらんのです」

そう断定されたときには、マンガはもう始まっていた。

どうやらぼくは想像上の動物唐獅子から連想したらしい。沖縄にもシーサーがいるんだ、広い大陸なら獅子がいてもいいだろう。

全然、良くなかった。

「そこをなんとかなりませんか」

暴論を吐いて彼を困らせた。

「近くの国はどうでしょう」

「インドなら構わないけど」

そういえば『ジャングル大帝』には、インド渡来の獅子を出演させたはずだ。でもまだ遠い。間には世界最高峰を擁するヒマラヤ山脈が連なっている。

「――そこをもう少し」

値切るみたいに懇願して、百越（ベトナム）ならまあいいでしょうと譲歩してもらった。だからマンガの中では、ベトナムから輿入れしたお姫様のペットということにした。後出しジャンケンもいいとこだ。

そんな苦労をしたので、『グランプリの鷹』では用心した。もともと東映動画から『グランプリ野郎』（横山光輝）アニメ化のため呼ばれたぼくだから、そのとき少しばかり車について齧《かじ》っていた。

せっかく勉強したのだからと、『サイボーグ００９』をカラーでアニメ化したときも島村ジョーをレーサーにしている。

でもアレは第1話の前半だけだ。

とても2クール、４クールなんて長期を乗り切る知識の蓄積はない。

だからアドバイザーに拘《こだわ》ったのだが、

「保富康午《ほとみこうご》さんに声をかけてあるけど、知っている?」

そう言われて胸を撫で下ろした。

「良く知ってる。NHKで一緒に仕事した」

「あ、やはり車のドラマで」

「いや、バレエ番組」

「?」

目をパチクリされた。

あの時代——昭和30年代中頃だが、生放送のテレビではやたらバレエが多かった。オペラと違ってセットも少なくすむし(大半は*ホリゾントにライトだけで騙した)衣装も不要で(バレエ団持ち)、野球中継みたいなスピード感は不要だから、新人のカメラマンでもパン(カメラの左右首ふり)やティルト(上下動)についてゆける。

こじんまりしたステージで十分だったから、ラジオスタジオ改造のせまい空間でも制作出来た。

ただし、ぼくがFD(フロアディレクター)としてついたバレエ番組は、チーフが映画畑のためドラマ仕立てでストーリーがあり、シナリオも出来ていたから、テレビスタジオを使っている。

それが『ガード下の賛美歌』という近藤玲子バレエ団の野心作で、ライターが保富康午であった。見てくれはごついが人当たりが良かったし、音楽番組の演出で閉口していたぼくは、台詞のある番組に大喜びでキューを出したものだ。

それ以後ぼくの関わる音楽番組はなぜか台詞が入るようになり、野添ひとみみたいな映画女優まで連れて来たので、とうとう演劇課に追い出された(実はそれがぼくの狙いであったのだ)。


*ホリゾント=舞台やスタジオで使われる背景用の布製の幕。ホリとも呼ばれる。

その同じ人がレーサーの監修である。外見からするとバレエより車の方が似合う（ごめんなさい）し、互いの手の内を知っているから、とてもやりやすかった。

口から出まかせなぼくのマンガチックな発想も、ニコニコだかニヤニヤだか笑顔で耳を傾けてくれるので、先の見通しはいっぺんに明るくなった。

ところが今になって当時の脚本やら構成やらを思い出そうとすると、さっぱりそのときの情景が像を結ばない。『コン・バトラーV』『ジャングル大帝』のように苦労した作品なら、芋の蔓《つる》を引っ張るみたいに汗を流した記憶が転げ出るのに、監修や演出とスムーズな関係を結べた番組は、肝心の思い出が蒸発している。

「辻さんは記憶がいい」

ときどき褒めてもらうことがあるのは、それだけ苦労が多かったと考えてほしい。スムーズにゆくと、こんなときとても困る。皮肉なものだ。

強いて頭の中をかき回すと、ひとつだけあった。

〝ツカミ〟に悩んだのである。

タイトルからしてドラマの中身は一目瞭然だ。ラノベみたいに物語設定をあますことなく題名に盛り込んで、たとえば『異世界帰りのおっさんは父性スキルでファザコン娘達をトロトロに』（本当に存在している小説。高橋弘著、オーバーラップ刊）といった極端な作品は論外――と言いたいが、今やフツーだから恐ろしい。

それにしても、半世紀近い昔にしてみれば『アローエンブレム　グランプリの鷹』なら十分説明の行き届いた題名であった。間違ってもラブコメとは思わないだろう。

視聴者に最初に刻み込む印象は、これでいいわけだ。

次に視聴者の前に泳がせるべき餌（失礼）が、通称ツカミである。

ぼくは山崎邦保の言葉を思い出した。虫プロでファン向け雑誌「鉄腕アトムクラブ」（「COM」の前身）を編集していたベテランだ。マンガ作りの素人だったぼくを、丁寧に指導してくれた。

「読者を引き込むため工夫すべきなのがツカミだよ」

要するに最初の挿話で、読者の目と耳を驚かせることが必須と強調したあげく、

「あっ、あれはなんだ！」

やにわに怒鳴られたから仰天した。彼は天井を指して続けた。

「オオ、人間が空を飛んでるぞ！　――これが、『スーパーマン』のツカミなんだ」

「はあ、なるほど」

ぼくは恐れ入った。

惜しいことに山崎編集長は若くして事故で亡くなったが、短い間にいろいろと教えてくれた。それも実戦的な体験談だからのちのちまで――いや、今でも重宝させてもらっている。シナリオでも小説でも同じことで、現にこの『テレビアニメ道』が「やあ、はじめまして」となれなれしい作者の挨拶に始まったのも、別種のツカミだ。

その伝でゆくには『グランプリの鷹』はどうスタートを切ればいいのか。

愚考した末に「お山は六根清浄――お山は六根清浄」と山岳信仰のエピソードから幕を開けてみた。

タイトルから想像するはずの読者の先入観を、１度真っ白に漂白してみたかった。先ほどの例とは違う意味で、

「このアニメはなんだ」

と思わせたかった。

もっともその工夫がうまく行ったかどうか、正直なところわからない。

リアルタイムで客席の盛り上がり盛り下がりを観察出来る映画演劇と、テレビは違うのだ。その点で映画より書籍に似ている。視聴者または読者は、バラバラに見てバラバラに笑って泣く。

受けた感興の度合いは、視聴率や販売部数に反映されるといっても、そんなものは数字でしかない。ネコだけ見ているテレビ番組があるし、買われた豪華本が応接室の書棚から1度も出されなかった場合がある。

受けたコケたという生の空気は、ついにわかりはしないのだ。

往年の映画界では、観客の反応を浅草大勝館で見ろと言われた。全国の平均した感興のメーターが、大勝館の客の反応に比例したらしいが、では現在のアニメ番組の客観的評価は、誰がどこでどう決めるのかぼくは知らない。

『グランプリの鷹』の成否について、どこからも文句は来なかった(と思う)。予定通り淡々と最終回を迎えることが出来た。

ぼくは消極的に安堵するほかなかった。

減量中のボクサーの体重みたいにシビアに計測されたら、関係者一同重度のストレスで悶死《もんし》するから、このレベルで満足しているのがいいのでしょう。

今頃になって当時の関係者に「エー、あれは実はですね」なぞと悪態をつかれても、ぼくは聞く耳を持たないからねっ。

コミカライズ版の後押しで人気レースを勝ち抜いた『アローエンブレム グランプリの鷹』

1970年代後半、マンガ『サーキットの狼』（池沢さとし）などの影響で、スーパーカーの一大ブームが起きた。

アニメの世界でもカーレースを題材にした作品が制作され、『アローエンブレム グランプリの鷹』（フジテレビ系）、『激走！ルーベンカイザー』（テレビ朝日系）、『とびだせ！　マシーン飛竜』（東京12チャンネル）、『超スーパーカー　ガッタイガー』（東京12チャンネル）が、77年から78年にかけてほぼ同時期に放送されている。

その中でも、『アローエンブレム　グランプリの鷹』の人気は群を抜いており、蛭田充が「テレビマガジン」（講談社）で、土山よしきが「テレビランド」（徳間書店）でコミカライズ版を連載。二見書房では、国友やすゆきが描き下ろしによりマンガ化して、アニメの人気を後押ししている。

▶『アローエンブレム　グランプリの鷹』（二見書房、原案／保富康午、杉野昭夫、小林 檀、作画／国友やすゆき）

『ジェッターマルス』について

DATA

制作：東映動画、フジテレビ	1977年2月3日～1977年9月15日
制作協力：マッドハウス	木曜日 19：00～19：30
	フジテレビ系／各回30分／カラー／全27話

STAFF

原作	手塚治虫と手塚プロダクション
企画	別所孝治、田宮 武
監督	りん・たろう（りんたろう）
制作担当	大野 清、菅原吉郎
シリーズ構成	丸山正雄
脚本	辻 真先、雪室俊一、鈴木良武、山本 優、他
演出	千葉すみこ(平田敏夫)、石黒 昇、水沢わたる、波多正美、佐々木勝利、芹川有吾、他
キャラクター設計・監修	杉野昭夫
作画監督	杉野昭夫、森 利夫、神宮 慧、大工原 章、鹿島恒保、みぶわたる、芦田豊雄、他
美術設定	椋尾 篁
音楽	越部信義
声の出演	ジェッターマルス（清水マリ）、メルチ（白石冬美）、川下美理（松尾佳子）、山之上博士（納谷悟朗）、川下博士（勝田 久）、アディオス（神谷 明）、ヒゲオヤジ（富田耕生）、他

▲「テレビランド」（徳間書店）1977年2月号
表紙をジェッターマルスが飾り、テレビアニメの放映に合わせて「新ヒーロー」の登場として紹介されている。アニメのセル画ではなく、井上 智が描いた口絵イラストの流用だ。

第1話「2015年マルス誕生」

（脚本／辻 真先）

DIGEST STORY

科学省の山之上長官は、旧友／川下博士の協力を得て新型ロボットを完成させた。その名はジェッターマルス。日本を守る最強の兵器として考案された少年型ロボットで、ローマ神話の軍神／マルスと同じ名がつけられた。

しかし、マルスを軍事利用しようとする山之上博士に対し、川下博士は愛と平和の大切さを説いて対抗する。

そんな中、科学省を襲った嵐により、戦闘テスト用ロボットのタイタンが解き放たれた。山之上長官が作った「戦う体」と、川下博士開発の電子頭脳により「愛する心」を持ったマルス。川下博士の娘／美理と協力して科学省を壊滅から救う。

作品名

ジェッターマルス

第1話「2015年マルス誕生」

手塚一座が
勢揃いした
『ジェッターマルス』だが……

このシリーズ、自分で第1話を書いておきながら、これまでとかく色眼鏡で見ることが多かった。『鉄腕アトム』の劣化コピーと、自虐することさえあった。

そんなものは古ぼけたテレビアニメスタッフの驕《おご》りなんだ、と気づいたのは10年ほど前である。

ぼくは長らく中日新聞（同じ系列なので東京新聞に載ることもあった）でマンガ関係のコラムを連載しているが、2代前の担当編集さんに言われたときは驚いた。

「『ジェッターマルス』のファンなんです」

なまじテレビアニメの草創期を知っているものだから、ほとんどの編集さんは『鉄腕アトム』や『オバケのQ太郎』『巨人の星』の昔を尋ねることはあっても、時代を下った『マルス』の話題が出ることはない。

それでつい『ジェッターマルス』を『アトム』になろうとしてなれなかった半端な存在と思うようになった。

確かに企画のスタートは、『鉄腕アトム』のリメイクだ。だが錯綜する権利関係の整理に手間取ったあげく、同じ手塚原作でまったく別物を制作することになった、という経緯があったのも本当だ。

だからと言ってスタッフが手抜きして創ったのでは、絶対にない。

演出のチーフを務めたりんたろうにしても、設定の丸山正雄にしても、虫プロからの生粋のアニメ人だし、マルス役の清水マリ、博士役の勝田久たち声優陣はベテラン揃いで、脇役のヒゲオヤジ、ケン一、四部垣《しぶがき》たち手塚一座も揃い踏みしていた。

強いて言うなら揃いすぎた。

これでは『アトム』の亜流と決めつけられても仕方がない。

今頃考えつくのは、すべてを覚悟して正面突破で撃って出るのが最上の策だったということだ。見る者の予想を上回るパワーを爆発させるべきだった。

シナリオ面にしても、雪室俊一とぼくが交互に書いていたのだ、勿体なかった。自慢に取られたなら不快を詫びるが、成否を技術でカバーする実験作だって創れたのに、ぼくは尻込みしていた。

『マルス』の世界から縁遠いのを承知で、たとえば『サザエさん』のホームコメディを積極的に取り込むような、冒険と前進を試せば良かった――と、今になってグチるのは、つまりはあのとき踏ん張る力が不足したのだ。

『マルス』の思い出を聞かれると、東映の会議室で最初に顔合わせしたことだけというのもいただけない。

――こんなシーンであった。

「ちょっと別室で考えて来ます」

そう言って手塚が中座したので、われわれスタッフは長い間原作者の帰りを待ち続けていた。

東映動画とマッドハウスの精鋭だから、忙しい体の主ばかりだ。それでもみんな黙って待ち続けた。ついにたまりかねた東映の有賀プロデューサーが、別室へ様子を伺いにゆき、やがて戻って来た。

「先生、疲れ果てて眠っているよ」

――マンガの神様手塚も、あの頃は世俗の事情にもみくちゃにされていたはずだ。わかっていた誰もが文句をつけることはなく、第1回の打ち合わせは自然散会になった。

やはりぼくは心のどこかに、二番煎じの思いがあったのだろうか。

だがそれは、今も書いたように、長らくテレビアニメとつき合っていた年寄りの思い上がりでしかない。はじめて接した視聴者にとって『ジェッターマルス』は、決して『アトム』の2代目ではなく、『マルス』の初代である。

中日新聞の担当者さんに、なんの言葉も返せなかったことが悔やまれる。

『キャプテンフューチャー』について

DATA

制作：東映動画、NHK　1978年11月7日～1979年12月18日
火曜日 19：30～20：00
NHK総合／各回30分／カラー／全52話

STAFF

原作	エドモンド・ハミルトン（翻訳：野田昌宏）
制作	今田智憲
企画	田宮 武、栗山富郎
制作担当	吉岡 修、武田 寛
設定制作	須藤和一
チーフディレクター	勝間田具治
脚本	辻 真先、金子武郎、神波史男、星山博之、他
キャラクター設定	野田卓雄、森利夫
美術・メカニック設定	辻 忠直
メカキャラクター設計	三山 昇
演出	勝間田具治、佐々木正宏、森下孝三、高山秀樹、他
作画監督	森 利夫、青鉢芳信、落合正宗、他
音楽	大野雄二
声の出演	キャプテンフューチャー／カーティス・ニュートン（広川太一郎）、ジョーン・ランドール（増山江威子）、サイモン教授（川久保 潔）、オットー（野田圭一）、グラッグ（緒方賢一）、ケン・スコット（井上和彦）、ナレーター（神 太郎）、他

▲『キャプテンフューチャー１　恐怖の宇宙帝王』（朝日ソノラマ刊、エドモンド・ハミルトン原作、辻 真先構成）
辻 真先が手掛けたジュブナイル版『キャプテンフューチャー』。

第１話「『恐怖の宇宙帝王』より　宇宙帝王あらわる」

（脚本／辻 真先）

DIGEST STORY

時は未来、所は宇宙――。はくちょう座61番星／デネブの第七遊星／メガラでは、地球人が猿人に退化する奇病「先祖返り病」が蔓延していた。太陽系政府の主席／カシューは、メガラ星調査のため諜報員を送り込むが、猿人となって戻って来た諜報員が「宇宙帝王」という言葉を残して死んだため、謎は深まるばかりだった。

カシューは、銀河系最大の科学者にして、冒険家のキャプテンフューチャーことカーティス・ニュートンに調査を依頼した。愛機／コメット号でメガラ星に飛び立つフューチャーメン。彼らに憧れるあまり密航した少年／ケン・スコットを仲間に加え、コメット号は銀河の海を突き進む。しかし、メガラ星到着を目前に何者かがコメット号を襲撃して……!?

作品名

キャプテンフューチャー

第1話「『恐怖の宇宙帝王』より　宇宙帝王あらわる」

『キャプテンフューチャー』が誕生させたドイツ版オタクに驚かされる

1

『マルス』と同じく最初に口火を切ったプロデューサーは、有賀健であった。東映動画PDの元締めといった立場の古参である。

動画の社屋がまだ新宿角筈にあった頃だ。いつも穏やかな笑顔の彼に、笑みを浮かべたまま会議室で尋ねられた。

「『キャプテン・フューチャー』、知ってる?」

「知ってるけど。スペースオペラの古典でしょ」

宇宙が舞台の活劇として、戦前からアメリカで歓迎されていたエンタメのジャンルがスペオペであったが、日本ではまだ一部のファンしか獲得していない時代だ。

実は東映が*『キャプテンウルトラ』を実写で撮ったとき、シナリオを書いて少々疲れた経験がある。円谷プロに対抗した企画なのに制限が多かった。

30分のドラマの中で、光線銃を発射するのは2度までとか（合成に金がかかる）、どの星を渡り歩いてもセットは同じとか（どうせ岩と石ころだから区別がつかない）。

＊『キャプテンウルトラ』＝昭和42年、東映制作、TBS系放映『宇宙特撮シリーズ キャプテンウルトラ』のこと。国産初の本格スペースオペラ作品とされている。

　ぼくはその頃、まだ1度も円谷プロから仕事をもらっていない。早い時期に大伴昌司《おおともしょうじ》（「少年マガジン」の特別大図解が有名な怪獣博士――と言えばわかる読者もおいでのはず。若くして病死した）に釘を刺されていた。

「辻ちゃん、あんたにはシナリオを頼まないよ。高いから」

　虫プロのギャラのことを耳にしていたのだろう。だから円谷プロの制作条件がどんなものか知らない。とは言えぼくがＮＨＫで放映した特撮ドラマ（と言えるかどうか）なんて、遙かにひどい条件で制作したのだから、たいていの貧しい注文には驚かなかった。

　驚いたのは、惑星探検の同志が亡くなってウルトラのチームが葬送する場面だ。弔いのラッパが高らかに鳴り響いた――大気がないはずの星表面で堂々と。

　カツドウ屋の感覚としては、スペースオペラもホースオペラ（西部劇）も、それどころか時代劇のチャンバラも、大した違いはなかったのだろう。

　その経験があるので、ついアニメ『フューチャー』のときは用心した。

　常識の範囲でドラマを作りたいんですが――。

　今回に限ってそれは杞憂であった。民放ではなくＮＨＫ番組だったからだ。公共放送の矜持にかけて、納得のゆくアニメになるはずだ。

　という予想は適中した。ハッキリ言って適中しすぎた。

　有賀プロデューサーは困り顔になっていた。

「現在の科学に矛盾しないよう、設定してほしいんだって」

「いいんじゃない。ＮＨＫがみすみす嘘をオンエアするわけにゆかないから」

「……で、それに合わせてメカデザインも一新してほしいそうだ」

「いいんじゃない――あっ」

原作（むろん野田昌宏翻訳の）を知っているぼくは、ギョッとした。

「するとコメット号も⁉」

フューチャー一行の愛機で、涙滴型《るいてきがた》と呼ばれるロケットである。原作とは切っても切れない関係のメカなのだが、

「最新型のデザインになる。こんな風に」

メカデザインを見せられたぼくは、目を白黒させた。

「まるでディスカバリー号だ。それに『スター・ウォーズ』のXウィングとも似ているけど。これがコメット号！」

ディスカバリー号は、スタンリー・キューブリック監督の名作『2001年宇宙の旅』（昭和43年）で、スーパーコンピュータ〝ハル〟を搭載したスペースシップである。『スター・ウォーズ』なら近年も話題になったから注釈の必要はないだろう。

令和の読者にとっては2001年なぞとっくに過ぎ去っているが、『キャプテン・フューチャー』が企画されたのは昭和53（1978）年だから、まだたっぷり未来に属していた。

大気圏を離脱するのに必要とされた涙滴型だが、地球の圏外から宇宙空間に向け飛翔する未来の宇宙船に、大気の抵抗を考慮する意味なんかない。まったく自由な発想でデザインされていた。

「でもなあ……これではスペースオペラの気分が出ないよなあ」

宇宙へ行ったこともないぼくがそんな文句をつける前に、新メカデザインは既成の事実となっていた。ぼくとしては「さらば、コメット号」の感傷であった（訳書のイラストは水野良太郎だ）。

のちに野田宏一郎（訳者のご本人である野田昌宏の筆名）と会う機会があったので、行きがかり上謝った。

「ごめん、原作のイラストが使えなくて」

「いいよ、わかってる」

ＳＦファンダムからは宇宙軍大元帥の尊称でよばれる野田は、フジテレビのプロデューサーでもあったから、テレビ界の制限を良くご承知だった。笑い飛ばしてくれたが、戦前からのＳＦ読みだったぼくは、長い間気にかかっていた。

昭和10年代に発表された海野十三の『怪塔王』には、灯台を模していたロケットが宇宙に向けて飛ぶ場面がある。大気圏からの脱出速度はすでにわかっていたが、宇宙ステーションを構築してそこから飛び立つ構想はまだなかったと思う。

当時の「子供の科学」（誠文堂新光社刊。「学生の科学」と改題されたのちも、毎月購読していた）による天文学の知識では、凸レンズ状を呈した銀河系宇宙の直径も厚みも、今とほとんど変わらぬ数値が出ていたし、太陽系の歴史もほぼ50億年と算出されていた（現在は45億年じゃなかったかな。わずか5億年くらいどうでもいいでしょ）。

コメット号の進化？　については、そんなわけで長らく頭の片隅に引っかかっていたのだが、最近になってふっ切れた。

ファンのひとりから、子どもの頃の話を聞いたのだ。

「小学生のとき『フューチャー』をずっと見ていて、宇宙船はあの形だと思い込んでいました。大人になって原作を読みイラストを見て驚きました。原形はあんな古いタイプだったんですか！」

前に書いた『ジェッターマルス』と同じケースである。

ぼくだけのことではないが、はじめて接したときの作品を自分のスタンダードにしてしまう。ぼくにとってフューチャーの愛機は永遠に涙滴型だけれど、受け止めた人によってはディスカバリー号プラスXウィングこそプロトタイプなのだ。

スペオペの歴史さえ呑み込んでくれるなら、ファンがなにに愛着を覚えようと、それはその人の自由だと思うようになった。

2

NHKのアニメとしては『フューチャー』の前に放映された『未来少年コナン』（宮崎駿監督、昭和53年）の方が評価は高いだろう。

アメリカのSF作家エドモンド・ハミルトンの原作を、東映動画が日本人のスタッフで制作したのだから、借り着のバタ臭さが目について、いきおい国籍不明のアニメになってしまった。

ぼくとしては、同じテレビアニメでも年末特番の長尺だった*『華麗なる太陽系レース』で、無限大の宇宙空間を眇《びょう》たるスペースシップが往く絶対的な孤独感を歌い上げたかったのだが（東映らしくさすらいの船乗りに擬して。野田昌宏作詩の主題曲『おいらは淋しいスペースマン』の世界を狙った）、どうやら高望みに終わったみたいだ。『未来少年コナン』が振りまいた動きの魅力、走った、飛んだ、わき目も振らず前進するオリジナリティ豊かなアニメには、遠く及ばなかったと思い込んでいた。

そんなことでやる気を滅入らせていたが、ドイツからの便りをもらったおかげでやや自信を回復することが出来た。もう四半世紀も前のことだ。

＊『キャプテンフューチャー 華麗なる太陽系レース』＝昭和53年12月31日19：50～20：50、NHK総合にて放映された１話完結作品。

ハンブルク大学に留学中の日本人女子大生からであったと思う。メモもなにも取っていないからあやふやだが、要旨はこうだ。

ぼくが脚本を書いたアニメ『キャプテンフューチャー』がドイツでオンエアされ、大評判である。私の友人の学生も夢中になっていて、制作スタッフのみなさんにいつか表敬訪問をしたいと言っている云々。

半信半疑ながらその後彼女を介して（ぼくは日本語のほか理解不能という、国粋主義者？　なのだ）、なん度か連絡を交わした結果、それまで未知だったドイツ国内での日本アニメの状況が部分的にわかってきた。

フランスやスペインには早い時期から日本のアニメが輸出されていたが、ドイツでは受け入れられていなかった。日本という国は戦争には強いが、文化面では取るに足りない。

それがドイツなど西欧知識人の常識だったらしい。宮崎・高畑チームで企画された*『長くつ下のピッピ』も作者に忌避されたのか不発に終わり、『ムーミン』（昭和44年）では井上ひさし脚本に原作者トーベ・ヤンソンが反発した噂を耳にしたが、そんなところに下地があったのかもしれない。

たまたま『フューチャー』の原作者はアメリカ作家であったから、支障なくドイツの電波に乗った。そしてハンブルク大学をはじめとする若者たちの琴線に触れたのだ。

彼女を間にやり取りするうち、*「ファンジン」の人気に乗ってドイツ語版の主題曲のディスクまで発売され、ぼくはその1枚を恵贈された。ジャケットは日本のアニメに描かれた主人公カーティス・ニュートン（ロバート・レッドフォードがモデル）と、その彼を取り巻く仲間のグラッグたち。みんな日本アニメのフューチャーメンたちだ。

のちにドイツ版オタクは、約束通り来日してアニメの東映スタッフと歓談した。

そのときは、ぼくはもう熱海に仕事部屋を移していたから、彼と会うことは出来なかったが、彼が結婚したときお祝

＊『長くつ下のピッピ』＝スウェーデンの作家／リンドグレーンによる童話。昭和46年に、東京ムービーがアニメ化の企画を進めたが、原作者の許可を得られず頓挫した。
＊ ファンジン＝「fan（ファン）」と「magazine（雑誌）」を組み合わせた造語で、ファンの人たちが制作する雑誌のこと。特にＳＦの同人誌のことを言う。

い《●》の色紙を進呈した。

むろんドイツ語はダメだから日本語で〝揮毫《きごう》〟して差し上げたのだ。もらった彼も読めなかったろうが、『キャプテンフューチャー』を通してささやかな国際交流が出来た。

アニメは国境を越えると、実感出来たひとつの例である。

スペースオペラの名作『キャプテン・フューチャー』

テレビアニメ『キャプテンフューチャー』の原作となった、ＳＦ小説「キャプテン・フューチャー」シリーズは、アメリカのＳＦ作家／エドモンド・ハミルトンが手がけたスペースオペラの金字塔だ。アメリカで、ＳＦの黄金時代（ゴールデン・エイジ）と呼ばれる1940年代（昭和15～25年）に人気を博し、日本でも昭和41年の２月に早川書房から『太陽系七つの秘宝』が刊行されたのを皮切りに、『謎の宇宙船強奪団』『時のロストワールド』と続けて同シリーズの翻訳が進められている。

このときの翻訳は、ＳＦ作家／野田昌宏（昭和８年～平成20年）。無類のパルプ・マガジン収集家でもある野田は、「キャプテン・フューチャー」シリーズの翻訳の他に「ジェイムスン教授」シリーズなどを訳すなど、日本におけるスペースオペラの普及に貢献している。

▶『キャプテン・フューチャー　恐怖の宇宙帝王』（早川書房、エドモンド・ハミルトン作、野田昌宏訳）カバーイラストは水野良太郎によるもの。木星の支配を目論む悪漢「宇宙帝王」が、フューチャーメンの前に立ちはだかる。

『ハニーハニーのすてきな冒険』
について

DATA

制作：国際映画社　　　　1981年10月17日〜1982年5月1日
アニメーション制作：東映動画　　土曜日18：00〜18：30（12話のみ19：30〜20：00）
フジテレビ／各回30分／カラー／全29話

STAFF

原作	水野英子
制作	壷田重三
企画	壷田重夫
プロデューサー	つぼたしげお、青木藤吉
監督	しらとたけし、新田義方
制作担当	今野俊和
美術設定	山本善之
脚本	辻 真先、雪室俊一、三宅直子、安藤豊弘、他
キャラクターデザイン	正延宏三
チーフデザイナー	山本善之
演出	白土 武、山本寛巳、川端蓮司、高垣幸蔵、浜田 稔、康村正一、他
作画監督	白土 武、大工原 章、篠田 章、菊池城二、河村信道、他
音楽	小森昭宏
声の出演	ハニーハニー（松島みのり）、リリー（白石冬美）、フェニックス（井上真樹夫）、フローレル姫（白石冬美）、他

▲『HONEY・HONEYのすてきな冒険』第1話「ヨーイ・ドン」シナリオ
実際の第1話放映時には、「ネコがダイヤを食べちゃった」に改題されている。
（資料協力／東映動画、一般社団法人 日本脚本アーカイブズ推進コンソーシアム）

第1話「ネコがダイヤを食べちゃった」
（脚本／辻 真先）

DIGEST STORY

ウィーンの夜空に花火が上がり、王城でフローレル姫の誕生日を祝う晩さん会が始まった。世界中から花婿候補が集まり、フローレル姫に豪華な贈り物を捧げるが、気位の高い王女は見向きもしない。やがて、男たちの中からひとりの青年が歩み出て、フローレルに語りかけた。姫の美貌は、その指にはめられた宝石「アマゾンのほほえみ」のおかげだというのだ。激高した姫は、目の前の魚料理を取り上げて、その口に宝石を押し込み窓下に放った。しかし、フローレル姫に近づいた青年の正体は、宝石目当ての怪盗／フェニックスだったのだ。

一方、ハニーハニーはウィーン下町のレストランで働く女の子。愛猫のリリーが、フローレル姫の指輪を魚ごと飲み込んだのをきっかけに、世界を股にかけた逃避行が始まる！

作品名

ハニーハニーのすてきな冒険

第1話「ネコがダイヤを食べちゃった」

ぼくの守備範囲だった
『ハニーハニーのすてきな冒険』
のハズだが……

水野英子さんにはじめてお目にかかったのは、いつのことだったか。

朝日ソノラマが新書判のマンガを大量に出し、ぼくがその初期100冊以上の袖のコピーを書いたことがある。『銀のたてごと』を始めとする水野マンガの袖も書いたから、その頃であったかもしれない。『ファイヤー！』を嚆矢《こうし》とする情熱的なマンガを目にして（これがアニメ化されてもぼくは脚色出来そうにない）と鳥肌を立てたことがある。

その意味で『ハニーハニーのすてきな冒険』ならぼくの守備範囲だから、ホッとした（それ以前、竹宮恵子のマンガ『私を月まで連れてって！』アニメ化がポシャッたときは、実に残念だった）。

ぼくはマンガの原作を「少女フレンド」（講談社）誌で、谷ゆきこのバレエものからスタートさせたし、その後も大岡まち子の学園コメディ、灘しげみのスポーツマンガと続き、創刊直後の「少女コミック」（小学館）や「プリンセス」（秋田書店）にも関わったので、少女マンガ通と思っている人がいるかも知れないが、とんでもない。女性心理がわかるようなぼくなら、あんなに手ひどく○○○続けたはずはない――（涙）。

傷が深まる前に話題を変える。

喜劇好きなぼくだから女の子が活躍するライトなコメディは、あれこれ読んで面白がったけれど、それでも話をラブコメに限定すれば強いとは言えない。

『ハニー』の後この章では、『Dr.スランプ アラレちゃん』『パタリロ！』と喜劇アニメが並ぶからいい機会だ。ぼくの理解する範疇で、アニメのコメディについて触れさせてもらう。たまには理屈っぽいことを書くのも、筆者のストレス軽減になる（その分読者のストレスがたまっても責任は持てない）。

主流と言うべき学園ラブコメは、ドラマ作法の面で分類すれば、シチュエーションコメディに属する。ハーレムものがもっともわかりやすい例だろう。

超イケメンの主人公が女性主体の学園に降臨する——というシチュエーションだけ組み立てておけば、後はほっておいても女性群のイケメン争奪戦が始まる。

それでは単純すぎて面白くないから、女性に触れられるとジンマシンを発症する体質のイケメンだとか、実態は世をしのぶ男装の美女であったとか、読心術にたけたエスパーで押し寄せる美女の本心が丸わかりであったとか、なぜか異星からの転校生であったとか、適当にツイストを加えて話を持たせる。

これが量的に多いタイプだが、ひと口に少女マンガと言っても、咲き乱れる花々の種類はあまりに複雑で奥行きが深い。

1970年代（昭和45年～54年）からいっそう加速度がついて、かつての少女マンガ（性差別がうるさい昨今ゆえ、読者の主体が少女という意味で使わせていただく。現在は「ハルタ」〈KADOKAWA〉のようなノージャンルのマンガ誌もある）がおセンチやくすぐり、おおらかで単純だったことを思えば、驚異的な進化をとげた。

大長編メロドラマ、たとえば『王家の紋章』（細川智栄子あんど芙～みん）『ガラスの仮面』（美内すずえ）が伝統を保つ反面、ときに挑戦的なギャグマンガさえ混じって、寄り道するぼくのようなウブな男の読者をギョッとさせるようになった。

「人類みな兄弟！ ゆえに人類みな近親相姦！」

と喝破？ したのは*猫十字社であったか。

笑いを解し笑うことが出来るのは、哺乳類でも人間だけだそうだ。してみると封建時代の「男は三年に片頰」（武士に笑いは不要で、せいぜい3年に1度片方の頰をゆるめる程度にせよ、という意味らしい）なぞという教えは、まことに非人間的だ。

笑いはヒトによって創始され、ヒトによって磨かれた。

どんなときに笑うのか、それがその人の人間性の発露と言っていい。いや、国民性ともなるだろう。

洒落・地口《じぐち》・川柳・狂歌と、短い笑いのメニューが多種多様な日本である。笑いの口芸として落語を生んだのはむろん、講談浪曲でも真面目なストーリーテリングだけでは飽き足らず、随所に笑いをもたらす工夫が挟まれた。映画用語で言えば、コメディリリーフで観客の肩の力を抜く。

「漫」の文字が頭につくマンガの世界ならなおのことだが、貸本劇画が台頭してから一概にそうも言えなくなった。主題が正面立って主張されるようになったのと、読者年齢が上がったのは、ニワトリと卵の関係みたいで、どちらが先なのやら。

マンガ読者層の広がりは、笑いの感覚の進化と変遷を齎《もたら》した。

『ハニーハニー』をダシにして、喜劇論を展開するつもりはないが、実作者のひとりとして、読者にぜひ知っておいてほしいのは、笑いの賞味期限の短さである。

昨日笑ったマンガが、今日はもう笑えない。

マンガと限らず芸能人が繰り出すお笑いは、その一瞬どれほど破壊力のあるギャグであっても、3年経ち5年経って

＊ 猫十字社＝マンガ家。昭和53～59年に、白泉社の少女マンガ誌「花とゆめ」「LaLa」で連載した『黒のもんもん組』が、「人類みな兄弟」などのナンセンスギャグで人気となった。

見直せば無残に色あせている。

一世を風靡《ふうび》して時代の象徴であった植木等の、

「スイスイスーダララッタ」

「お呼びじゃない。こりゃまた失礼いたしました！」

すべて霞《かす》んだ。

まだしも純粋な動きの笑いは、見る人の反射神経を誘うためか長持ちする。

戦中の混乱を経て、駒落としのギャグシーンを戦後はじめて再現したのは（ぼくの知る範囲だが）斎藤寅次郎監督の新東宝映画『唄まつり百万両』（昭和23年）であった。受けるかどうか確信がしなかったからか、有名コメディアンにやらせなかった場面だが、ぼくの見た映画館では満員の観客がすきっ腹をかかえて爆笑した。

笑いのパワーの凄まじさを体感したぼくは、インテリ（死語ですね。あの時代に大学を出た者なら自動的に編入された〝知識階級〟のこと）が毛嫌いするドタバタ喜劇を畏敬の目で見たものだ。

その頃ようやく大映が配給を開始したディズニーの短編は、例外なくアクションギャグの釣瓶《つるべ》打ちでぼくを楽しませてくれたが、インテリの目にはお子さまランチと映っていたことだろう。

ディズニーの1巻もの7分間に比べれば、『ハニーハニー』は1本が24分間であり、全29話で構成されている。１本の劇時間を24分とすれば、ざっと１１６時間にわたっての追いつ追われつとあって、ネタもギミックも半端では間に合わない。

それも舞台はイタリアに始まってアメリカに至る18ヵ国なのだから、物語のテンポは息継ぐ暇がない。

ぼくとしては、好みの原作を料理するチャンスに恵まれたのだ。

さてその結果がどうであったか？

脳細胞を虫干ししたのに、そのときの情景がまるで浮かんで来ないからフシギだ。『グランプリの鷹』に比べても、遙かにぼくに向いた企画だったはずだ。

もちろんシナリオはひとりで書いたわけではない。『サザエさん』で気心知れた雪室俊一と、女性ライターの三宅直子が一緒だったが、シリーズ構成のポストがなかったのはこれまで同様なため、前記の作品の狙いはぼくだけだったかもしれず、曖昧な印象が尾を引いている。

おかしいなあ――絶対にツボであったのに。

長い年月を経た今になって考えてみると、ぼくは大きな思い違いをやらかしていたのだろうか。それにずっと気づかないまま、今日に至ってしまったものか。

どうやらこのあたりから、ぼくのアニメ脚本業は、どこか頭の深部で経年劣化を生じていたらしい。

ロマンチック・コメディの名作『ハニーハニーのすてきな冒険』

水野英子

現在、少女マンガの中でも不動の人気を誇る「恋愛マンガ」。しかし、かつては恋愛テーマがタブーとされた時代もあった。マンガ家の梁山泊／トキワ荘に、紅一点滞在したことで知られるマンガ家／水野英子。昭和 35 年から 37 年にかけて、「少女クラブ」（講談社）に『星のたてごと』を連載し、少女マンガとして初めて本格的に男女のロマンスを描いている。結婚はお見合いが当たり前という時代に、これは革命的な出来事だった。

その後、水野英子は「恋愛物」に明るく元気な「コメディ」の要素を導入し、「ロマンチック・コメディ（ロマコメ）」と呼ばれるジャンルを開拓した。テレビアニメの原作となった『ハニー・ハニーのすてきな冒険』は、昭和 41 年から翌 42 年まで「りぼん」（集英社）に連載された作品で、ロマコメの金字塔として少女マンガの歴史にその名を刻んでいる。

▶sun comics『ハニー・ハニーのすてきな冒険』①（朝日ソノラマ刊、水野英子）
飼い猫が宝石を飲み込んだおかげで、追われる身となったハニー。偶然見つけた気球のかごに隠れるが、そのまま気球は空に飛び立ち、世界一周の旅が始まる。

『Dr. スランプ アラレちゃん』
について

DATA

制作：フジテレビ、東映
アニメーション制作：東映動画

1981年4月8日〜1986年2月19日
木曜日 19：00〜19：30
フジテレビ系／各回23分／カラー／
全243回（1回2話・1話完結分含めると255本）

STAFF

原作	鳥山 明
企画	七條敬三
チーフディレクター	岡崎 稔
制作担当	岸本松司
美術設定	浦田又治
脚本	辻 真先、雪室俊一、金春智子、安斉あゆ子、他
チーフ作画監督	前田みのる
チーフデザイナー	浦田又治
演出	岡崎 稔、芦田豊雄、永丘昭典、大関雅幸、加藤雄治、他
作画監督	西山里枝、前田みのる、芦田豊雄、平野俊弘、富永貞義、進藤満尾、他
音楽	菊池俊輔
声の出演	則巻アラレ（小山茉美）、 則巻千兵衛（内海賢二）、 則巻ガッチちゃん（中野聖子）、 山吹（則巻）みどり（向井真理子）、 木緑あかね（杉山佳寿子）、 空豆ピースケ（神保なおみ）、 空豆タロウ（古川登志夫）、他

▲『Dr. スランプ』第１話「アラレ誕生！の巻」シナリオ
第２話『オーッス！　お友だちの巻』、第３話『どれにしようかなの巻』、第４話『………がない！　の巻』も同時に収録されている。いずれも仮題のため、放映時にはタイトルが変わったものがある。
（資料協力／東映動画、一般社団法人 日本脚本アーカイブズ推進コンソーシアム）

第１話「アラレちゃん誕生」
（脚本／辻 真先）

DIGEST STORY

お日様が登って、ペンギン村に朝が来た！　村一番の天才博士（自称）則巻千兵衛は、ついに自信作のロボットを完成させようとしていた。

しかし千兵衛が作ったのは、おしゃまな女の子型アンドロイド。組み立て上がった自分の体を見て、「おっぱいペタンコ」と千兵衛に不満をぶつける。誕生して早々、天真爛漫な言動を繰り返すロボットに振り回されっぱなしの千兵衛だ。

カフェ・ポットに出掛けた千兵衛は、マスターのあおいに、妹の「アラレ」としてロボットを紹介するが、正体を隠そうとしないアラレの発言に冷や汗が止まらない。そして、パワー全開のアラレが、店の外に飛び出して……!?

作品名

Dr.スランプアラレちゃん

第1話「アラレちゃん誕生」

「ンちゃ！」のアニメ化、小説化に苦心した『アラレちゃん』

1

〝則巻千兵衛《のりまきせんべえ》のつくったロボットアラレちゃんが大活躍！〟

そこまで知ったぼくは、

「ああ、『あんみつ姫』（倉金章介）か」

とっさにそう考えた。家庭教師がカステラ夫人で腰元がきなこ・あんこたち——というネーミングだった戦後すぐのマンガを連想して、低年齢層向きのギャグマンガと思い込んだのだが、現物を見ると様子が違う。首だけでキャハハッと笑うアラレ本人もそうだが、空を見ればスーパーマンが飛ぶわ、ガメラがいるわ。

著作権はどうなるんだよと大人みたい（ぼくは大人だけど）なことを考えていると、「うめぼし食べてスッパマン！」と来たから笑った。

ペンギン村の住民たちは、牧歌的であった甘辛城とは大違いで、ヤサグレたり名古屋弁を使ったりするリアリストたちだ。

縦横無尽ではあるが、動きもネームも古典的な笑いの手口を外さないから、老若広い範囲の読者が笑う。

「少年ジャンプ」（集英社）に限ったことではないが、ギャグマンガは少年誌のレパートリーの中でももっとも先鋭化するから、たとえ毎週目にしていても、ぼくはすぐ置いてけぼりを食らう。ネーム主体で笑いを取るタイプはまだしも、躁鬱で狂的で意味不明のキャラクターに乱舞されると、ちょいちょい立ち往生させられる。

それでいて『トイレット博士』（とりいかずよし）に喜んでいたのだから、アレとコレでどう違うの？　と質問されると返答に窮してしまう。

だいたいあんた、「ジャンプ」の赤塚賞選考を、『ドラえもん』の藤子・F・不二雄や『まことちゃん』の楳図かずおや『アラレちゃん』の鳥山明たちと、10年近く続けたでしょう。そのあんたにそんなことを言われたら、集英社の立場はどうなるんですかっ。

怒られても仕方がないな。

ウーン、どうしてだろうね。

ぼくの脳細胞の一部に入国の管理官が出張していて、この線を超えたギャグは理解不能だから帰れと指示したのかもしれない。

山上たつひこ、鴨川つばめ、徳弘正也あたりは大丈夫だったが、最近の若い作家のギャグマンガは次第に笑えなくなって来た。

ギャグを分類して予め選り好みしようにも、次からつぎへ新作が出るし、そもそも分類可能なギャグなんて新鮮味がない気もするし。

そんな中では、ぼくの好みがミステリ寄りのせいで、メタなギャグは比較的的《まと》を外さずに笑っている。

例を挙げれば『キッカイくん』（永井豪）だ。炎天《えんてん》家《か》冷奴《ひややっこ》師匠《ししょう》が『キッカイくん』というタイトルをぶっ壊したので、登場人物たちが世界中に散った題名のかけらを探して回る話があったが、あのメタメタなメタぶりには笑わされた。

でも自分の体験に照らせば、ああいった趣向は頭の固くなった人たちには通じにくい。

ぼくの推理小説の第1作は『仮題・中学殺人事件』と言い、冒頭に「犯人は読者のあなたです」と書いてある。

このときは自分がメタミステリを書いている自覚なんてなかった（メタという言葉も知らなかった）が、手元の電子辞書を引き合いにすると、

〝メタ＝高次元〟

だそうな。

探偵役である「私」は、殺人犯（「私」が片恋している少女）に自分が解明した殺人事件の真相を漏らす。老親を介護中の犯人が自首すれば、親は死ぬ。だから彼女は私の口をふさぐため、私を殺す。そして真相が記された私の原稿を一読してから、焼き捨てるはずだ。

ゆえに犯人のあなたは、この長編の唯一無二の読者である。

というロジックで、ぼくの処女長編は幕を下ろした。判型を変えてなん度か刊行されているが、最初に出したのが朝日ソノラマの「サンヤング」シリーズで、昭和47年頃だったと思う。

PROVISIONAL TITLE: JUNIOR HIGH SCHOOL MURDER CASE
仮題・中学殺人事件
辻 真先
MASAKI TSUJI
犯人は読《き》者《み》だ!
推理小説の仕掛け人・
辻真先のデビュー長編!

仮題・中学殺人事件
辻 真先

◀『仮題・中学殺人事件』（辻 真先）。
右図は、昭和50年に刊行されたソノラマ文庫版。左図は、平成16年刊行の創元推理文庫版で、「犯人は読者（きみ）だ！」という衝撃的な惹句が帯に並ぶ。

自己言及型のメタミステリであった。

どうせミステリを書くなら、まだ誰も書いたことがない犯人にしてやれと、ごく単純な発想でしかなかったが、纏めた小説を募集中だったミステリ専門誌に送ると、受けつけてもらえなかった。

――というグチはすでに書いた通りだ。

読者が予想出来ない――まるで土俵の外で相撲を取ったような読後感を与えたのかと、今にして想像している。

それっきりぼくはこのアイディアを諦めていたが、ソノラマに書くときこの一件を思い出して、学園を舞台にまったく別な物語に利用した。

大人の読者はダメでも、子ども相手なら新鮮な着想として受け止めやしないかと期待したのだ。

ミステリもギャグも同じエンタメの１ジャンルなら、ギミックを吟味するとき、どちらも〝新鮮さ〟が大きな武器になる。

その新鮮さとはなんだ。まだ見たことのない事象への反応か。

見たことがないものをはじめて見たとき、どんな人がどんな姿勢で受容するか。

長年かかっていろんなモノを見て聞いて来た大人は、良くも悪くもスレっからしだ。それなら未知への抵抗は、大人より子どもの方が少ないはずである。

とまあ考えて、ミステリのネタを大人向きから子ども向きに切り換えた、ぼくの読みが適中した。

そんなわけで、ミステリではうまく行ったのだが、同じ平面で語れるつもりでいたギャグになると、あかん。笑えないマンガがジリジリ増えて来た――情けない。

2

毎度の脱線だが、幼い頃からマンガやアニメ好きだったぼくは、両者の属性である笑いに馴染みが深い。

だからNHKで*『お笑い三人組』の演出をやらされたときは、力が入った。

たぶん読者のみなさんの親か祖父母の世代でなくては記憶がなかろうが、声帯模写の江戸家猫八、落語と講談の若手三遊亭小金馬と一龍斎貞鳳のトリオによる公開バラエティだ。

小金馬はのちの落語協会会長三遊亭金馬、貞鳳はのちに参議院議員を務めた今泉正二で、視聴率はメチャクチャ高かった。出る釘は打たれるのたとえ通り、国会に芸能局長が呼び出されて「低俗である」と議員からお叱りを頂戴したらしいが、下っ端の三級職員（ぼく）は呼ばれなかった。叱った議員もまさか「三人組」のひとりが、やがて議員仲間になるとは夢にも思わなかっただろうな。

国会には呼ばれなくても、局の会議では問題になった。

「じゃあヤメましょうか」

と言ったら「いや、もう少しやれ」ですって。

NHKだって視聴率はほしいのだ。

それなら国会に内緒で褒めてくれればいいのに、先に書いたように「三年に片頬」の精神である。この国の上層階級は「笑い」を嫌悪するということがわかった。

落語や漫才で爆笑するのは、町人どもなのだ。

そんな笑いの中でも、ことにNHKで体感したのは「楽屋落ち」を毛嫌いする、という事実であった。

＊『お笑い三人組』＝昭和30年にラジオ番組として始まったが、翌年からテレビでも毎週火曜日の夜8時に、東京／内幸町にあったNHKホールから公開生放送され、昭和41年まで続く長寿番組となった。

時勢の移り変わりでこれも死語に近そうだから、解説すると「楽屋内にのみ通じる話」と言えばいいのか。客席そっちのけで業界人だけに通用する笑いを連発されれば、客が白けるのは当たり前だから、楽屋落ちが嫌悪されたのは無理もない。

スマホどころかテレビ・ラジオ・週刊誌といったメディアのなかった江戸時代、下ってせいぜい昭和前期まではうなずけたこの言葉だが、通信機器やＳＮＳの横行する今、どこまで意義を持つか不安になる。

巨匠と言われたある演出家が、列車を使ったコントを見てへそを曲げた。客車内の撮影にはふつうスクリーンプロセス（通称スクプロ）を利用する。窓の外に大きなスクリーンを張り、移動する風景を投射する。客車内の演技者ごと撮れば、疾走する列車内の場面になるわけで、昔からあるトリック撮影のひとつだ。

それをコントでは、駅弁売り役のコメディアンが走って来て、

「お客さん、お釣り忘れたよ」

と、窓の外から顔を出して小銭を渡してみせた。もちろん彼の背後では風景が時速60キロで流れている。

このコントに巨匠はカンカンになった。

「こんなギャグを使われては、以後スクプロが使えなくなる！」

というのである。

巨匠は「客はスクプロを知らない」前提で怒り、コント作家は「今の客ならみんなこのトリックを知っている」ことを前提として書いている。これはもう歩み寄り不可能な断絶であった。

ギャグは受け取る相手によって、当たりもするし外れもする。前記したように場合によって怒り出す人もいる。客を選ぶのが当然なのだ。

だがテレビはそうはゆかない。客の方で番組を選ぶ。おのずと八方美人の企画で焦点が甘くなり、漫然と顔が見えない大衆相手に笑いの切れ端を売るだけとなる。

映画やテレビに比べて遙かにお尻の軽い小芝居、ステージショーなどでは、とにかくシュンの材料がほしいから、練り切っていないギャグを提供したり、客の嗜好《しこう》を先取りしすぎて自滅する。『もーれつア太郎』の項で書いた「死刑！」の不発などがソレだ。

名古屋生まれ名古屋育ちのぼくは、軽演劇やクラブのアトラクションに弱かったので、コメディアンとのつき合いがなく、時代のトップを走る笑いにも乗れなかった。

浅草のフランス座でアルバイトしたという井上ひさしが、羨ましくてたまらなかった。NHKを辞めた後で、日劇ミュージックホールで踊っていた岬マコの『マキシム』の常連となりショービジネスの一端を覗いたが、ときすでに遅しの感が深かった。

多少でも会得したのは、笑いが生ものであることだ。時事に則したアドリブギャグが的を射抜いたとき、それは演者の想像を上回る破壊力を示す。

そしてアニメは決して生ものではない。缶詰ギャグしか見せることが出来ない。

だからテレビアニメ以前のアニメの笑いは、スラップスティック中心であった。スラップスティック――道化が手にした棒で相手役を引っぱたいて笑いを取るのと同じ方式だ。どつき漫才の立体形とでも言おうか、つまりドタバタ喜劇である。

ただしそれをアニメでやるのだから、実物の人間では絶対に出来ない、壮絶なドタバタとなる。

ディズニーならミッキーよりドナルド主演の短編に秀作があるし、ハンナ・バーベラ共同監督の「トムとジェリー」

シリーズはその典型だろう。

ネズミのジェリーとネコのトムが延々どつき合うアニメは、読者のあなたもきっとご覧になっているはずだ。

ぼくがはじめて見たのは『ネコの猛テニス』だった。ジェリーが放った渾身《こんしん》の一撃を口で受けたトムの後頭部がボール型に膨れ上がる。ボールではなく鋼鉄の玉を頭で受け止めたトムが全身に亀裂が入ってガラガラと崩れ落ちる。のどかなディズニーに見られない、シュールで暴力的ギャグにぼくはびっくりした。

当時の新聞評は「動物をモノ扱いしている」と顔をしかめていた。肉食人種でなくては、おいそれと笑い切れなかったろう。

ギャグになぎ倒されたトムは次の瞬間平気でもとのキャラクターを回復する。ヒトもモノも等価値というアニメならではの大原則に、ぼくが悟達《ごだつ》したのはこの短編を見たせいかもしれない。

なぞとわかったようなことを書いたが、ギャグに特化したアニメを、もっとも広く深く知る人は愛知在住の評論家森卓也だし、映画や舞台の生身のギャグなら小林信彦が詳しく、笑いへの関心をぼくがいくらか持てるようになったのは、このふたりのおかげだ。

3

テレビアニメ以前のアニメはながらく劇場映画の添えものとして上映され続けた。だから子どもも見るが大人の目に触れる機会が多かった。７分間の存在価値を証明するには、いきおい刺激的な内容が期待されていた。

家庭の団欒《だんらん》に参加するテレビアニメはそうはゆかない。たとえギャグでも暴力的表現は忌避されるし、一部にしか受けない凝った笑いは敬遠される。フルアニメでは金も時間もかかるから、ギクシャクした動きで安手な話しか見せられなかった。

そんなわけで、海外産のテレビアニメのつまらないこと。

幸い日本には、先進的なマンガ文化があった。

スポーツ、アクション、劇画、ＳＦ、ホームコメディ、そしてギャグ。

本来アニメが得意としたヒトとモノを同等に扱うドタバタではなく、きちんと設定されたキャラクターが応酬し合うマンガが、テレビアニメに移植されたのである。

赤塚不二夫が世に送り出したバカボン、ニャロメ、目ん玉つながりの警官、おそ松さん（原形はおそ松くんだが）を筆頭に、高年齢層には『ダメおやじ』（古谷三敏）、低年齢層には『トイレット博士』、時代劇の『珍豪ムチャ兵衛』（森田拳次）、アニメならではの『ハクション大魔王』『ヤッターマン』——順不同だが、いくらでも作品名を並べられる。

ギャグアニメとは言いながら、ストーリーが出来上がっていて、物語を運ぶ途中でギャグのめした動きや台詞が散在する。そのどれもが少ない作画枚数で、作品世界を完結させている。

『トムとジェリー』と『サザエさん』とは、根っこの部分から違うのだ。

わかり切ったことみたいで、実際にそこへ辿り着くまでに試行錯誤を繰り返した。ぼく個人に限っても、東京ムービー（今のＴＭＳ）の藤岡社長から注文を受けて、*『ワイルド・ヒック』（篠田ひでお原作）『またもやったか三銃士』など、あえてバタ臭さを狙ったアニメを試作した。

『オバケのＱ太郎』という日本的なギャグアニメが決定打となり、アメリカ的なギャグアニメは息の根を止められたが、そこに到る道中は死屍累々《ししるいるい》たるものがあった。

＊『ワイルド・ヒック』『またもやったか三銃士』＝昭和40年代にパイロット版の制作後にとん挫した企画。

もちろんぼくの知らないところで、芝山努や笹川ひろしによる竜の子系のギャグアニメも、苦心を重ねていたはずだ。そうした長年のマンガ読者でアニメのライターだったぼくの目にも、『アラレちゃん』はユニークで斬新であった。これは行けると思った。原作に共鳴した上で、さらにテレビアニメに許される工夫をと、頭をひねったつもりでいたが、いつもながらアスペルガー的独走を演じたかもしれない。自分では『アラレちゃん』にふさわしいギャグのつもりで、プロデューサーに提案したら、

「アハハハハ。まさか」

笑い飛ばされた。どうも最初から冗談と思って聞いていたらしく、本気で進言したぼくはがっくり来た。この原作ならアニメだって高い調子でギャグるべきだと信じたのだが、通用しなかった。

やはりぼくの独善だったのかなあ——がむしゃらだった60年代を思うと、自分の立っている足場がプリンのようにふわふわして頼りなくなっていた。

自信がないから忘れたのかな。

それでも『アラレちゃん』で唯一ぼくが自信を持てたのは、ノベライズ本が出した出版部数だ。

小説なんて肩書をつけているが、思いつきの駄文集と言っていい。書く予定もなく資料もなく、ぼくは集英社のコバルト文庫の書き下ろしには剣と魔法の物語を準備していた。

▲集英社文庫コバルトシリーズ『小説!? Dr.スランプ』（辻 真先、原案／鳥山 明）
鳥山 明が描いたペンギン村の仲間たちが、カバーを賑わせている。

そのあたりのビジネスホテルではない、文豪も缶詰になる老舗であった。ことにここの天ぷらはグルメの間で名高い(よけいな注釈だが)。

いざ書き始めようとデスクに向かったとたんだ。コバルト文庫の石原編集長が飛んで来た。

「辻さん、それ書くの待って」

「え、どうして」

「アラレちゃんを小説にして!」

「鳥山さんのあのマンガを小説に? そんなこと出来るの?」

「だって脚本を書いてるでしょう」

「そりゃ書いてますよ」

「それなら小説も書いてください」

コバルト文庫の編集会議でどう転んだのか滑ったのか知らないが(アニメの視聴率がメチャンコ良かったのだろう)、取りつく島のない剣幕だった。

ラーメンや天丼は出来ないが、書くもののご注文ならぼくの守備範囲だから、断るわけにゆかなかった。

それにしてもあのンちゃ! なマンガをどうすれば小説になるのか、なぞと考えていては缶詰期間が終わってしまう。考える前に書いて5日で脱稿した。

こういう小説が、辻真先史上最高に売れたのだから、編集長は偉い(買った読者はどうかしてると言いたいが止めておく)。

おかげで異世界小説の先達になれなかったが、売れたのだからまあいいや。ご覧になった読者もいるだろうが、志賀直哉だの横溝正史だのの文体模写を繋いで、アラレ版ごんぎつねを書いたり、落語と講談を継ぎはぎして桃太郎を一席演じたり、好き放題なことをやってる。

　10年ほど前に同人誌のインタビューを受けたとき、「あれでは、読んだ子どもはわからなかったでしょう」と言われたが、書いてる当人だってわけもわからず書いたのだ。

　だが文体模写のときに思い知ったのは、井上ひさし・赤川次郎おふたりの強靱《きょうじん》な文章力であった。真似てみてはじめてわかった。あれほどわかりやすい文章はめったにないと思うのに、いざ模倣しようとすると実に手ごわい。

　読みやすい文章構築の裏には、読者の窺《うかが》い知れぬ汗の量があったのだ。

▲ファンのサインに応じる、アラレ役の声優／小山茉美と辻 真先。「Dr.スランプ アラレちゃん」の人気が出た頃に、名古屋の丸栄百貨店で撮影されたものと思われる。協力／青二プロ

『パタリロ！』（『ぼくパタリロ！』）について

DATA

制作：フジテレビ、東映
アニメーション制作：東映動画

1982年4月8日〜1983年5月13日
木曜日19：00〜19：30枠で放送開始。1982年10月9日に、『ぼくパタリロ！』と改題のうえ土曜日19：30〜20：00枠へ移動。1983年4月8日に、金曜日19：00〜19：30枠へ移動。
フジテレビ系／各回30分／カラー／全49話

STAFF

原作	魔夜峰央
企画	土屋登喜蔵、旗野義文
チーフディレクター	西沢信孝
制作担当	佐々木 章
脚本	辻 真先、酒井あきよし、金春智子、他
総作画監督	鈴木欽一郎
チーフデザイナー	土田 勇
演出	西沢信孝、笠井由勝、久岡敬史、芹川有吾、設楽 博、他
作画監督	兼森義則、土橋 博、津野二朗、アベ正己、伊東 誠、他
音楽	青木 望
声の出演	パタリロ（白石冬美）、バンコラン（曽我部和行）、ジャダ（戸田恵子）、マライヒ（藤田淑子）、他

木曜日PM7:00〜7:30(フジテレビ系列)放送
パタリロ！
第1話
美少年キラー
制作 フジテレビ 東映

▲『パタリロ！』第1話「美少年キラー」シナリオ
辻 真先の真骨頂であるミステリ風のストーリーとなっている。
（資料協力／東映動画、一般社団法人 日本脚本アーカイブズ推進コンソーシアム）

第1話「美少年キラー」

（脚本／辻 真先）

DIGEST STORY

バミューダ・トライアングルに浮かぶ島国／マリネラから、パタリロ王子がロンドンにやって来た。王子のボディガードを命じられたのは、英国情報部ＭＩ６のエージェント／バンコラン。「美少年キラー」の異名を持つ彼は、王子の世話役の少年／ジャダを虜にする。

親善使節として歓迎されたパタリロだが、その目的はロンドン美術館に展示されている１枚の絵画を盗むことにあった。若き日の父王／ヒギンズ３世が、英国留学中に額縁裏に隠したラブレターを取り戻すための計略だったのだ。

しかしマリネラでは、王室と総理大臣が権力争いの真っ最中。ロンドン美術館から絵画を盗み出すことに成功したパタリロとジャダだが、思わぬ陰謀に巻き込まれて行く……。

作品名

パタリロ!

第1話「美少年キラー」

それまでのマンガとナンセンスの種類が違った『パタリロ!』

コロナ事変が勃発する少し前、偶然魔夜峰央《まやみねお》にお目にかかる機会があった。

それまでぼくは、『パタリロ!』のアニメ化ではじめてお会いしたつもりでいたが、そのずっと以前に手塚治虫の紹介を受けていたらしい（永井豪に似たケースだ）。

いかにぼくが忘れっぽいか、推して知るべし。

そんな男がこんな思い出を書いても信用出来まいが、美少年の乱舞する（国王パタリロだって*クックロビン音頭を踊るのだ）能天気なギャグマンガを、自分が脚色する羽目になると思わなかったのは本当だ。

白泉社系列のマンガ誌は好きだったし、ギャグマンガも好きだったから、アニメの企画以前から目を通していた。

そして、この原作の脚色はぼくの手に余るとうなだれた。

『アラレ』も当時の最先端を走るギャグマンガだが、ペースを呑み込めばシナリオで拡大解釈しても、さほど違う次元の笑いにならないと思った。だからノベライズだって書いたのだ。

だが『パタリロ!』は違う。

『アラレ』も『パタリロ!』もナンセンスでひとくくり出来るにせよ、種類が違うとぼくは見る。

ナンセンスはひとつではない。それどころか作者の数ほど無数にある。

＊ クックロビン音頭＝『パタリロ！』を代表するギャグに、節回しをつけたもの。英国圏の童謡／マザーグースの一篇をもとにした歌詞で人気となり、テレビアニメのエンディング・テーマとしても採用されている。

『マカロニほうれん荘』（鴨川つばめ）と『ジャングルの王者ターちゃん』（徳弘正也）が違うように、各自バラバラな個性を主張している。

読者としてのぼくは『パタリロ！』を大歓迎するが、脚色者としては食いつきにくい。職人としてこなすにしても、原作の真髄までなぞれない。笑いのテイストをそのままに、拡大再生産出来る自信がなかった。

白状すると、原作を多量に水増ししたアニメに終始したのではないかと、いまだに不安が消えないのだ。

その心配を文章に噛み砕けるかと考えたが、どうもうまくない。

自信のなさが高じているぼくは、『パタリロ！』のノベライズを金春智子に押しつけてしまった。

そんな鬱気分は、この頃頂戴したいくつかの劇場アニメから始まっていた。

楳図かずおの『まことちゃん』（昭和55年、芝山努監督）、いしいひさいちの＊『プロ野球を10倍楽しく見る方法』などである。本書は『テレビアニメ道』だから、劇場封切りのアニメに深入りするつもりはないが、どれもギャグマンガが原作である。

『まことちゃん』は東宝だが（松岡社長の愛息がファンだったとか。テニスの松岡修造が幼い頃だ）、『プロ野球』のプロデューサー山本又一朗は、劇画のさいとう・たかをプロにいたから、マンガやアニメの目利きである。

プロデューサーとして大風呂敷を広げる一方、シビアな批評眼の主で歯に衣《きぬ》着せない。その彼の言葉の端々から、自分のギャグセンスが時代においてきぼりをされ始めたことを痛感した。その自覚が芽生えていたぼくは、『パタリロ！』を料理する立場になって、本気で「あかん」と考え始めた。

で、本腰入れてギャグものを続けて読んだ。

どうもいけない。

＊『プロ野球を10倍楽しく見る方法』＝昭和57年にKKベストセラーズから発売された江本孟紀の著書。いしいひさいちキャラクター原案によるアニメを用いて構成された映画版が昭和58年に第1弾、翌59年に第２弾が公開されている。

以前、漫☆画太郎が出たときは笑ったのに、最近は引っかかる。

いつかどこかのエッセイに書いたのだが、山手線の車中で熟年の紳士が、真剣な目つきで『アラレちゃん』を食い入るように読んでいた。会社の部下の話題についてゆくための懸命な努力と推察したが、「ほよよー」を読みながらの紳士の鬼気迫る表情は、見ていて辛かった。

今や彼の境地に片足を突っ込んでいるらしい。

アニメのライターとして年貢の納め時が迫ったことを、ぼくは薄ら寒く実感した。

ミステリやSFならまだしも、ギャグほど容赦なしに、おのれの感覚の腐食度を見せつけるジャンルはない。

殷鑑遠《いんかんとお》からず（こういう古い言葉だとスラスラ出て来る。カタカナ言葉や流行語よりずっとラクだから、使わせてください）である。たとえ本人がミステリで受賞していようと、世界が違えばそんなものはプラスチック製の勲章でしかない。

20年ほど昔の話になる。老舗雑誌の名編集長と言われた人に、映画館のロビーでばったり出会った。

上映されていたのは、戦前のアメリカ映画で*マルクス兄弟が主演した喜劇である。彼に真顔で尋ねられた。

「ねえ、辻さん。この映画のどこが面白いの」

「――」

とっさに答える言葉が見つからなかった。

マルクス兄弟については注釈が必要だろう。もとは寄席芸人のチームだが、その傲慢無礼《ごうまんぶれい》で狂的なギャグが評判を得て、ハリウッドに進出した。

ペンキで厚塗りした口髭がトレードマークのグルーチョ、ピアノの曲弾きが売りもののチコ、決して台詞をしゃべら

＊ マルクス兄弟＝米国ニューヨーク出身のコメディ俳優グループ。1910年代から40年代にかけて舞台や映画で活動。

が美しくハープを独奏するハーポの３人（初期は二枚目の末弟なども加わっていた）が、怪演を競った。

　西部が舞台の『マルクスの二挺拳銃』（昭和15年）では、機関車で追跡してくる3人を妨害しようと悪党が前方のレールを外す。グルーチョが「ブレーキ、ブレーキ」と叫ぶ。すると運転席のチコとハーポは協力して、ブレーキのレバーをぶち壊す。見事に「brake」の「break」に成功したふたりは、握手して喜び合う。

　脱線した機関車はレールのない空き地を突進、主人が屋根を修理中の家に突っ込み、家を乗せたまま走り続ける。主人がまだ屋根を修理しているので、窓を開けたグルーチョが主人に呼びかける。

「おーい、下ではお湯が沸いてるぜ！」

　突進の止まらぬ機関車は、空き地をグルグルと回り始め、劇伴がメリーゴーラウンドの曲になっている。

　もちろんアニメではない。実写のマルクス映画『GO　WEST』（邦題／『マルクスの二挺拳銃』）である。ナンセンスを超えて客の神経を逆撫でするシュールさがあり、往年の映画批評の見出しには「大学教授から女中まで笑わせる」とあった（今では禁忌すべき言葉でも、その時代はそれが自然だった）。

　ぼくはマルクスのファンだったから、編集氏の質問に言葉を詰まらせたが、このイカれた笑いに乗れない人がいても当然ではある。前に引き合いに出した先輩の巨匠も、きっと理解に苦しんだろう。

　その頃は批判的な眼で見たけれど、長いスパンで観察すれば、ぼくに他人さまのセンスがどうこうとあげつらう資格なぞあるものか。

　そんな疑念を下地にして、再考してみると「五十歩百歩」という言葉が出て来た。戦場が怖くて百歩逃げた仲間に、「おれは五十歩しか逃げなかったぞ」と威張るようなものなんだ——と腑に落ちた。

　マルクス兄弟の名前（あのマルクスをおちょくっただけで、昭和の客の笑いを誘ったのだが）さえ、令和の若者は知らないだろう。
時の移ろいは、尖った感覚の主も鈍い感覚の主も等し並みに押し流してゆく。
ぼくが少年週刊誌のギャグマンガに、笑えなくなったのは当然なんだ。アハハハ。

▲右より順に、魔夜峰央、辻 真先。出版社主催のパーティで撮影された１枚と思われる。

少女たちを夢中にさせた
耽美的ギャグマンガ『パタリロ！』

テレビアニメの原作となったマンガ『パタリロ！』は、少女マンガ誌「花とゆめ」（白泉社）で、昭和53年から連載を開始。掲載誌を変えながら、現在に至るまで40年余の長きに渡り連載を続けている人気ギャグマンガだ。

テレビアニメとして放映が開始されたのは昭和57年。原作の耽美的な世界観を再現し、当時のテレビ界ではタブーとされていた同性愛の世界をベースとしたギャグを展開している。その外見から「つぶれ肉まん」の異名を持つ三枚目王子のパタリロ。声優／白石冬美による好演で、その個性を画面一杯に爆発させている。

人気を得たテレビアニメ『パタリロ！』は、放送枠の移動と共に『ぼくパタリロ！』と改題しながら約1年半に渡り放映。放映終了後には、劇場版アニメ『パタリロ！ スターダスト計画』が公開されている（昭和58年公開、西沢信孝監督）。

▶レコード『パタリロ！　スターダスト計画』（キャニオン・レコード）劇場映画『パタリロ！　スターダスト計画！』のテーマソング集。原作者／魔夜峰央が歌う主題歌『Run away美少年（ローズボーイズ）達！』などを収録。

『巨神《ジャイアント》ゴーグ』について

DATA

企画・制作：日本サンライズ　1984年4月5日～1984年9月27日
木曜日19：00～19：30
テレビ東京系／各回30分／カラー／全26話

STAFF

原案	矢立 肇
原作・監督	安彦良和
プロデューサー	吉井孝幸
チーフ演出	鹿島典夫
脚本	辻 真先、塚本裕美子
作画監督	安彦良和、土器手 司
キャラクターデザイン	安彦良和
メカニカルデザイン	佐藤 元、永野 護
演出	浜津 守、鹿島典夫、小鹿英吉、菊池一仁、他
音楽	萩田光雄
声の出演	田神悠宇（田中真弓）、ドリス・ウェイブ（雨宮一美）、トム・ウェイブ（山田俊司〈キートン山田〉）、船長（今西正男）、アロイ（向殿あさみ）、サラ（神保なおみ、佐々木優子）、ロッド・バルボア（池田秀一）、レイディ・リンクス（高島雅羅）、マノン（郡司みつお）、ゼノン（島田 敏）、他

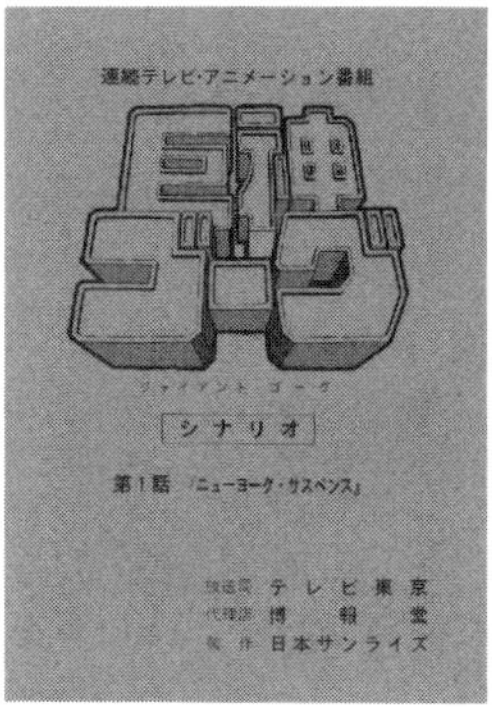

▲『巨神ゴーグ』第1話「ニューヨーク・サスペンス」シナリオ
（資料協力／サンライズ、一般社団法人 日本脚本アーカイブズ推進コンソーシアム）

第1話「ニューヨーク サスペンス」

（脚本／辻 真先）

DIGEST STORY

田神悠宇は、考古学者だった亡き父／田神教授の遺志に従い、ニューヨークに住むDr.ウェイブを訪ねるため飛行機に乗った。ウェイブは、かつて父の教え子だった男で、サモア諸島東南2000キロ沖に浮かぶオウストラル島の研究をしている。ニューヨークに降り立った悠宇は、不慣れなひとり旅にとまどいながらも、ウェイブとその妹／ドリスにめぐり合う。

しかし悠宇が喜んだのも束の間、ウェイブの住むアパートが謎の暗殺者たちから襲撃されてしまう。追手から逃れ、ウェイブの友人である「船長」に助けを求める悠宇たちだが⁉ オウストラル島に秘められた謎をめぐる冒険活劇が幕を開ける！

作品名

巨神《ジャイアント》ゴーグ

第1話「ニューヨーク サスペンス」

イラスト混じりの覚書からスタートした『巨神ゴーグ』

サンライズの安彦良和からじかに脚本の依頼を受けたときは、キョトンとした。

新しくロボットものを始めるそうだ。

言うまでもなくこの制作プロには、富野由悠季の『機動戦士ガンダム』があり、高橋良輔の『装甲騎兵ボトムズ』がある。

安彦自身最初の『ガンダム』のキャラクターデザイナーでもあった。

屋上屋を重ねるような気がしたので、確かめた。

「『ガンダム』や『ボトムズ』とかぶるんじゃないですか」

「かぶりません。原作はぼくだから」

へエ、と思った。

作画する安彦は知っていても、執筆する安彦というのはイメージがない。『超電磁ロボ　コン・バトラーV』は彼のキャラデだが、ぼくはスケジュールに追いまくられて、接点がなかった。

だから正面切って、メインスタッフとしておつき合いするのは、はじめてである。

徳間書店の情報誌「アニメージュ」では毎年アニメグランプリが催され、ファンが人気投票する。作品単位ではなく脚本・演出・作画まで部門別に引っ張り出した時代の人気投票だが、作画監督部門では安彦良和は常に不動の1位であった（ぼくも脚本部門で首位が続いた）だけに、興味が湧いて当然だろう。

「それで原作はもう出来てるんですか」

「今、書いています」

あ、ではまだ完成した形としては存在しないんだ——面白い。

そんな早い時点で取り組めるのは、『デビルマン』など一部の例外を除いて経験がなかった。それも今回は絵からスタートするのではない。

彼があたためていた構想は熟し、完結しているようだが、内容の詳細はまだ聞かされなかった。

「だんだん話を進めてゆくから、そいつをシナリオ化して行ってほしいんです」

「それ、ぼくがやっていいの？」

まだ及び腰でいた。

戦闘ロボものならサンライズは一流である。当然ライター陣も揃っているはずだ。

「私が辻さんに頼むんだよ」

うわ。

原作者であり監督であり作監でもあろう人の、心強い一言だったから、喜んで受けた。

ひとりでは荷が重いと思ったので、タッグを組むのはサンライズの若いアニメーター塚本裕美子に決まった。これまた新鮮な体験であった。

原則としてふたりが交代に書くのだ。シナリオライターではない、アニメーターと、である。

いざ原作を見せてもらうと、これは言わば大型のメモ帳だった(違ってたっけ?)。マンガでもシノプシスでもない。イラスト混じりの覚書という様相を呈していた。

メインの舞台になるのは、絶海の孤島オウストラル。

その島の地下に眠る超古代の遺跡。

ユニークなのは、遺跡が今も生きていること。

それはかつて地球に辿《たど》り着いていた、異星文明の片鱗なのだ。

この物語が全貌を現すとき、はじめて主題がファーストコンタクトであることがわかる仕組みで、敵とも味方ともつかぬ形で出没する謎の巨大ロボット〝ゴーグ〟とは、その守護神であった!

近年のテレビアニメで探せば『正解するカド』(平成29年、村田和也総監督)だ。あれが正面からの異星人来訪物語なのに対し、『ゴーグ』は一見すればロボットものに見えるが、実は壮大な異星文明との接触の物語なのだ。

そこへ行き着くまでいく人ものキャラクターが交錯し、企業や組織が島の秘密を独占するべく画策する。

そして主人公は、最初にオウストラルに着目した故人の科学者田神博士の遺児悠宇《ゆう》少年だ。

——と、ぼくが理解出来るまで、しばらく時間がかかった。

なにせ安彦の原作ときたら、絶海の孤島ならぬニューヨークの真っ只中で、高らかに開幕のベルを鳴らすんだもの。

アレッ。

えーと……お目当てのロボットが出ないんですけど。

示されたプロットではどう見積もっても、ゴーグ降臨の場面は4話になる。『コンV』だったら第1話の前半にもう出ている。そのときのせっかちなライターとしては、一言言うべきかと思ったが——言わなかった。

ロボットアニメなのに。題名にロボットの名をうたっているのに。

それでもロボットが出て来ないアニメ。

元テレビプロデューサーのぼくは悶死しそうになった。

し、視聴率が――視聴率が！

とは言わなかった（よね、安彦さん）。

こりゃあ原作者は確信犯だぞ。そう推理したからだ。

そんなこと百も承知で原作を組んでいるな――こんなところでおたついては、脚本なんぞ書けやしない。

ライターはそう腹をくくったが、ゼニを出す方では心配しただろうな。

実際にも企画会議で、クライアントはいろいろと安彦に尋ねたようだ。玩具を売り出す側としては、装備らしいものの見当たらない巨神に、戸惑ったに違いない。

「このロボットは、空を飛ぶんですか」

「飛びません。走ります」

「ビームでも放つんですか」

「放ちません。石くらい投げましょうか」

いよいよ舞台がオウストラル新島に移ると、作者からは詳細な島のマップを見せられた。それまではホンを書いているわれわれも、悠宇とドリス並みにお先真っ暗であった。どこがどこやら、なにがあるやら、ジャングルだの岩肌だのを縫って手探りで書き続けた。少年少女そこのけの冒険であった。

毎回毎話をひとつまたひとつと潰《つぶ》しながら書いてゆくのは、『デビルマン』ともまた違う妙味で、山越え谷越えの修羅場ながら楽しく書けた。

ぼくはそんな気楽なことを言っているが、タッグを組まされた塚本裕美子はどうだったろう。今も覚えているのは、

（なるほど——アニメーターの書くシナリオだ）

と感心したことだ。

本人が意識してかどうか知らないが、台詞が極めて抑制されていた。彼女はいつも絵で語ろうと試みており、その点では初心を忘れていた古手のぼくが、勉強させられた。

話数でいえば20話を越えたあたりで、のろまなぼくも物語の最終的な構図が呑み込めて来た。

ああ——これは——なるほど！

異星の想像を絶した高度な文明。恐怖した世界の大国たちが、渺《びょう》たるオウストラル島に向けて、ありったけの核兵器をぶち込むことを計画する。

少年少女や大企業の実力者やギャングたち——呉越同舟のキャラ大勢が、島にいるにも関わらず。

核の大群が降り注ぐ直前のひととき。

島に残った人々は、もはや敵も味方もありはしない。業火に覆われるまでの短いひととき、すべてを忘れて虚心に遊び惚けるのだ。

痛烈で皮肉な主題を一貫させた原作に則って、作画面でも十分な出来ばえであった。それでも世評は決して高くない。

原作者も不本意であったと思うが、ぼく自身が贔屓目《ひいきめ》ではなく、もっと多くの人に見てほしかった。——残念だ。

そしてこれが、シリーズ全体を俯瞰することの出来た、ぼくの最後のテレビアニメとなった。

▲画面左より順に、安彦良和と辻 真先のツーショット。
関係者の結婚式披露宴で撮影された１枚。

『巨神《ジャイアント》ゴーグ』第１話

絶海の孤島が舞台の『巨神ゴーグ』——。しかし、安彦良和が思い描いた第１話は、喧騒の街／ニューヨークで幕を開けるものだった。安彦による想定外のアイディアを受けて、辻真先が手がけたシナリオを特別に公開する！

第一話『ニューヨーク・サスペンス』

脚本　辻　真先

登場キャラクター

田神悠宇《たがみゆう》（主人公・日本人・男・一三才）
トム・ウェイブ（アメリカ人・考古学者・男・三〇才）
ドリス・ウェイブ（アメリカ人・トムの妹・一四才）
*モロゾフ（ドリスの愛犬・オス）
ロッド・バルボア（巨大企業ＧＡＩＬの御曹司・二三才）
*ロイ・バルボア（巨大企業の社長・ロッドの祖父）
*ジェフ（ＧＡＩＬの幹部・殺し屋・男）
ポリスマンＡ（ニューヨークの）
ポリスマンＢ（ニューヨークの）
田神博士《たがみはくし》（悠宇の父・故人）
その他

＊ 本稿は、辻 真先が保管していたシナリオを収録したものであり、放映時に使われた完成台本とは一部設定が異なっています。本稿のモロゾフはアルゴスに改称され、ロイ・バルボアは社長から会長に役職が変わり、ジェフはGAILの幹部という肩書が外されて、最終的に放映に至っています。

第一話『ニューヨーク・サスペンス』

あらすじ

考古学者、田神《たがみ》博士の遺児〝田神悠宇《たがみゆう》〟少年は、父の遺書を手に、ニューヨークに住む同じ考古学者で父の旧友〝ドクター・ウェイブ〟を訪ねた。しかし、やっと辿り着いた先は今にも崩れんばかりのボロアパート。その上ウェイブは〝ドクター〟のイメージを遥かかけ離れたチンケな男。今後の生活に意気消沈する悠宇。同じころ遠からぬオフィス街に一《ひと》際《きわ》抽んでた超高層ビルを構える巨大企業〝ＧＡＩＬ〟の一室で、御曹司〝ロッド・バルボア〟が南海の孤島〝オウストラル島支社〟への配属を言い渡されていた。〝オウストラル島〟とは、十数年前に地殻変動で浮上し、又すぐに沈んだと伝えられる謎の島で、悠宇の父がウェイブと共に隠された謎を持つと睨んでいた島である。突如、ボロアパートを狙う鉄球。何者かが悠宇たちを殺そうとしている。命からがら逃れる悠宇、ウェイブ、その妹ドリス、犬のモロゾフ。折しもハローウィンの夜。仮装して人並へと脱出を図る一同だが……。

□海（夜）

月明かりを受けて、きらめく波。

その波がしらよりはるかにきらびやかな灯を、ネックレスのように連ねて航行中の客船。

遠く、かすかに、テクノポップのひびき。

□船内ディスコホール

耳を聾せんばかりに盛りあがる演奏。
突然、飛び交っていたレーザービームが大きく乱れる。
はっとして楽器を口からはなすバンドマン。
ステップふむ足を止める若者。
ずず……ずン！
腹に応えるショック音とともに、画面かたむき、場内暗黒と化す。

□海（夜）

ふくれあがる巨浪が、一撃の下に船を沈め——
なおも際限なく奔騰する水柱！
せりあがった溶岩塔、凄まじい噴煙と蒸気が、月さえもかくす。

田神の声「悠宇……お前は一九九〇年代はじめにできた、オウストラル新島をおぼえているな」

□島

すでにテーブル状の火山島が形成されている。
カメラひくと——

□地球儀

それは、南太平洋の一部の微小な点となる。

田神の声「サモアの東南、オウストラル島のとなりに誕生したので、オウストラル新島と名づけられた。ところが……」

回転をはじめる地球儀。

——停止したときには、その点はない。

田神の声「しばらくして、島の沈没が伝えられ、世界中の地図屋はあわてて、一旦書きこんだ島を消した……それはうそだ」

□飛ぶ巨人機

轟音を奏でるジェットエンジン。

□機内

手紙を呼んでいる悠宇。

田神の声「実は島は沈んでいなかった。いまも厳として、南の海に存在している」

通りかかったブロンドのスチュアーデス、天井の読書灯をパチリと点けてやる。

悠　宇「(びっくりして) あ……サンキュー」

□空

飛びつづける巨人機。
行手は白々と明けてくる。

田神の声「なぜ、だれが、そんなうそをまき散らしたのか……それは、島に巨大な謎がひそむことを、ある組織がかぎつけたためだ」

□機　内

朝の光がさしこんでいる。
窓におでこをつけて、ひとりで興奮している悠宇。

悠　宇「あれがジャマイカ湾！　ハドソン川！　マンハッタン！　うわーすごい」
乗り出しすぎて、窓に頭をぶつける。

□マンハッタン上空

超高層ビル群のシルエット。

旅客機は、着陸姿勢にはいる。

田神の声「悠宇……私が死んだら、ニューヨークへ行け。そこには、友人のドクター・ウェイブがいる」

□リムジン車内

体に似合わぬ大荷物をかかえこんで、窓外をみつめている悠宇。

悠　宇「すごいなあ……すごい」

クスクスと、となりの婦人客が笑ったので、一旦口をつぐむが、

悠　宇「（小声で）それでもやっぱり、すごいや！」

□走るリムジン

田神の声「ドクター・ウェイブは私同様、島の秘密にとり憑かれた男だ……」

□地下鉄車内

乗っている悠宇。

悠　宇「（顔をしかめて）すごい……すごすぎるよ……」

車内は、凄まじい落書の氾濫である。

現に、悠宇の目の前でもおなじ年ごろの少年が、ペンキで落書中。

書きおえた少年、ニッと白い歯を見せて、悠宇にペンキの缶を渡す。

悠　宇「(面食らう) エ?　ぼくも書くの?」

相手の少年、ニタニタ笑っている。

その気になった悠宇。

悠　宇「おもしろそうだね」

少年うなづく。

悠　宇「ようし!」

悠宇、窓のひとつひとつに「田」「神」「悠」「宇」と大書する。

そのあいだに、電車は駅に――

悠　宇「(ふりむいて) どう?　……あッ」

悠宇の荷物をつかんでホームへ下りた少年。

悠　宇「待て、ドロボー!」

□駅ホーム

追う悠宇。

□階　段

追う悠宇。

□ヘラルド広場のあたり

地上にとび出したものの――

少年の姿はない。

あたりは車、車、車、人、人、人。

悠宇「あーあ……やられちゃったなあ」
ふと仰ぐと、そびえ立つ超高層。

悠宇「うわぁ高い……そうか、エンパイア・ステートビルだ！」

上を見過ぎて尻餅をついてしまう。

キャン、キャン、キャン！

盛装の老婦人に連れられた、ダックスフンドの背に、あわや乗っかりそうになったので、

悠宇「エクスキューズ・ミー！」
老婦人ににらまれて逃げだす。

□横丁

ダウンタウンのせまい道。

悠宇が、手帖と首っぴきで、トボトボと来る。

悠宇「どこがどこだか、ちっともわかんないや。ドクターっていうんだから、りっぱなお邸なんだろうけど」
前方、大通りから横丁へおどりこむ車。

ゴミバケツをあさっていた野犬、あわてて逃げる。
車は、せまい道を傍若無人に突っこんでくる――
悠宇「わッ」
悠宇立ちすくむ。落ちる手帖。

□車内
ハンドルをにぎっているのは、ロッド・バルボアである。
ロッド「(平然と) 坊主、どかないと死ぬよ」

□横丁
ところが悠宇は、あべこべに車めがけて突ッこんでゆく！

□車内
ロッドさすがにおどろく。
ロッド「死ぬ気か！」

□横丁
悠宇、走るスピードはそのまま、ななめに向きを変えて塀にかけあがる。

その下をかすめ去る、ロッドの車。

悠宇は空中で一回転、あざやかな着地をきめている。

□車　内

その姿をバックミラーにとらえて、
ロ　ッ　ド「（苦笑）ニンジャの子孫らしい」

□大通り

警官ふたり、パトロールしてくる。

だしぬけに、そのハナ先へ飛び出してきたロッドの車。

消火栓があおられて、水をふきだす。

びしょぬれになったひとりが、
ポリスマンＡ「あの野郎！」

血相変えて電話にとびつこうとすると、
ポリスマンＢ「ムダだよ」

ポリスマンＡ「なぜ！」

ポリスマンＢ「車の特別仕様に気がつかなかったのか……ドライバーは、ロッド・バルボア」

ポリスマンA　「（ぎょっとして）GAILの、ロッドか！」
ふたり、空を仰ぐ。

□GAILビル

偉容をほこるマンモスビルである。

□会議室

創立者ロイ・S・バルボアの威風堂々たる立像。
おなじへやでは、当のロイが、双眼鏡で下界を見下ろしている。

ロイ　「なるほど、うす汚いアパートだ」
凶悪な容貌と金のかかった服装が、奇妙にアンバランスな、裏秘書ともいうべきジェフ、うやうやしく答える。

ジェフ　「虫のすみかには、恰好でございますな」
ロイ　「七十年前に、アラン・ポーが住んでいたといわれてもおどろかん」
ジェフ　「いかがいたしますか、虫の始末は」
ロイ、ジェフをじろりと見る。
ロイ　「人類を支配できる秘密と、とるに足りん学者の命を、ハカリにかけろというのか」
ジェフ　「は……」

ロイ「不潔な虫を駆除するのが、きみの役目だ」

ジェフ「かしこまりました」

うれしそうに歯をむいたジェフ、引き下ろうとする。

ロイ「ロッドはどうした」

ジェフ「は……（困惑の表情）」

ロイ「きみの部下をつけたんじゃないのか」

ジェフ「それが……」

ロイ「駄々をこねても、首に綱をつけてこいといったぞ、私は」

ジェフ「ところがロッドさまは、部下ふたりを殴り倒して、車に飛び乗られたとかで……」

ロイ「（苦笑）あい変らずだな。（きびしく）たとえ私の孫でも、約束の時間をすぎたら私は会わんぞ」

ロッド「ちゃんと間に合ってますよ」

ロイ「なに？」

ジェフ「ロッドさま！」

ロッド、広い会長室の一隅にしつらえられた、アームチェアから立ちあがる……

ロッド「おじいさん、ご機嫌はいかが？」

□ＧＡＩＬビル・パーキングタワー

巨大な作業車があらわれる。

ビルをスクラップにするための鉄球を、アームから吊り下げている。

□アパート街

古風なアパートが軒をつらねる。
作業車、来て——停まる。
悠宇「（通りかかって）へえ、大きいや」
スルスルとのびるアーム。
鉄球がゆらり……とアームからはなれる。
ぐわーん！
無人のアパートの一劃《いっかく》をたたきつぶす。
悠宇「ぼくもやってみたい！」
無邪気に目をかがやかすが、すぐ我に返って、
悠宇「おッと！　ドクター・ウェイブ、ドクター・ウェイブ」
ぐわーん！
背后でまた大音響。

×　　×　　×

アパートのNo.を調べている悠宇。
悠宇「あった、これだ！」

見上げる。

夕暮れはじめたのに、窓はたったひとつ灯がともっているだけ。

悠　宇「なんだかバケモノ屋敷」

ぐわーん！

近くでまた、破壊のもの音がする。

悠　宇「うるさいな」

□アパートの中

階段をのぼる悠宇。

悠　宇「ドクターって意外に貧乏なんだ……貧しくても好きな研究にうちこむから、かっこいいんだ……父さんとおなじさ……ぼく尊敬しちゃう」

ぐわーん！

家鳴り振動する。

□ウェイブ家の前

表札をたしかめる悠宇。

悠　宇「ここだ！　ああ、やっとみつけたぞ」

ノックする。

答えがない。
またノックする。

悠　宇「ルス？」

そっとドアをひらく——

□ウェイブ家

はいってきた悠宇。

悠　宇「ごめんくだ……」

とたんに、ぐわーん！

ウェイブ「やかましーッ」

机にむかっていた世にも貧相な男、ドクター・ウェイブがふりむいて怒鳴る。
悠宇、思わずあやまってしまう。

悠　宇「すみません！」

（中・ＣＭ）

□アパート街

鉄球がつぎの獲物を狙っている。

□ウェイブのへや

ウェイブ「あんたのこっちゃない、あの鉄の玉！」

　といったものの、首をかしげてたずねる。

ウェイブ「だれだっけ、あんた」

悠　宇「あ……あの……」

　あまりのイメージのちがいに、悠宇へどもどしていると、
　ぐわーん！

　とたんに、
ウェイブ「思い出した！　あんたはミスター・タガミの……」

　いいかけると、くしゃみが出る。

ウェイブ「ハーックシ、ハーックシ」

　てんで恰好わるく、悠宇はうんざり気味にみつめている。

　ウェイブ、ハナをかもうと手をのばす。

　ティッシュの代りにつかんだのは、そのへんに山積となっていた洗濯物の、ハンケチである。

　すッとんでくるドリス。

　その手をひっぱたく。

　タイミングよく、ぐわーん！　という大音響。

ウェイブ「あいてて」

ドリス「それは私のハンケチよ、兄さん」
ウェイブ「ハンケチだって、ハナかめるだろう」
ドリス「汚ないわねぇ……はい！」
ティッシュをひとつかみ、ウェイブの顔に突きつける。
ウェイブ「ついでにかませてくれ……いま大事な計算中だ」
ドリス「ん、もう世話がやける」
ハナをかんでやる。
チーン。タイミングよく、ぐわーん！
悠宇もついふきだしてしまう。
ドリス「（気がついて）あら……きみ、なに者？」
悠宇「あ……あのう、ぼく……」
ドリスのかげから姿を見せた犬のモロゾフ、唸る。
悠宇「（モロゾフに）うーッ！（ドリスに）東京から来たんです。田神悠宇！」

□アパート街

作業車のアームが旋回する……
鉄球がゆれる……

□ウェイブのへや

悠宇に渡された手紙を読むウェイブ。

ウェイブ「そういやあんたのパパに、息子をたのむといわれてたな……コロッと忘れてた」

悠　宇「(口をとがらせて) 無責任」

ドリス「だいたいね、兄貴ったらね、いつもこの調子なんだから！
頭ン中にあるのはオウストラルって島のことだけ！」

その時、悠宇の目が見ひらかれる。

ウェイヴ家の窓めがけ、飛来する鉄球！

悠　宇「あぶないッ」

悠宇、弾丸のようにとびかかって、ウェイブをけとばし、ドリスをひき倒す。

ドリス「きゃあ、なにを……」

同時に、

ぐわあああん！

窓が、壁が、ふっとぶ。吠えるモロゾフ。

ウェイブ「ど、どういうこッた！」

コンクリートの粉でまっ白になったウェイブ、壁の破れ目から下を見る。

□アパート街

ふたたびゆれはじめる鉄球。

□ウェイブのへや

ウェイブ「(手をメガホン代りに)気をつけろーッ! 人が住んでるんだぁ!」

ぐわーん!

またしても鉄球がおそいかかる。

ウェイブ「げえっ」

部屋の半分がぶっこわれてしまう。

ドリス「まるで、私たちを、狙ってるみたい!」

ウェイブ「ぼくたちを――?」

ウェイブ、空を見る。

暮れなずむ空のかなたに、このときGAILの文字が点灯する。

ビルを飾る巨大なネオンである。

ウェイブ「ひょ、ひょっとしたら……ぼくはGAILに狙われているんだろうか」

考えこむウェイブに、タックルする悠宇。

悠宇「ひょっとしなくてもあぶないっ」

ぐわーん!

□非常階段

悠宇にせきたてられてかけ下りるウェイブとドリス、モロゾフ。

ぐわーん！

鉄球が頭上の壁を直撃する。

ひン曲る階段。

悠宇、ひと思いに一階下へ落っこちて顔をしかめる。

悠　宇「いてて……こたえるなあ」

□路地

闇が淀んでいる。

はァはァと息を切らせて走ってきた三人とモロゾフ。

ウェイブ「まちがいない……ぼくがオウストラルの秘密を追ってることに、気づかれたんだ！」

ドリス「オウストラル、オウストラル、オウストラル！

兄さんの頭には、それ意外のことば詰まってないの！

一体そこに、どんな宝がかくしてあるってのよ！　キャプテン・クック？　ムー大陸？

それとも……そう、日本の学者と文通してたんだから、サムライ？　カミカゼの宝もの？」

モロゾフも調子を合わせて吠える。

悠　宇「ぼくも、それを聞きたい！」

やっと口をひらくウェイブ。

ウェイブ「まァ待てよドリス。秘密というのはね……」

ドリス「ええ！」
ウェイブ「なんだかわからないから、秘密なんだ」
こけるドリス、悠宇。
ドリス「私は真剣なのよ！」
ウェイブ「ぼくだって真剣だ！　あのＧＡＩＬだって、真剣だからこそ、ぼくたちを殺そうとしたんだ！」
ドリス「これからどうするつもりなの？　家はこわれちゃったのよ」
ウェイブ「帰ったところで、また狙われるだけだ……いっそこのまま、オウストラルへ飛ぼう」
ドリス「オウストラルへ？」
悠宇「オウストラルへ！」
ウェイブ「ユウ、きみも行ってくれるな……いや、行くにきまってる。
それが死んだきみのパパの意志だ。
よし、行こう！　あたらしい仲間を歓迎する！」
手をつかまれて、ポカンとしている悠宇。
悠宇「ついさっき、ニューヨークへ着いたばかりで……」
ドリス「今夜はハロウィーンの晩だっていうのに……」
悠宇「ハロ……？　なんだい」
ドリス「知らないの、ユウ」
突然、くらかったあたりの家々に、火がともる。

ドアがひらき、子どもたちの仮装したカボチャのモンスターがあらわれる。

悠　　宇「うわッ」

モロゾフ、吠える。

ド リ ス「(叱る) モロゾフ！　大丈夫よ、あれはこの家の子どもよ。

(悠宇に) つまり、あれがハロウィーンの仮装……聖誕祭」

□大通り

三人とモロゾフが来る。

悠宇、もの珍しげにきょろきょろする。

行き交う、奇妙奇天烈な仮装の人びと。

悠　　宇「アメリカ人って、お祭り好きなんだね！」

目をかがやかせる。

その周囲に、それとなく集まってくる仮装の男たち。

ピエロが、

美女が、

モンスターが……

仮面の男どもに囲まれ、三人と一匹はせまい路地へ追いこまれる。

カメラ前に、ジェフの車。

□アパートの近く

車内のジェフ、凶相に笑みを浮べて、フロントガラスにぶら下っていたマスコット人形をひきちぎる。

路地の中では、

(こいつらあやしい)

と見ぬいた悠宇が、先手をとって戦いはじめる。

道路工事用の標識とか、マンホールの蓋とか使って、応戦する悠宇。

ナイフでおそいかかる敵。

悠宇の機転で相討ちとなったふたり。

のこるひとり——それは作業車の運転手でもある——ついに銃をとりだす。

花火の音にまぎれて射とうとする。

モロゾフと悠宇の連携プレーで、あらぬ方へ射った男は、自分の跳弾で自分が死ぬ。

とも知らず、車の中で待つジェフ。

いらいらして、マスコット人形をひねりつぶす。

意外！

路地からなにごともなくあらわれたのは——

ウェイブと悠宇たちである。

驚愕するジェフ。

駐車場から、車を出すウェイブ。

□車の中

ウェイブ「ケネディ空港へ行こう……ひとまず西海岸へ飛ぶんだ」
ドリス、悠宇、モロゾフを乗せて走り出す。

□道

走るウェイブの車。
だが、その正面にとび出してきたジェフの車。
ウェイブ、急ブレーキをかけて、わめく。

ウェイブ「どいてくれ！　いそいでるんだ！」
ジェフ「そんなにいそいでオウストラルへ行きたいのかね」
車から下り立つジェフ。
その手の、銃。
車中の悠宇たち、ぎょっとなる。
ジェフ「窓を下ろせ。できるだけ、車にキズをつけんよう殺してやるよ」
悠宇がドアをあけようとする——
その足もとで牙をむくモロゾフ。

だがジェフもさる者、

ジェフ「動くな！　……おれは犬がきらいだ」

銃口が、窓を越えてウェイブの面前に拡大する。

カチカチ、歯を鳴らすウェイブ。

かれがふるえるので、エンジン・キイもゆれる。

悠宇にしがみついているドリス。

悠宇「(動くに動けず)くそっ……」

ドリスの手をにぎりかえす。

ジェフ「(冷笑)これでオウストラルへ行く必要はなくなったな……

ジェット機より早いスピードで、

天国へ行かせてやる！」

□轟然！　火を噴く銃口

〈つづく〉

資料協力／株式会社サンライズ、一般社団法人 日本脚本アーカイブズ推進コンソーシアム

CHAPTER

3 アニメこぼれ話 あふれ話

シリーズの途中で割り込んだり消えたりしたテレビアニメも数多い。助っ人の立場では、用がすめば記憶の消える作品が大半だけれど、中には第1話を書いたアニメより、はるかに長く深くぼくの記憶巣に根をはやしたアニメも数々ある。それでつい思い出があふれて、すでにあちこちで書き散らした話もあるから、その点はお許しいただきたい。

前説

こぼれ話　あふれ話（1）

『オバケのQ太郎』

誰が驚くのか驚かないのか

東京ムービーから最初に仕事をもらったのは『オバケのQ太郎』だが、途中でシナリオに参入したから、わからないことばかりだった。

今思い出すと結構珍妙な会話だが、そのときはどちらも大まじめに交わしたもので、とかく非日常世界のキャラが顔を見せるアニメのライターとしては、なかなかに含蓄《がんちく》のあるやり取りであった。

「Qちゃんは見るからにオバケですよね」

「そうだよ」

「でも登場するのは、われわれがいるこの世界ですね」

「そうだよ。そのギャップが可笑《おか》しいわけ」

「そりゃあ真昼間にあんなキャラクターと鉢合わせしたら、空き巣泥棒なら確実に悲鳴を上げますよ」

「そう、そこが面白いんだから」

「でもしょっちゅう来ている宅配の業者なら、どうだろう」

「ウーン。それはケースバイケースで」

「郵便配達の人は？」

「ウーン」

「メーターを点検に来た人は」

「……」

「学校の友達は？　家庭訪問に来た先生は？　田舎のおじさんは？」

「ウン、じゃあこうしよう。いつも顔を見せる人は、Qちゃんの顔見知りということでスルー。予め連絡してから来た人もスルー」

「それでも話の都合で、たとえば酒を配達に来た人にびっくりしてもらわないと、ドラマが進まないときはどうします」

「それは、配達した人が新米のアルバイトということにしちまえ」

「ハア……」

　だけどホンの中でいちいち説明するのもなあ——と、ぼくの心の声だ。オバケを登場させるにも、シナリオではあれやこれや手続きを要するが、その手続きが視聴者に退屈感を与えるようでは、ライターもまだ新米ということになるのです。

こぼれ話　あふれ話（1）

オバケのQ太郎について

大原家に住みついたQ太郎は、大飯食らいで間抜けなオバケ。どこか憎めない居候オバケのQちゃんが、巻き起こす騒動を描いた『オバケのQ太郎』は、藤子不二雄（藤子・F・不二雄　藤子不二雄Ⓐ）による生活ギャグマンガの金字塔だ。1964年から「週刊少年サンデー」（小学館）で連載がスタート。翌年にはテレビアニメの放映が始まり、空前の「オバQブーム」を巻き起こしている。

DATA

制作：東京ムービー
制作協力：Aプロダクション

1965年8月29日～1967年3月26日
日曜日19:30～20:00（第1回～第83回）
1967年4月5日～同年6月28日
水曜日18:00～18:30（第84回～第96回）

東京放送（TBS）系列／
各回30分（15分×2話）／モノクロ／
全192話（96話×2回）

STAFF

原作	藤子不二雄 （藤子・F・不二雄　藤子不二雄Ⓐ）
脚本	辻 真先、吉田史郎、田代淳二、岡本欣三、花島邦彦、吉田秀子、おおいひさし、他
作画監督	楠部大吉郎、芝山努
原画	小林 治、富永貞義、中村英一、谷口守泰、椛島義夫、森下圭介、山口康弘、他
演出・絵コンテ	大隅正秋、長浜忠夫、岡部英二、酒井七馬、木下蓮三、他
音楽	筒井広志
声の出演	Q太郎（曽我町子）、大原正太（田上和枝）、大原伸一（野沢雅子）、ドロンパ（喜多道枝）、P子（水垣洋子）、ゴジラ（肝付兼太）、ハカセ（麻生みつ子）、キザオ（山岸比呂美）、よっちゃん（向井真理子）、パパ（松岡文雄、田の中 勇）、ママ（北浜晴子）他

▲てんとう虫コミックス『オバケのQ太郎』①（小学館、藤子・F・不二雄、藤子不二雄Ⓐ）
画像協力／小学館

こぼれ話　あふれ話（2）

『冒険ガボテン島』

少年は冒険をめざす

『スーパージェッター』の後番組は一転して『冒険ガボテン島』となった。

アニメといえばSFと相場が決まっていたあの時代、それはコペルニクス的転換であった。

SFといっても、今のSF読者が中身を覗いたら笑うだろう。

いかに時代が違うかといえば、こんな笑っちゃう場面を語るのに「へそで茶を沸かす」と形容した昔なのだ（わかるかな?）。

それなのに『鉄腕アトム』のおかげで、アニメ（まだテレビマンガと呼ばれていた）はSF一色になった。

出版社も放送局も困ったのだ。

そんなわけのわからんホンを書ける者がどこにいるんだよ。

でもちゃんと『エイトマン』『スーパージエッター』はヒットした。な、なんとSFがゼニになる!

驚愕したSF後発の大出版社が、われわれSFマン

▲扶桑社文庫『スーパージェッター』②（久松文雄）
企画／TBS、制作協力／TCJでアニメ化されて、昭和40年から翌41年にかけて放映された。辻 真先も脚本に参加している。

ガのライターを集めて、高そうな食事の席に招いた。ぼくはシナリオライターだが、ほかの招待客はすべてSFかミステリの作家であった。

　席上で招待側の偉い方が力説した。

「みなさんはご承知ないでしょうが、こうした企画の裏ではなん億という巨額の金が動いているのです」

　まだいろいろ仰ったはずだが、ぼくは並んだ料理を見ていた。赤坂の料亭だったように思うが、最後に接待役から念を押された。

「そういうわけですから、うちの競争相手の出版社には書かないでください」

　みんな黙っていたから、わかってくれたと思ったらしい。

　わからなかったので、ぼくは書いた。

　ほかのみなさんも、てんでに書いたと思う。

　ごめんなさいね、某出版社さん。

　そんな調子でよくわかりもしないのに、ネコも杓子もSFアニメを企画したから、子どもたちはじきに飽いた。

　TBSのアイディアで、現役の小学生をモニターにしたことがある。

　山手通りの小学校に白羽の矢を立て、プロデューサーやライターが教室に伺い、始まったばかりの『宇宙少年ソラン』

▲『宇宙少年ソラン』①（朝日ソノラマ、宮腰義勝）
企画／ＴＢＳ、制作協力／ＴＣＪ、監修／福本和也でアニメ化されて、昭和40年から同42年にかけて放映された。辻 真先も脚本に参加している。

について、建設的な意見を聞くことになった。ぼくも同道、アニメについて忌憚《きたん》ない話を交わそうとした。

あいにくこれはTBSの空回りだった。子どもは情け容赦のない人種だから、誰も彼もが口にしたのは『オバケのQ太郎』の楽しさであった。『ソラン』と『オバQ』を二股かけていたぼくは、プロデューサーたちの顔を見ているのが辛かった。

かくてSFアニメは下火になり、子どもマンガの王道は冒険テーマだと、今さらのように発見したと見えて、『スーパージェッター』の後番組として企画されたのが、『冒険ガボテン島』である。

SF作家の多くはアニメを去り小説の世界に帰って行ったが、豊田有恒は『ガボテン島』のドラマを支え、『ジェッター』のキャラクターを創造した久松文雄とで、原作を構築しており、ぼくもシナリオをお手伝いした。

戦前の「少年倶楽部」に連載され、『のらくろ』と人気を二分した『冒険ダン吉』（島田啓三）を、リアルタイムで愛読した世代だから、郷愁を覚えたぼくは、ジュール・ヴェルヌの『十五少年漂流記』や日本の実録もの『無人島に生きる十六人』（須川邦彦）など、ウロ覚えながら連想して楽しく仕事が出来た。

男ばかりのチームと違ってトマトという紅一点が加わっている。無人島にひとりだけ異性を交えるのだから、ごく自然に主役の妹役と決まったが、結果としてこれが妹萌えの元祖になったみたいだ。

お話に出て来る素朴で細かなアイテムも、『アトム』『ソラン』の技術世界から180度の転換で、ライターとしては目新しく乗ることが出来た。

——と、同じ冒険ものでも『ガボテン』は記憶が残っているのに、同じ時期に放映された『冒険少年シャダー』の方はなにも覚えていない。

『鉄腕アトム』で旧知だった演出の片岡忠三に誘われてスタジオに出かけたら、木造2階建てのアパートだった。

資金はピンク映画の国映が出しているらしい。

それでも前作*『とびだせ！　バッチリ』に続いてカラーの帯番組だったので、野心的企画だぞと喜んで参加した。

以上。

と、数行で回想が終わってしまう。

この文章を書くにあたって、いったいどんな制作プロだったのかと、困惑した末ウィキペディアを検索した。

すると、今さらのようにびっくりした。

寄生虫はアニメを壊す

日本放送映画だの東京テレビ動画だの、名前は転々と変わっているが、ぼくはこの系列社のテレビアニメからちょくちょく注文をもらっていた。

『夕やけ番長』『赤き血のイレブン』*『ミュンヘンへの道』エトセトラ。

看板が二転三転したこの制作プロでは、まだほかに*『モンシェリＣｏＣｏ』*『ドラえもん』（今も続く『ドラえもん』ではない、第1期の悪評高いアニメだ。幸いぼくはノータッチだった）などを経て終焉《しゅうえん》を迎えている。

制作したアニメは少なくとも初期、ちゃんとＮＴＶ系列で電波に乗っていたのだが、裏を覗けば局のプロデューサーと制作プロの関係は、相当にうさん臭かった。

読者がオタクでなくても気づくだろう。あの大ヒット作『巨人の星』が、なぜお膝元東京のＮＴＶでアニメ化されず、大阪の読売テレビ発になったのか。

＊『とびだせ！　バッチリ』＝岡本光輝原作、日本テレビ・日本放送映画制作にて昭和41～翌42年放映。
＊『アニメドキュメント　ミュンヘンへの道』＝TBS・日本テレビ動画制作、昭和47年放映。
＊『モンシェリCoCo』＝大和和紀原作、TBS・日本テレビ動画制作にて昭和47年放映。
＊『ドラえもん』＝昭和48年に日本テレビ系で放映された日本テレビ動画制作のもののこと。

ぼくが日テレの上層部ならとうの昔に疑問を抱いたはずだが、その頃のエリートビジネスマンは、アニメを子どものオモチャとしか見ておらず、隠れた鉱脈の深さと大きさを見過ごしており、みすみすビジネスチャンスを見逃したのだろうか。

後発のライバルＴＢＳは、『エイトマン』で早くも著作権課長がアニメの利権に着目したらしい。権利関係を自局に集中させるため、視聴率的に余裕があったのに、さっさと次の番組に切り換えている。

一説には作画した＊桑田次郎（まだ二郎ではなかった）のスキャンダルで打ち切られたというが、発覚は番組終了の後だったはずだ。

草創期アニメに関するマーチャンダイジングの金の流れについて、ＮＴＶは無知だったのではないか。

フジが虫プロ、ＴＢＳがＴＣＪ（今のエイケン）、ＮＥＴが東映動画という、れっきとしたアニメプロダクションと組んでいたのに、ＮＴＶは後手に回り続けた。金の卵の巨大さに鈍感だったこの局は、『男どアホウ甲子園』を関西弁でな

▲サンデーコミックス『男どアホウ甲子園』⑧（秋田書店、佐々木守原作、水島新司作画）
昭和45年から翌46年、東京テレビ動画による制作でアニメ化。

▲ヒットコミックス『赤き血のイレブン』①（少年画報社、梶原一騎原作、園田光慶作画）
昭和45年から翌46年、東京テレビ動画制作でアニメ化された。

▲サンデーコミックス『夕やけ番長』①（秋田書店、梶原一騎原作、荘司としお作画）
昭和43年から翌44年、東京テレビ動画による制作でアニメ化。

＊『エイトマン』の最終回は、昭和39年12月24日（同月31日には次作の予告を放映）。桑田次郎が拳銃不法所持で逮捕されたのは、年が明けた昭和40年３月１日であり、桑田のスキャンダルがアニメ終了の原因となったわけではない。

く標準語に仕立て直すという愚挙まで演じた。

シナリオ陣のひとり雪室俊一は改訂に反対して、

「アニメの題名を『男大バカ後楽園』に変えろ」

と啖呵《たんか》を切って降板したと聞く。拍手。

読者の中に、ぼくの旧作『残照　アリスの国の墓誌』をお読みの人がいたら、テレビアニメの楽屋裏の悪臭にカンづいたかもしれない。

一連のアニメ番組に名を連ねた局の人物とは、ぼくは東映の実写ドラマでつき合った。

そのときの東映側プロデューサーは、後に『仮面ライダー』をスタートさせた平山亨である。

「もし作り直す機会があったら、もう一度撮り直したい」

ご本人がそうこぼしたという。

いかに局サイドがとんちんかんな発言を繰り返して、われわれのアイディアとヤル気をぶち壊したか、想像してほしい。

『宇宙戦艦ヤマト』の西崎プロデューサーは毀誉褒貶《きよほうへん》半ばする人だけれど、『ヤマト』を世に出そうという目標に向かっては、紛れもない情熱を注いでいた。

企画制作の信念もセンスもなく、キー局を背負っているというだけで、弱者をいたぶる志の低い人を、飼っておけるほど日本のアニメに余裕はない。

ぼくは温厚な八方美人だから、著作権関連の電話交渉で彼が吐いたパワハラ・セクハラの暴言を胸の内におさめたが、

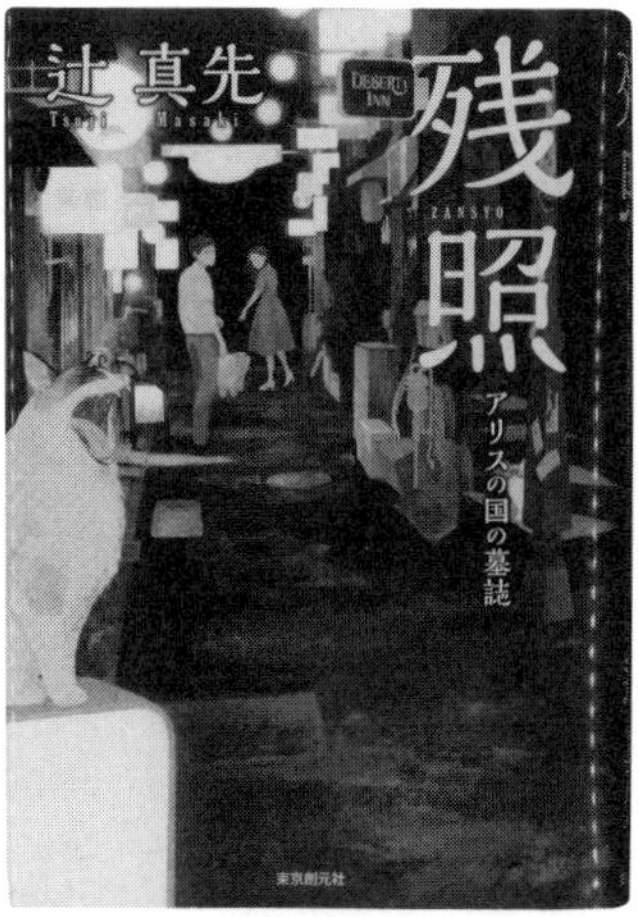

▲『残照　アリスの国の墓誌』（東京創元社、辻 真先）
辻ミステリーの集大成。

アニメを愛する読者に念を押しておこう。

世の中には、スタッフの一員でありながら、アニメの足を引っぱる大人がいる。それでも頭の悪いご本尊は、自分がアニメにたかる寄生虫だということさえ、気づいていないのだ。

子ども騙しに子どもは騙されない

名前が酷似しているので間違えられそうだが、テレビ動画という制作プロは違う。フジテレビの系列でスタジオも、河田町時代のフジテレビ至近にあって、のちにフジエンタプライズを名乗る会社だ。

ここでは*『がんばれ！ マリンキッド』というアニメのシナリオを書いた。丹波哲郎を売り出した『三匹の侍』を書いた阿部桂一さんたちに混じって、結構な数のホンを書いた。どこ経由のオーダーか忘れたが、シナリオを書くのはラクであった。

少々ラクすぎた。文字通りどこかで見たような聞いたような話を接ぎ合わせて、それでパスするのだから、かえって心配になってきた。

「こんなのでいいの?」

「いい」

というのが、テレビ動画の答えであった。

このアニメ、実ははじめは日本で放映される予定がなかった。オンエアするのはアメリカ国内の局だ。要するに日本がアメリカのアニメの下請けをしていたのだ。

「ただしうちは下請けだから、決定権はあちらさんにある」

＊『がんばれ！ マリンキッド』＝テレビ動画による制作で、昭和41年に放映。前年に放映された『ドルフィン王子』の設定を生かして、シリーズ化した作品のひとつ。TBS系で放映されたが13本で打ち切りとなる。

「それはどういうこと?」

「あんたのシナリオにうちがOKしても、脚本料は半分しか出ない。ニューヨークにいるあちらのプロデューサーがOKすれば、残りの半額を支払う」

大丈夫かいと思った。

家庭的な日本のビジネスに対して、あちらがシビアだという話はさんざ聞かされていたし、『ジャングル大帝』で虫プロは煮え湯を飲まされている。

だが実際にシナリオ制作が開始されると、はじめのうちこそ最初のOKと2度目のOKの間が時間的に開いたが、3カ月とたたないうちにほとんどフリーパスの状況になってしまった。

いくらなんでも早すぎる。もちろんぼくは日本語で書いているから、それを英語に訳して在ニューヨークの米人プロデューサーに読ませるのだが、そんな時間的余裕もあればこそ、次から次へOKが出た。

ギャラをもらう身分としては文句ないのだが、心配になってきた。

(本当に読んでいるのかよ)

自分で言ってはなんだけど、ホンとしては凡作ばかりだ。取り柄は話がわかりやすいことだけで、それにしても——。

次第に呑み込めて来た。

あちらの子どもアニメは手を抜いている?

1+1=2。そんな話で十分だと、米人のプロデューサーは本気で思っているのだろうか。なまじ、1×1=1のように、ちょっとひねった話運びだとかえってまずいらしい。

アメリカは自国の子どもをバカにしているのだ。

改めてぼくは、3コマ撮りで動きをケチった『アトム』が、『アストロボーイ』として全米児童の人気を得た事実に納得がいった。

子ども騙しを是とした子ども番組が、子どもに本気で喜んでもらえるはずはない。

その後ぼくは、講談社や小学館、学研、朝日ソノラマ、あるいは藤城清治原作の人形劇『ケロヨン』などで幼年層を対象とした仕事を、度々もらうようになったが、子ども騙しですませたことはない。

ごく最近も福音館書店から、短いものだが幼児に読み聞かせる童話の注文を頂戴した。

今回も適当に流して書いたりするまいと、自分に言い聞かせて、打ち合わせながら3稿まで書いた。

その昔、井上ひさしの書いた『ゲゲゲの鬼太郎』の舞台が、『鬼太郎』のシナリオライターであるぼくが読んでも、喝采したい面白さであったのを、痛切に記憶に刻まれたためでもある。

こぼれ話　あふれ話（2）

『冒険ガボテン島』について

遊園地にあるアトラクションの潜水艇に忍び込んだ少年少女ら５人が、喧嘩をした拍子に誤って潜水艇を発進させてしまう。無人島に漂着した彼らは、その島をガボテン島と名づけて、力を合わせてサバイバル生活を始める。

ジュール・ヴェルヌの冒険小説『十五少年漂流記』を彷彿とさせる本作は、当時の子供たちに大きな影響を与え、秘密基地遊びが流行るきっかけにもなった。

DATA

企画制作：TBS	1967年4月4日～1967年12月26日
制作協力：TCJ	火曜日19：00～19：30
	ＴＢＳ系列／各回30分／モノクロ／全39話

STAFF

原作	豊田有恒、久松文雄
構成・監督	河島治之
脚本	辻 真先、豊田有恒、石津 嵐、吉永淳一、他
原画・キャラクターデザイン	久松文雄
演出・絵コンテ	渡辺米彦、鳥居宥之、村上 修、他
動画	菰岡静子、角田利隆、芦田豊雄、他
音楽	嵐野英彦、はやしこば（ＴＶ工房）
声の出演	竜太（東 美江）、トマト（杉山佳寿子）、イガオ（太田淑子）、キューリ（北川智恵子〈北川智繪〉）、ガボ（野沢雅子）、ケロ（伊藤牧子）、他

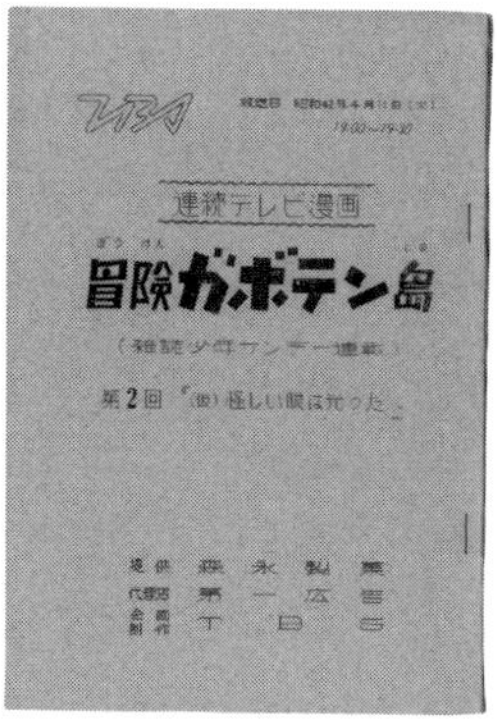

▲『冒険ガボテン島』第２話「怪しい眼は光った」シナリオ
実際の放映時には、「怪しい光」に改題されている。
（資料協力／エイケン、一般社団法人 日本脚本アーカイブズ推進コンソーシアム）

こぼれ話　あふれ話（3）

『巨人の星』

現実とアニメ時間の距離

数あるアニメシリーズの中には、ぼくが軸になったシナリオでなくてもいつまでも印象に残る作品がある。

『巨人の星』はその1本だ。

なまじ覚えているだけに、今頃こぼれ話と銘打つにはあちこちで書き散らしたきらいがあり、簡略化してしゃべろう。

原作を前にした会話と思ってください。


「星飛雄馬と花形満の対決シーンがあるだろ」

「それがどうした」

「ここ、どうやったらアニメになる？」

「どうって——星が投げて、花形が打つ。それだけじゃないか」

「ところがマウンドの星ときたら、花形との過去の対戦をえんえん思い出すので、モノローグが長く書かれている」

「そうだよ。同じように花形も心の声という形で、星との因縁浅からぬ回想をする」

「両方のネームがたっぷりあって、星が1球投げるまでえんえんと時間がかかる。——誌面でマンガを読んでいるときはいいさ。読者も時間をかけて読むからね。だがアニメではどうなんだ」

「……そうか」

「星のアップや投げたボールの画面に、彼のモノローグ。花形のアップや打球にかぶせて、彼のモノローグ。アニメだから視聴者の心理と無関係に、一定の時間を要してボールが往復する」

「……投球間隔が長い印象を与えるな」

「あるいは球速を遅く感じる……それでは豪速球じゃなくなってしまう」

「マウンドとバッターボックスの間が1キロくらい離れたように見えるかも」

実際にシナリオを書く段で、本気で心配した。

もちろんそんな錯覚は生じなかった。視聴者はちゃんと劇時間が現実の時間とは別物だとわかっていてくれたからだ。それでもイマジネーションに乏しいぼくは、飛ぶボールをスローモーションで見せるような工夫の必要があると思ったのに、実際に放映されたとたん疑念はあっさり払拭された。

まさにコロンブスのボールであった。

花形くんではもうひとつ、別な問題が発生した。

高校生の彼に車を運転させるわけにゆかないが、原作をそのまま使うと無免許運転に見えてしまうと指摘されたのだ。この問題はたしか、本筋に関係ないモブがハンドルを取ったことにして、処理したと覚えている。

ヒットしたテーマソングの作詞でも、危ない橋を渡った。

録音が近くなっても詞が出来ていなかったのだ。当時の東京ムービーはこれまでなん度か名前を出した藤岡社長と、田代常務が車の両輪であった。

その彼に呼ばれてぼくは、原宿のコロンバンという喫茶店に駆けつけた。表参道を下って明治通りと交差する手前、右側のビル1階にあった。

文芸担当やシナリオライターが数人顔を合わせた。主題歌をどうするかという話になり、誰かが（ぼくではなかったと思う）、

「旧制高校の校歌みたいなヤツがいい」

と口にしてみんなの賛同を得た。

そしてあの「思い込んだら試練の道を」の歌が作られていった。だから作詞者は個人でなく「東京ムービー文芸部」の名前になっている。まさか「重いコンダラ」というのが画面に出てくるローラーの名称だと、子どもたちに誤解されるとは思わなかった。

でもこんな昔話は今の若い人たちには無縁だろうな。*「ああ玉杯」を知らぬ世代に「旧制高校」は無縁の極みだ。

だから当時のスポ根がもたらした熱気の凄まじさを、令和の読者にはお伝えしにくい。

さほど多くの本数を書かなかったぼくなのに、強い印象を残しているのは（局のプロデューサーまで、第1話を書いたのはぼくだと誤認していた）、星飛雄馬たちが甲子園目指して故郷を離れる、原作が最高に盛り上がった一連の挿話を担当したためだろう。

その頃杉並区にあったムービーで打ち合わせを終え、阿佐ヶ谷駅に向かったぼくは、ムービー

▲「少年マガジン」昭和44年1月号別冊『巨人の星』⑩（講談社、梶原一騎原作、川崎のぼる作画）「少年マガジン」の連載に加えて、テレビアニメでも人気となった『巨人の星』。さらに、総集編が増刊号にまとめられて、ブームを後押ししている。

＊「ああ玉杯」＝旧制第一高等学校の代表的な寮歌のひとつ。

の文芸担当者の大音声で足を止めた。

ビル2階のテラスに駆け上がった彼は、青梅街道越しにぼくに呼びかけていた。右手の指を4本立てている。

「視聴率、4パーセント上がった!」

と報告してくれたのだ。

実はこの翌週も同じだけ上昇した。半月で8パーセントというのは容易な数字ではない。ブームという言葉をぼくは肌で感じた。

悔しいのは、この回の星一徹が息子たちを歓送するシーン、川崎のぼるの作画に、アニメの興奮が及ばなかったことである。

「少年マガジン」で川崎は、1ページの横幅をフルに使って横長のコマを積み重ねた。

視点は同じ角度で左に列車を、右にホーム上の一徹を描いて、列車が疾駆するに従い一徹の姿がぐんぐん遠く小さくなってゆく。

シネスコサイズのコマが発揮した効果が、アニメの固定したフレームでは、どうにも劣化して見える。シナリオでは見送られる車内風景をカットバックさせようとも考えたが、蛇足と思い断念したはずだ。山場のひとつであっただけに、力負けした気分がちょっと悔しい。

こぼれ話　あふれ話（3）

『巨人の星』について

長島茂雄の巨人軍入団会見の席で、小学生の星飛雄馬は長島にボールを投げる。それは、父の一徹が果たせなかった巨人軍への挑戦であった──。

衝撃的な幕開けから始まったテレビアニメ『巨人の星』は、梶原一騎と川崎のぼるによるマンガが原作だ。昭和41年から「週刊少年マガジン」（講談社）で連載を始めた同作は、野球に賭ける父子の情熱を非情なまでに描き、マンガ界とアニメ界に「スポ根もの」の一大旋風を巻き起こしている。

DATA

制作：よみうりテレビ、東京ムービー　1968年3月30日～1971年9月18日
土曜日19：00～19：30
よみうりテレビ（日本テレビ）系列／各回30分／カラー／全182話

STAFF

原作	梶原一騎、川崎のぼる
構成	長浜忠夫
脚本	山崎忠昭、松岡清治、佐々木 守、辻 真先、他
作画監督	楠部大吉郎
原画	竹内留吉、小林 治、椛島義夫、森下圭介、他
美術監督	小山礼司、影山 勇
音楽	渡辺岳夫
声の出演	星 飛雄馬（古谷 徹）、星 一徹（加藤精三）、星 明子（白石冬美）、花形 満（井上真樹夫）、伴 宙太（八奈見乗児）、左門豊作（兼本新吾）、他

▲『巨人の星』第14話「ひとりぼっちの投手」シナリオ。

実際の放映時には、第13話「根性のうさぎとび」のシナリオとして使用されている。辻 真先にとって『巨人の星』での、第7話「虚栄のボール」に続く2作目のシナリオだ。

（資料協力／トムス・エンタテインメント、一般社団法人 日本脚本アーカイブズ推進コンソーシアム）

こぼれ話　あふれ話（4）

『サイボーグ００９』

００９の甘くて辛い後味

石森章太郎（まだペンネームに「ノ」がない頃だ）の原作は、「少年キング」（少年画報社）連載のときから読んでいた。

あのラストシーン、流星となって燃え尽きるジョーたちを、物干し（昭和の色濃い風物である）から仰ぐ姉と弟の名場面は忘れがたいものがあった。

テレビ『００９』の第1期は、たまたま空いた時間に押し込もうと、東映動画が急遽企画制作した番組である。

同社ではすでに＊劇場長編アニメ（予算規模を縮小した通称B作であったが）の『００９』を2本制作していたので、今さらキャラデに煩《わずら》わされることもなく、スムーズな制作が期待された。

だからと言って、シナリオは右から左に出来るものでは

▶檀上で、マイクを手に話す辻 真先と石ノ森章太郎。出版記念パーティでの１枚と思われる。

＊ 劇場長編アニメ『サイボーグ009』＝昭和41年７月21日公開。『サイボーグ009　怪獣戦争』＝昭和42年3月19日公開。いずれも芹川有吾の演出によるもの。

ない。そこで伊上勝《いがみまさる》、小沢洋、ぼくの3人が、互いの打ち合わせ抜きで同時にスタートした。

最終回は原作にほぼ忠実に『平和の戦士は死なず』のタイトルで、ぼくが担当することになった。劇場アニメの監督だった芹川有吾と組んでの3作『Xの挑戦』（第2話）、『太平洋の亡霊』（第16話）、『平和の戦士は死なず』（第26話、最終回）が好評で、特に『太平洋の亡霊』は「アニメ秘宝」（洋泉社）誌編集部の選ぶオールタイム・ベスト・アニメーションの第1位に選ばれた。とても嬉しかったが、ここではその話は置いておく。

もともと評価と関わりなく、はじめから26回に決まっていた――という大人の事情があって、外野の騒音に煩わされず好きに書かせてもらえたのだ。

その後になって、正月興行の劇場アニメ『009』の脚本も、ぼくが書くことになっていた。東映会館で出会った石ノ森とエールを交換したこともあったのに、企画はなぜか立ち消えとなった。

うーむ、大人の事情はよくわからない。

長い間があいたのち、カラーのテレビアニメ『サイボーグ009』（第2作）が始まった。

これは東映動画ではなく東映本社の企画でアニメ制作は創映社改めサンライズだ。

いったん解散した009チームの再編成から話を始めた。サイボーグたちの能力紹介の必要もあり、うまく纏《まと》めたつもりでいたが、敵の設定について制作側とぼくの間で齟齬《そご》を生じ、以後のリーダーシップは酒井あきよしが取ってくれた。

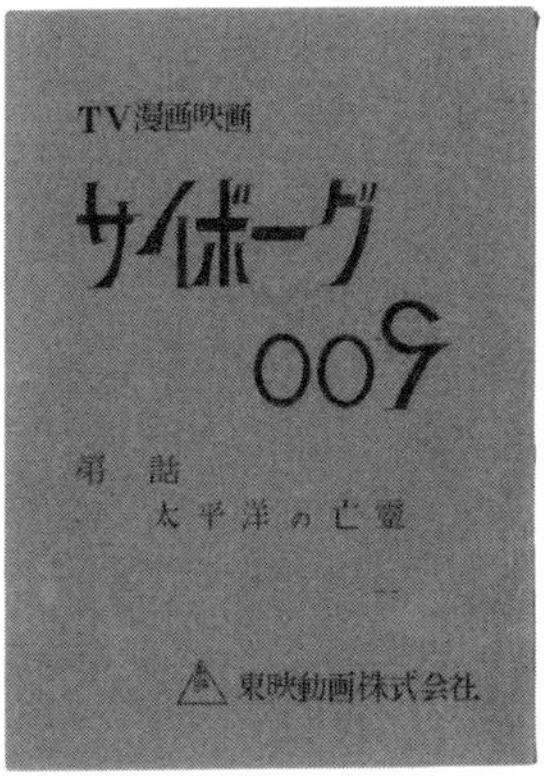

▲『サイボーグ009』第16話「太平洋の亡霊」シナリオ。

（資料協力／石森プロ、東映動画、一般社団法人 日本脚本アーカイブズ推進コンソーシアム）

ぼくの第1話では北欧説話の巨人が世界各地に出現して、009たちを圧倒する。最後に001の発したキメ台詞が、

「人間の時代が終わったのかもしれないね」

であった。

我ながらペシミスティックな第1話だ。

人づてに聞いたところでは、マンガ『燃えよペン』の島本和彦が、

「辻さん、あの続きをどう構想していたんだろう?」

と疑問を発したそうだが、すみません忘れました。

と、この間はそう言ったのだが、今回キーを打ってる内に少し思い出した。

人間に害をなす巨人の群を、降臨した神が粉砕する。熱狂した人々は、偽神の仮面をはがそうとするサイボーグチームを憎み始める。守るべきはずの人類の挑戦から憎悪の石を投げられながら、戦士9人は絶望的な神々との戦いに駆り立てられる。そんなお話であった。

009には桁違いの強敵にあえてぶつかってゆく悲劇が似合うと思っていたからだ。

結局ぼくはその後の『009』では、せいぜい補助線を引く立場として書き続けた。

＊神山健治監督以後の『009』は、まったく関知していない。

＊ 神山健治＝アニメーション監督。平成24年公開『009 RE：CYBORG』の監督・脚本を務めている。

こぼれ話　あふれ話（4）

『サイボーグ009』について

　嵐の晩、ギルモア研究所に001の夜泣きの声が響き渡る。目覚めた001は、新たな敵の出現を予知。そして大地が割れて、雲を衝くような巨人が現れる——。

　テレビアニメ『サイボーグ009』では、第1シリーズに続いて第2シリーズでもシナリオを担当している辻 真先。第2シリーズは、原作の「エッダ（北欧神話）編」を元にした「宇宙樹編」からスタート。第1話『よみがえった神々』を担当した辻は、敵役として北欧神話の巨神を登場させているが、同編は当初の予定より早い第9話で終了している。

第1シリーズ

DATA

制作：東映動画

1968年4月5日〜同年9月27日
金曜日 19：30〜20：00
NET系列／各回30分／モノクロ／全26話

STAFF

原作	石ノ森章太郎
企画	旗野義文
制作	江藤昌治
演出	芹川有吾、勝間田具治、田宮 武、他
脚本	伊上 勝、辻 真先、小沢 洋、他
音楽	小杉太一郎
声の出演	009／島村ジョー（田中雪弥）、001／イワン・ウイスキー（白石冬美）、002／ジェット・リンク（石原 良）、003／フランソワーズ・アルヌール（鈴木弘子）、004／アルベルト・ハインリヒ（大竹 宏、内海賢二）、005／ジェロニモ・ジュニア（増岡 宏）、006／張々湖（永井一郎）、007／グレート・ブリテン（曽我町子）、008／ピュンマ（野田圭一）、ギルモア（八奈見乗児）他

第2シリーズ

DATA

制作：東映
制作協力：日本サンライズ

1979年3月6日〜1980年3月25日
火曜日 19：00〜19：30
テレビ朝日系列／各回30分／カラー／全50話

STAFF

原作	石ノ森章太郎
プロデューサー	小泉美明、飯島 敬、鈴木武幸
監督	高橋良輔
演出	広川和之、滝沢敏文、他
脚本	辻 真先、酒井あきよし、他
音楽	すぎやまこういち
声の出演	009／島村ジョー（井上和彦）、001／イワン・ウイスキー（千々松幸子）、002／ジェット・リンク（野田圭一）、003／フランソワーズ・アルヌール（杉山佳寿子）、004／アルベルト・ハインリヒ（山田俊司〈キートン山田〉）、005／ジェロニモ・ジュニア（田中 崇）、006／張々湖（はせさん治）、007／グレート・ブリテン（肝付兼太）、008／ピュンマ（戸谷公次）、ギルモア（富田耕生）他

こぼれ話　あふれ話（5）

『ドラえもん』

乗りそこねたテツの落胆

手塚治虫を筆頭とするいわゆるトキワ荘グループのみなさんとは、アニメ化の機会がなかった寺田ヒロオたちを除いて、仕事上の交流があった。

石ノ森章太郎、赤塚不二夫、藤子・F・不二雄、藤子不二雄Ⓐ、水野英子、鈴木伸一、つのだじろう（厳密にはトキワ荘に住んでいなかったし、脚色するチャンスもなかったが、飲む店が同じだった）たちと顔見知りになっていたから、のちにアニメ＊『トキワ荘物語』のシナリオを創るのに、大いに役立った。

ことに藤子・F・不二雄には、放送作家協会が始めた『劇画マンガ原作教室』の講師として、ずいぶん力を貸してもらったものだ。

本業の脚本制作でも、『オバケのQ太郎』をはじめとして、劇場アニメ『21エモン』（昭和56年、芝山努監督）、オリジナルアニメ『おれ、夕子』（平成3年、望月智充監督）などいろいろなジャンルでおつき合いさせていただいた。

その割に『ドラえもん』は数を書いていない。

▲VHS『メモリアル藤子・F・不二雄 vol.5　おれ、夕子』（小学館）
藤子・F・不二雄のSF短編のOVA。表題作と同時収録『幸運児』の脚本を、辻真先が手がけた。

＊『ぼくらマンガ家 トキワ荘物語』＝昭和56年10月3日、フジテレビ系「日生ファミリースペシャル」で放映された単発テレビアニメ。フジテレビ制作・東映制作、鈴木伸一監督。

四次元ポケットから取り出す珍アイテムとして、ストーリーミキサーなる代物（コンクリートミキサー車そっくりで、種々雑多な物語本を放り込むと話をひとつに纏《まと》めてしまう装置です）を発明したことは覚えている。

その程度に貢献度の低いぼくであったが、テレビ朝日の開局25周年記念番組（昭和58年）として、『ドラえもん・ヨーロッパ鉄道の旅』のシナリオを担当したときは、張り切った。

藤子・F／Ⓐ両氏（まだ藤子不二雄は、ひとりでふたりの時代であった）の鉄道乗りまくりのドキュメントに、どこでもドアを利用してふたりを追いかけるアニメのドラえもん・のび太を合成している。

技術に弱いぼくは知らなかったが、このとき鉄道紀行のお膳立てをした南正時は、現在鉄道写真家として活躍しているが、『巨人の星』を作画したAプロ（今のシンエイ動画）以来のアニメ歴の人だから、企画にはもって来いの人物であった。

彼の近著『昭和のアニメ奮闘記』（天夢人）によると、ドラえもんたちをヨーロッパの鉄道各駅に登場させた画面は、日本はじめてのCG合成であったとか。

アニメプラス鉄道という企画には、ぼくも大きな期待を寄せていたので、テレ朝にお伺いを立ててみた。

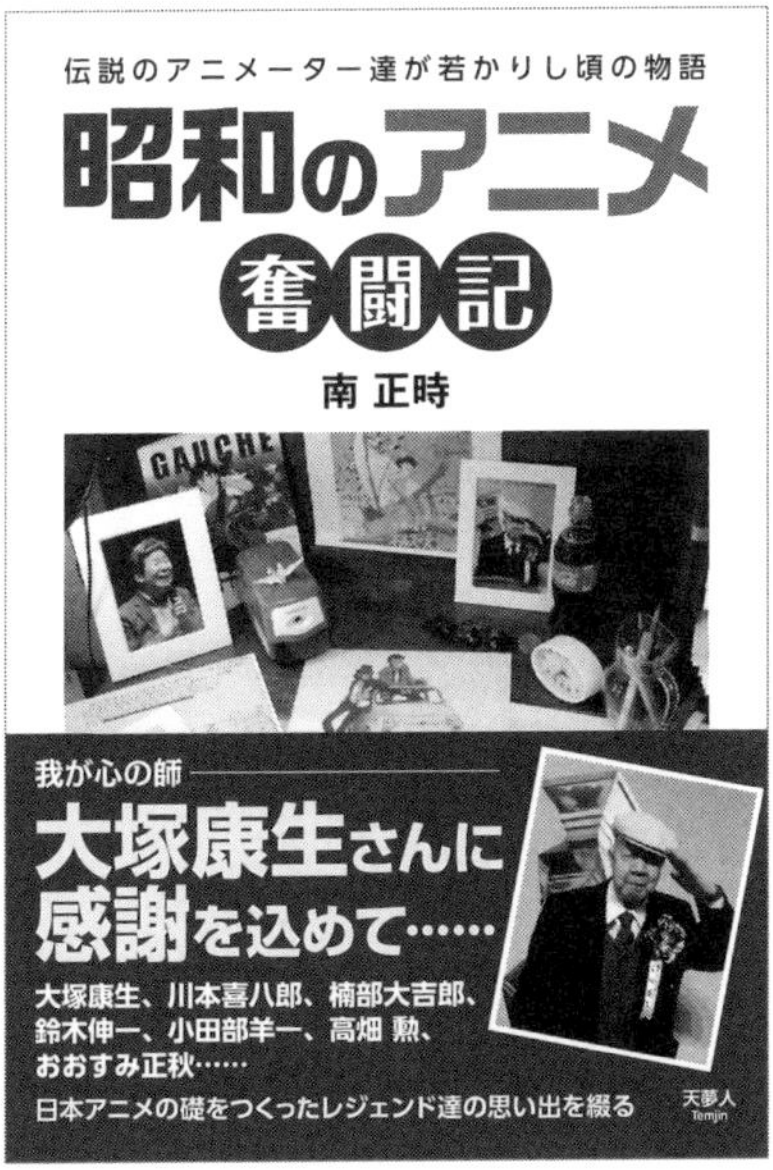

▲『昭和のアニメ奮闘記』（天夢人、南正時）
Aプロダクションに勤務後、鉄道写真家に転身した南 正時。自らが撮影した写真とともに日本のアニメ史を綴る。

「エート、藤子さんたちにくっついて、ぼくもイギリスの鉄道博物館くらい行ってもいいですかね」

「ダメ」

　あっさり断られた。

「藤子さんたちを撮っている間、あなたはフィルムの仕上がりを日本でチェックして、シナリオを書いてください」

　夢はしぼんだ。どこでもドアをドラえもんに借りればよかった。

「話の中でどこでもドアが出るのだから、そいつを使って日本のシンカンセンをヨーロッパで走らせようか」

　ムチャクチャな案を提出したが、これも採用にならなかった。

「そんな大型のどこでもドアはありません」

　ごもっともです。

こぼれ話　あふれ話（5）

『ドラえもん』について

小学館の学習誌に1970年１月号から連載開始された『ドラえもん』（藤子･F･不二雄）は、現在も子どもたちに強く支持されている国民的人気マンガだ。

今までに３回アニメ化されており、1979年から2005年までテレビ朝日系列で放送されたシリーズでは、辻 真先もシナリオを手掛けている。

第511話『即席ジャングル』は辻 真先による脚本で、即席でジャングルを作れる缶詰を使って空き地で大冒険をするドラえもん、のび太が描かれている。

DATA

制作：テレビ朝日、旭通信社、シンエイ動画

1979 年 4 月 2 日～ 1980 年 3 月 30 日　日曜 8：30 ～ 9：00
1980 年 4 月 6 日～ 1981 年 9 月 27 日　日曜 9：30 ～ 10：00
1981 年 10 月 2 日～ 2005 年 3 月 18 日　金曜 19：00 ～ 19：30
テレビ朝日系列／各回 30 分／カラー／全 1,787 話

STAFF

原作	藤子･F･不二雄
監督	もとひら了、芝山 努
脚本	松岡清治、山田隆司、深見 弘、岸間信明、城山 昇、藤本信行、辻 真先、他
キャラクターデザイン	中村英一
音楽	菊地俊輔
声の出演	ドラえもん（大山のぶ代）、野比のび太（小原乃梨子）、源 静香（野村道子）、ジャイアン／剛田 武（たてかべ和也）、骨川スネ夫（肝付兼太）

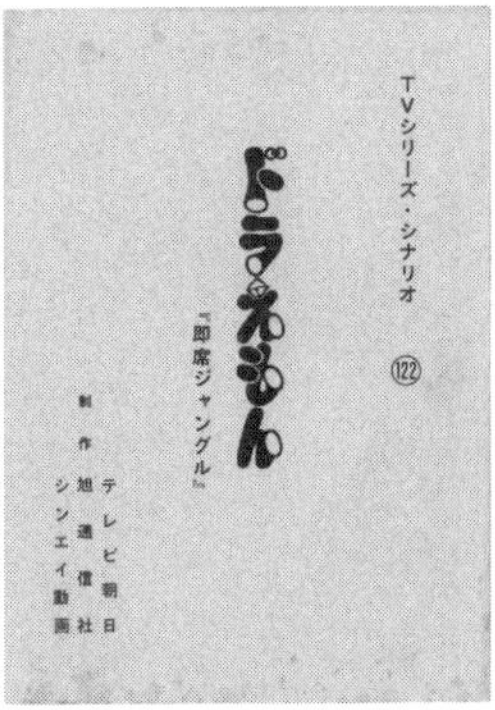

▲『ドラえもん』「即席ジャングル」シナリオ。
辻 真先による執筆回で、1982 年 2 月 5 日に放映された。
（資料協力／一般社団法人 日本脚本アーカイブズ推進コンソーシアム）

こぼれ話　あふれ話（6）

『バンパイヤ』

『バンパイヤ』で書き直しが続いたワケ

手塚原作の『バンパイヤ』はアニメではなく実写ドラマだけれど、獣化した後キャラクターはアニメとして動くので、むりやり『テレビアニメ道』に割り込ませてもらう。

ご承知のように、主役の少年は若き日の水谷豊であった。

新宿2丁目にあった喫茶店「コボタン」へ、手塚治虫がパイロットフィルムを引っさげて現われ、みんなの意見を聞いて回った。

当時の「コボタン」をぼくは漫画喫茶と呼んでいたが、今のマンガ喫茶「マンボー」などとは意味が違い、まだマイナーな存在であったマンガファンが、マンガ論を戦わせ蘊蓄《うんちく》を披露する場としての空間であった。

「少年キング」（少年画報社）連載の『追跡者』を連載した頃、ぼくは毎週1度ここへ、マンガ家池上遼一や「キング」の編集担当と3人で集まって意見を出し合ったから、馴染み深い店であり『バンパイヤ』にも思い入れがある。

ところがその第1話に、テレビ局からクレームがついたのだ。

▲『追跡者×拳銃野郎』（立東舎、辻真先原作、池上遼一作画）
辻が原作を手掛け、池上遼一の雑誌デビュー作となった『追跡者』を収録している。

キー局のフジテレビではなく、ネット局だった関西テレビからだ。

「このままでは舞台が○○としか思えないので、撮り直してほしい」

フジテレビは在京の放送局なのでピンとこなかったのだろうが、名古屋から以西になると、東京では想像のつかない根深い問題になるのだ（同根のトラブルについては『一休さん』にも書いている）。

やむなく虫プロでは主役トッペイの出身地を島に変えたのだが、それでもまだ関西テレビは放映を渋った。

次の修正のとき、ぼくにお鉢が回って来た。

修正した要点の記憶はもうろうとしているが、獣化現象は出身地の問題ではなく、あくまで主役兄弟にのみ発現する特殊能力——と表現したように思う。

元の脚本は、魔女っ子シリーズで『メグちゃん』第1話を書いた山浦弘靖である。じかにこの話をバトンタッチしたのではないから、本人にどのように伝えられたか知らないが、ライターとして決して愉快な問題ではない。

ぼくがアニメ脚本に従事していた頃、これに準じたトラブルは他にもあったが、令和の現在はどうなっているのだろう。臭いものに蓋をしたまま今日に到っているとすれば、悪しき意味で日本的解決と言うべきだ。

こぼれ話　あふれ話（6）

『バンパイヤ』について

手塚治虫の『バンパイヤ』は、動物に変身出来るバンパイヤ族と人間の戦いを描いている。シェイクスピアの『マクベス』に触発された作品で、悪の化身のような青年／間久部緑郎（ロック）が、バンパイヤのトッペイを追い詰めて行く。

昭和41年から翌42年に「週刊少年サンデー」にて連載された第１部をもとに、虫プロ商事が制作した『バンパイヤ』は、実写とアニメーションの合成による意欲作だ。手塚治虫自身が、本人役で出演したのも話題となっている。

DATA

制作：虫プロ商事　1968 年 10 月 3 日～ 1968 年 12 月 26 日
木曜日 19：00 ～ 19：30
1969 年 1 月 4 日～ 1969 年 4 月 5 日
土曜日 19：00 ～ 19：30
フジテレビ系列／各回 22 分／モノクロ／全 26 話

STAFF

原作	手塚治虫
プロデューサー	今井義章
脚本監督	福田善之
脚本	山浦弘靖、辻 真先、藤波敏郎、久谷 新、他
動画監督	木下蓮三
美術監督	山下 宏
音楽	林 光
声の出演	トッペイ（水谷 豊）、チッペイ（山本義明）、ロック（佐藤 博）、下田警部（岩下 宏）、森村記者（渡辺文雄）、熱海教授（戸浦六宏）、手塚治虫（手塚治虫）他

▲小学館の絵本『ステッカー版　バンパイヤ』（小学館、手塚治虫原作、虫プロ商事制作）

低学年への浸透を狙い、大野ゆたか、井上 智の作画によるマンガ『バンパイヤ』が収録されている。

こぼれ話　あふれ話（7）

『おじゃまんが山田くん』

ギャグの視聴率は笑えない

第2章で偉そうにギャグについてぶちかました。笑いのセンスは時代により個人により、ピンからキリまで分かれていて——とかなんとか書いたはずだ。

ギャグにも種類があると言ったが、同じ朝日新聞に連載の4コママンガには違いないから、『おじゃまんが山田くん』は『サザエさん』近縁のギャグマンガと理解する向きが多いのではないか。

実際にアニメ『おじゃまんが』の制作プロに、クライアントか局か知らないが苦情を言って来たという。

「『サザエ』と同じ視聴率が取れなきゃおかしい」

スタッフから聞かされて、ぼくはいささか頭に来た（両方のアニメを書いているのはぼくだけだから、苦情の標的はぼくかもしれない）。原作が連載された新聞と、テレビではそもそも土俵が違う。異種格闘技戦ではあるまいし、比べるのがおかしいのだ。

原作の個性だって当然ながら別ものだ。作品の指向は異なっており歓迎する読者層も違う。数値に還元出来る話ではない。

▲100てんランドコミックス『おじゃまんが山田くん』（双葉社、いしいひさいち）テレビアニメをまとめたフィルムコミック。

発言した人は冗談半分かもしれないが、両方を書いたぼくは真面目な顔で言いたい。

『おじゃまんが山田くん』のギャグは乾いており、『サザエさん』のギャグには湿度がある。

え、笑いに湿度の有無があるの?

あるのだ。

戦前の映画評で、「伊丹万作の映画にはドライなユーモアがある」

という言葉を読んだ。まだ幼かったぼくには意味不明であった。

なんとなくわかったのは、戦後になってからだ。戦後の日本で最初にディズニーの配給権を獲得したのは大映だ。7分間1巻ものの短編が、2本立て興行の添え物として上映された。アニメに目のないぼくは、当然見に出かけた。

都会派の東宝に比べると、大映はチャンバラ主体の撮影所が戦時中に合併した会社だから、撮る映画も活劇やお涙ものが多い。

おかげでぼくは見たくもない『母三人』(実母・継母・養母が娘をめぐって泣かせる悲劇で『3倍泣けます!』というのが広告文句だった)を見せられ、客を泣かせるためのドラマには、定型があることを会得した。

江戸や明治の芝居と同じ呼吸で作劇して、それでも昭和の客は泣いたのだ(泣かせたから低俗だなんて、ぼくは夢にも思いませんよ、念のため)。木下恵介監督の代表作『二十四の瞳』(昭和29年)の試写会場は観客の嗚咽で満ちあふれたものだ。あの映画を見たら令和の客も泣くのかな?

とにかく『母三人』をかけた小屋の客たちは涙にむせんだ。

そこへドナルドが嗄《しゃが》れ声でドタバタギャグで割り込むなんて、大映はなに考えていたんだろうな。それはともかく、はじめ当惑した客席の涙は、見る間に乾いてしまった。

かようにスラップスティックのアニメはお涙頂戴の対極にあるけれど、家庭劇が基本の『サザエ』はコメディであってもスラップスティックではない。そのあたりを読み違えたぼくの脚本は、本来の『サザエ』とズレていたのだ。

今日的なトピックをすべて避けた『サザエさん』の笑いなら、昭和も令和もなく通用するのだが、『おじゃまんが山田くん』はそうはゆかない。いしいひさいち原作の売りは時代をやぶにらみする尖った感覚だからだ。もったいないオバケは、いしいひさいちの世界になら生息しても、長谷川町子の世界には存在出来ないのである。

ギャグに上下はないが横並びの種類は多いと、ぼくは思う。

中でも好きな笑いは、落語の『頭山』だ。

長屋の男が花見で喧嘩して頭に傷を負う。その傷にサクランボが落ちて芽吹き、やがてサクラの大木が育つ。花見どきになると長屋が総出で宴会を開くからうるさいのなんの。

癇癪《かんしゃく》を起こした男が根こそぎサクラを引っこ抜いたらその痕に雨水が溜まって池になる。長屋の連中が池にボートを浮かべてさわぐので、やり切れなくなった当人は、その池に身を投げて死んでしまう——というお笑いである。

誇張につぐ誇張の最後に、もう一押し。超次元的飛躍を誇示したサゲ。誰にも通用する笑いでなくとも、個性的で深掘りされたドライ極まりないギャグの連鎖だ。

このシュールな一席をアニメ化した*山村浩二監督の短編は、世界各地のコンクールで好評を博している。

日本のアニメがテレビのフレームや人種の枠を飛び越え、地球的規模で新しい文化を確立しつつある。

テレビを媒介にアニメに触れる機会を得た読者のあなたには、30分枠の番組にとどまらないアニメの沃野《よくや》に、ぜひ関心を抱き続けてほしい。

笑いを理解出来る動物は、人間だけなのだから——と再言しておこう。

＊ 山村浩二＝アニメーション作家、絵本作家。平成14年、「頭山」が第75回アカデミー賞にノミネートされた他、アヌシー国際アニメーション映画祭、ザグレブ国際アニメーション映画祭などでグランプリを受賞する快挙を挙げている。

こぼれ話　あふれ話（7）

『おじゃまんが山田くん』について

当主／よしおを筆頭に大家族の山田家。運営するアパート／山田荘に住む学生や、ご近所のオカダ教授も加わって、大騒ぎの毎日だ――。
『おじゃまんが山田くん』は、いしいひさいちの初期4コママンガ作品を原作に、制作した連続テレビアニメ作品だ。時事ネタを盛り込んだユーモアで人気となり、1981年にはアニメ映画化、1984年には『元祖おじゃまんが山田くん』として実写ドラマ化もされている。

DATA

制作：ヘラルド・エンタープライズ、旭通信社　1980年9月28日～1982年10月10日
日曜日 19：00～19：30
フジテレビ系列／各回30分／カラー／全102回（1回3話全306本）

STAFF

原作	いしいひさいち
制作	古川博三
企画	秋枝 博
チーフディレクター	光延博愛
脚本	辻 真先、金春智子、城山 昇、まるおけいこ、他
作画監督	金沢比呂司
絵コンテ	光延博愛、やすみ哲夫、寺田和男、原田益次、他
音楽	山本正之、川辺 真
声の出演	山田よしお（コロムビア・トップ）、山田のぼる（雷門ケン坊）、山田みのる（丸山裕子）、山田ヨネ夫（千田光男）、山田ヨネ子（横山えみ子）、山田さなえ（安田あきえ）、山田小麦（潘 恵子）他

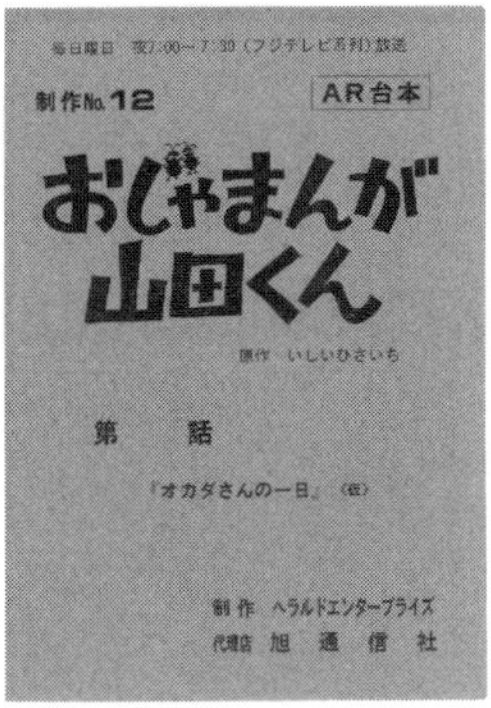

▲『おじゃまんが山田くん』「オカダさんの一日」シナリオ
（資料協力／一般社団法人 日本脚本アーカイブズ推進コンソーシアム）

CHAPTER

4 アニメの昨日・今日・明日

ぼくの昨日とアニメ

『ワイルドヒック』（篠田ひでお）
『またもやったか三銃士』
『おろち』（楳図かずお）
『漂流教室』（楳図かずお）
『ザ・ムーン』（ジョージ秋山）
『私を月まで連れてって！』（竹宮恵子）
『ガンバの冒険』（斎藤惇夫）
『マカロニほうれん荘』（鴨川つばめ）
『性生活の知恵』（謝国権）
『タンク・タンクロー』（阪本牙城）
『ドリーミィ・ドリーミング・ドリーム』

まだあるはずだが思い出せない。

中には『漂流教室』のようにぼくと無関係な時と所で実現した企画もあり、『ガンバの冒険』みたいに原作者の与《あずか》り知らぬところでアニメ化が許諾されており、読売日曜版に絵話を連載しながら尻つぼみとなった作品もあった。

実を結ばなかった思い出には、古戦場の蕭条《しょうじょう》とした風が吹く。

テレビの企画にはシュンがあるから、いったんつまずけばもはや実現出来ないのが大半だ。それを思えば『コン・バ

▲昭和50年に「読売新聞日曜版」で連載された『冒険者たち　ガンバと15匹の仲間』
斎藤惇夫の原作を辻 真先が脚色している。イラストは、池原昭治、辻 忠直が担当。東映動画でのアニメ化に向けたデモンストレーション企画だったが、アニメ化権が他社に渡ったため東映でのアニメ化は頓挫している。

トラーV《ブイ》』なんてよくまあ放映出来たものだと思う。甘くて辛くて酸っぱい味を噛みしめながら、58年の間アニメのシナリオを書き続けた。

もう30年以上前のことだが、青山のマンションの倉庫に眠っていたアニメの台本をファンが整理してくれたおかげで、その時点でぼくが書いたアニメシナリオが１５００本以上あるとわかった。

その後は次第にアニメを書く時間が減ったし、誰も（ぼく自身も）本数を数えていないから責任は持てないが、合わせれば最終的に２０００本は書いたはずだ。

シナリオライターは原則としてひとりボッチで作業する。

その点は小説も同じだが、アニメの場合は形となって世に出るまで、大勢の人が関わり合う。

ぼくのマスコミ稼業のスタートは、第1章に書いたようにナマ放送のテレビ番組だ。大道具小道具の制作進行に始まって、企画演出に至るまで手広くやった。

時報、マンガ、ドラマ、バラエティ。最初にひとりで演出したのは*『素人のど自慢』の中継、はじめてのドラマ演出は『バス通り裏』、はじめてのカラー実験放送は『お笑い三人組』、はじめての企画制作は『ふしぎな少年』。

読者のおじいさん世代なら、見た覚えがおありだろう。

生放送の1時間ドラマで１００人近いモブシーンを演出したのも、今となっては懐かしい思い出である。

そんな調子で、大勢で騒々しく創るのも嫌いじゃない。

だからアニメのシナリオライターに特化しても、虫プロでは文芸部の一角に机をもらって、アニメーターの若手とおしゃべりするのは楽しかった。

マンガの虫が揃っていたから、ＮＨＫでは決して通用しなかった話題でしょっちゅう盛り上がっていた。

＊『のど自慢素人音楽会』は、ラジオ第一放送で昭和21年に放送を開始。翌年『のど自慢素人演芸会』とタイトルを変更。テレビとラジオの同時放送は昭和35年にスタートし、昭和45年から『NHKのど自慢』と改題して今に続く長寿番組となっている。

「ついにオスカルが寝たぞ!」

　と、『ベルサイユのばら』の話が出たのも、

「大リーグボールの謎なら、おれはこう解く」

『巨人の星』について夢中でしゃべり合ったのも、

「手塚先生のとこへ*里中満智子が来た!」

　注進してくれたのも、虫プロのスタジオ雀だった。

『少女フレンド』のコンクールに入選した女子高生か?」

「そうだ。『物理学入門』って本を持ってた——美少女だったぞ」

　どうも彼女を観察するため、わざわざ手塚家へ足をのばした奴がいるらしい(ぼくじゃない)。

『ジャングル大帝』ではチームの連帯感を強めようと、週刊で社内紙を発行していた。「あとの祭り」と題して作品の反省会をやり、アニメーターたちが連載を描いた。ぼくも実験的なシナリオを寄稿した。

　港の桟橋を舞台にカメラ据え切りの画面、登場人物は膝から下だけのショットである。

　桟橋に残された女ものの草履——投身しようとしている彼女の素足——駆けつける男のズック、揉み合う素足とズック。

　時間経過。

　雨に濡れる男の紳士靴——桟橋に落ちたタバコの吸殻がいくつか——やがて諦めたように振り向く紳士の靴——それがピタリと止まる——離れた場所に佇んでいたハイヒール——そっと動き出す——やがて駆け出す——広がったまま桟橋に落ちる傘——紳士靴に駆け寄ったハイヒール——受け止めた紳士靴——静かに寄り添う2足の靴——ためらいなが

＊ 里中満智子＝16歳の時、『ピアの肖像』で第1回講談社新人漫画賞入賞してデビュー。『アリエスの乙女たち』『天上の虹』などの代表作を持つ少女マンガ家。

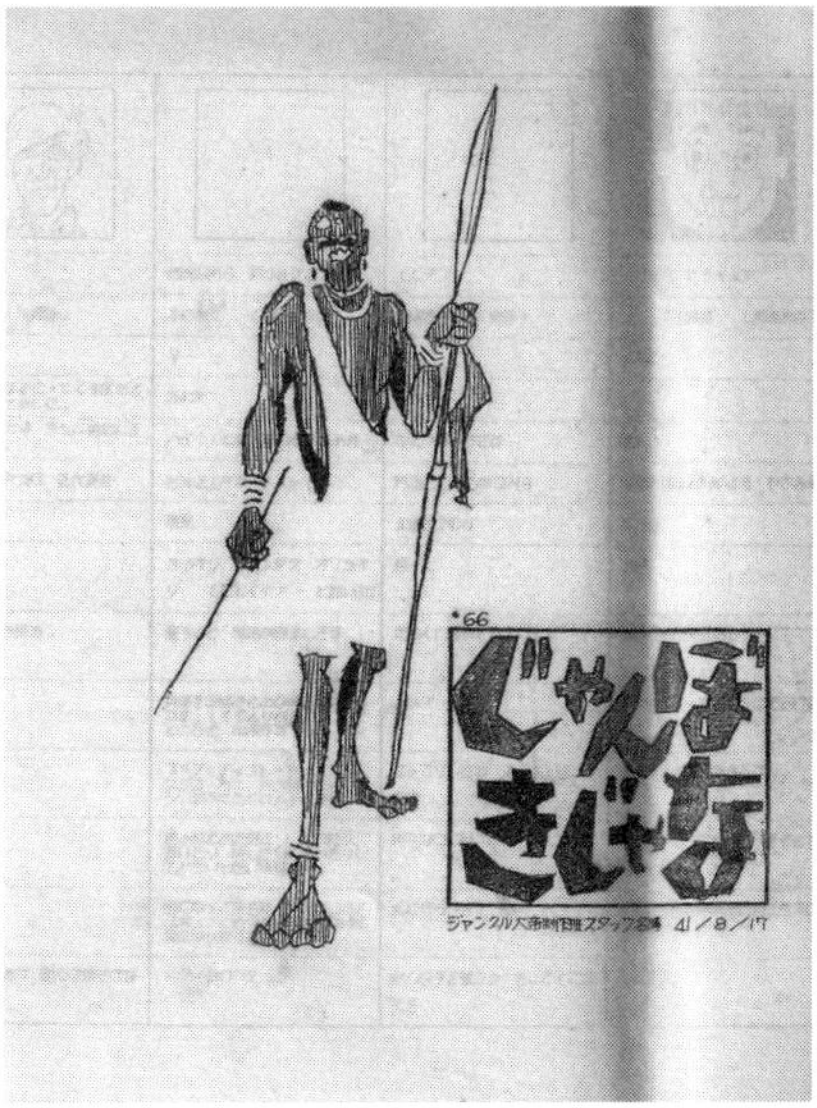

◀ 虫プロダクション社内情報紙「じゃんぼきじゃな」（昭和41年）
マンガ家でもあり、峠あかね名義で「COM」（虫プロ商事）専属のマンガ評論家としても活躍していた真崎 守（本名／森 柾〈もりまさき〉）が、編集とガリ版（孔版）印刷を手掛けている。

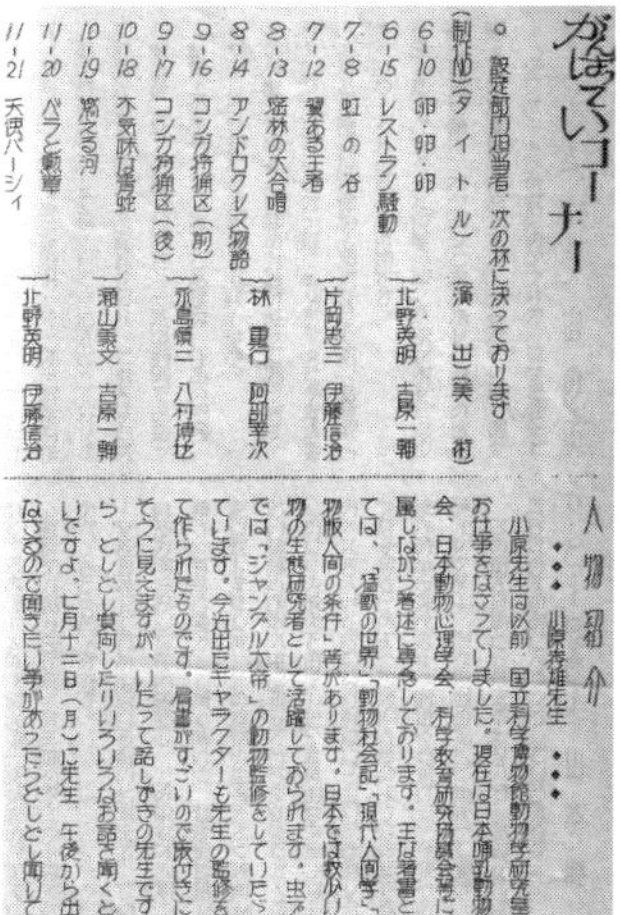

がんばっていコーナー

○ 設定部門担当者 次の林に決っております

(制作順)(タイトル) (演出)(美術)
6-10 卵・卵・卵 ― 北野英明 吉原一輔
6-15 レストラン騒動
7-8 虹の谷 ― 片岡忠三 伊藤信治
7-12 翼ある王者
8-13 密林の大合唱 ― 林重行 阿部幸次
8-14 アンドロクレス物語
9-16 コンガ狩猟区(前) ― 永島慎二 八村博也
9-17 コンガ狩猟区(後)
10-18 不気味な青蛇 ― 瀬山義文 吉原一輔
10-19 消える河
11-20 バラと勲章 ― 北野英明 伊藤信治
11-21 天使パーシィ

人物紹介 ◆◆◆ 小原秀雄先生 ◆◆◆

小原先生は以前、国立科学博物館動物学研究室でお仕事をなさっていました。現在は日本哺乳動物学会、日本動物心理学会、科学教育研究協議会等に所属しながら著述に専念しております。主な著書としては、「猛獣の世界」「動物社会記」「現代人間学」「動物と人間の条件」等があります。日本では数少い動物の生態研究者として活躍しておられます。虫プロでは「ジャングル大帝」の動物監修をしていただいています。今迄のキャラクターも先生の監修を得て作られたものです。風貌がすごいので取付きにくそうに見えますが、いたって話しずきの先生ですから、どしどし質問したりいろいろなお話を聞くといいですよ。七月十二日（月）に先生、午後から虫社にみえるので聞きたい事があったらどしどし聞いて

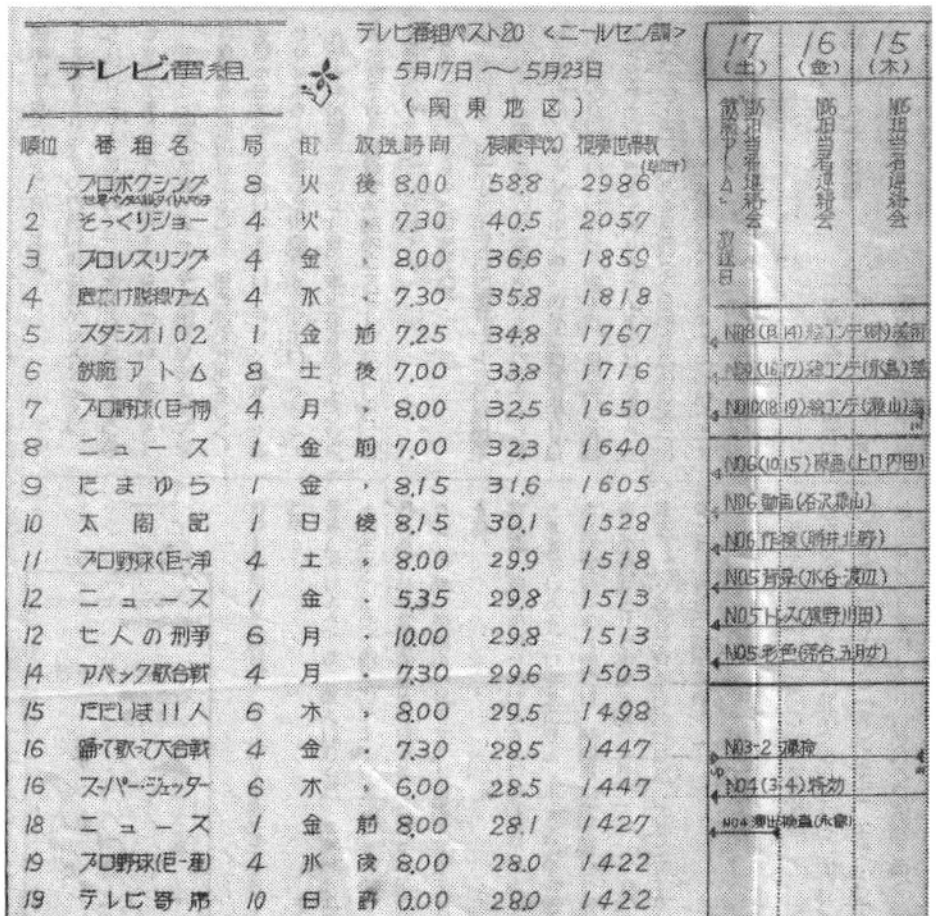

テレビ番組

テレビ番組ベスト20 <ニールセン調>
5月17日 〜 5月23日
（関東地区）

順位	番組名	局	曜	放送時間	視聴率(%)	視聴世帯数(単位千)
1	プロボクシング 世界バンタム級タイトルマッチ	8	火	後 8.00	58.8	2986
2	そっくりショー	4	火	〃 7.30	40.5	2057
3	プロレスリング	4	金	〃 8.00	36.6	1859
4	底抜け脱線ゲーム	4	水	〃 7.30	35.8	1818
5	スタジオ102	1	金	前 7.25	34.8	1767
6	鉄腕アトム	8	土	後 7.00	33.8	1716
7	プロ野球(巨-神)	4	月	〃 8.00	32.5	1650
8	ニュース	1	金	前 7.00	32.3	1640
9	たまゆら	1	金	〃 8.15	31.6	1605
10	太閤記	1	日	後 8.15	30.1	1528
11	プロ野球(巨-洋)	4	土	〃 8.00	29.9	1518
12	ニュース	1	金	〃 5.35	29.8	1513
12	七人の刑事	6	月	〃 10.00	29.8	1513
14	アベック歌合戦	4	月	〃 7.30	29.6	1503
15	ただいま11人	6	木	〃 8.00	29.5	1498
16	踊って歌って大合戦	4	金	〃 7.30	28.5	1447
16	スーパージェッター	6	木	〃 6.00	28.5	1447
18	ニュース	1	金	前 8.00	28.1	1427
19	プロ野球(巨-産)	4	水	後 8.00	28.0	1422
19	テレビ寄席	10	日	前 0.00	28.0	1422

▲虫プロダクション社内情報紙「じゃんぼきじゃな」（昭和41年）より。
上段に掲載した情報紙の紙面。制作各部門の功労者紹介（左図）のほか、当時のテレビ番組の視聴率ランキング（右図）が掲載されている。

らも背伸びするハイヒール――2足の爪先がまるでキスしたように接して動かない――フェイド・アウト。

そんな小品の記憶がある。

アニメにとって貧しくも心楽しい時代であった。

――と締めくくっては、あまりに楽天的なそしりを免れまいが、無我夢中で書いていたあの頃が4度目の青春であったのは間違いない。

我ながら図々しく照れくさい話だが、ぼくにとって最初の青春は出来たての新制高校生時代（拙著『たかが殺人じゃないか　昭和24年の推理小説』参照）、2度目の青春は学生演劇に首を突っ込んだ頃、3度目の青春はテレビで働いた頃（次作『馬ッ鹿みたい！　昭和36年のミステリ』参照）のつもりだから。

老人の決まり台詞、

「昔は良かった」

とは言わない。

「昔も良かった」

そう言います。

ぼくの今日とアニメ

「好きな仕事で食べられて羨《うらや》ましい」

と、よく言われる。

違いない。幼稚園に入る前からマンガが好きであったし、小学校に入った頃探偵小説にめぐり合った。汽車も好きだったから機会ある毎に乗り、従って旅も好きになり宿も温泉も好きだった。

はじめはそんな大それたつもりはなかったのに、趣味を文章に仕立てて職業にすることが出来た。ラッキーに違いない。「なろう」と思わず「なっていた」のだから贅沢《ぜいたく》な奴である。

「あんたは運が良かっただけ」

亡妻にいつもそう言われた。

まったくだ――マンガの*『響』を読んで申し訳なくなった。みんな死に物狂いでなろうとしているじゃないか。そんな根性なぞあるはずがないのに、ぼくが好きなものを書いて食っていられるのは、めぐり合った時代のおかげだ。

テレビが放映を開始したし、マンガは勃興期にあり、小説は若者向きを相手に書く人が皆無だったから無人の椅子に座り込めた。まるで空き巣の所業だ。

その代わりテレビでは評論家に笑われ、アニメでは教育委員会に叱られ、小説を書いても無視され続けたが、好きなものを書いてゼニがもらえたのだから、その程度のマイナスならお釣りが来る。

とは言うものの、逆風の中でファンのエールに出会うと、孤独が癒される思いで嬉しかった。

当然ファンと言っても一色ではない。ミステリを書き始めてしばらくして、中学生のアニメファンから手紙をもらったときは、目が点になった（今はこんな言い回しをしないのか）。

「辻さんと同じ名前で小説を書いている人がいます。抗議してやってください」

へっ？

*『海のトリトン』ファンの女子高生が、大阪から上京して来て、新宿で切々と放映の延長を訴えられたときは、自分

＊『響 〜小説家になる方法〜』＝柳本光晴によるマンガ作品。「ビッグコミックスペリオール」（小学館）にて連載された。平成29年、マンガ大賞を受賞。翌30年、『響 -HIBIKI-』のタイトルで実写映画が公開されている。
＊『海のトリトン』＝手塚治虫によるマンガを原作としたテレビアニメ。アニメーション・スタッフルーム制作。朝日放送系で昭和47年4月1日から同年9月30日まで放映された。

の無力と同時に研《と》がれたファン気質を教えられた。
あの頃若かった人たちは、20年30年後の今、どこでどうしているのだろう。

継続は力なりと言う。

ぼくが知る一番古いアニメファンのグループは、『サイボーグ009』のファンクラブで、会誌「パラライザー」はこの6月にも最新号を出している。営々178号に到る。

ぼくの取り柄も、よく似ている。

とにかく続きました。

たいていの子どもは幼い日々、マンガが好きだった。今なら産声を上げたとたんに、テレビアニメが放映されている。子どもは動くものが好きだから、生まれながらにしてアニメも好きだろう。

それでも大部分の人たちは、マンガやアニメやテレビでは食えないことがわかるから、ほかの職業を選ぶ。あいにくぼくは曲がりなりにも食うことが出来、ほかの道へゆかずにすんだ。やはり運が良かったのだ。

キャリアが長いおかげで、運良く仕事の注文も続いた。

『名探偵コナン』の場合、ミステリ好きな於地紘仁監督が熱海に来訪して、彼の担当する『コナン』を書いてみないかと誘ってくれた。

つい先頃「毒を入れたのは誰」というタイトルで、新作をオンエアしたばかりだ（令和3年5月15日放映）。ちなみに

▲「PARALYZER」VOL.178（CYBORG009FC）
『サイボーグ009』ファンクラブによる会報誌。

『コナン』がどんなプロセスを踏んで脚本を決定稿にするのか、アニメ事情の片隅を書き留めておこう。

オリジナルを書くぼくの場合（ほかの脚本家の会議に同席したことはない）に限定して読んでいただきたい。

まずどんなジャンルの事件を書きたいか、である。

「えー、次は毒殺をやってみたいんだけど」

『コナン』は長寿番組だから、制作プロのＴＭＳには文芸担当者のほかストーリーエディターと呼ばれるベテランがいる。

「毒殺はいいけど、『コナン』だともう30人くらい殺したと思うよ」

ちょっとめげたが、そんなことで引き下がっては『コナン』のホンは書けない。

「大丈夫、これまでとダブらないトリックだから」

自信はなくても、とにかくそう具申する。

「じゃあ、シノプシスを書いてみてよ」

で、書いた。

「登場人数が多すぎる」

減らした。

「舞台や小道具の設定がにぎやかすぎる」

削ったが、話の仕組みに必要な監視カメラは残した。

「このメカの説明、長すぎる」

熟慮の末、簡略にした。

「小五郎を眠らせたら、すぐ謎解きを始めた方がいい」

「あいよ」

構成をいじってみた。

実際のミーティングはこんな簡単なものではない。読売テレビの諏訪道彦プロデューサーとアニメの山本泰一郎監督は常連として、ほか数人のプロデューサーが同席、さまざまな意見が戦わされる。

「まだ長いんじゃない?」

さらに切り詰めた。

セリフを必要不可欠に絞る。

削るだけでは味も素っ気もなくなるから、磨き上げる作業も必要だ。

*哀《あい》のような常連を出すなら、性格づけの矛盾があってはならない。

第1稿から決定稿にかけて、大幅に話が削ぎ落とされる。

言い換えれば、根っこに当たるアイディアの骨組みが露呈する。最初に考えたネタがよほどしっかりしたものでないと、ミステリの狙いがミエミエになる。コナンくんが謎解きするより先に、視聴者に話のゴールを予測されてはおしまいである。

つまりは根本のアイディアがしっかりしていないと、推敲を重ねるうちにドラマが空中分解するだろう。

思いつき程度のことでは、ものの役に立たずに消えてしまうのだ。

ね、大変でしょう。

ぼくは話をでっち上げるのは好きだが、削り落とす作業には大汗をかく。小説なら原稿用紙800枚でも1冊に纏め

＊ 灰原 哀=『名探偵コナン』に登場するキャラクター。黒ずくめの組織の一員で、飲んだ者の身体を幼児化させる毒薬/APTX4869の開発者。組織脱出のために、薬を飲んで小学生の少女の姿になった。

られるが、テレビアニメは原則24分しかないのだ。

もうひとつ、別な番組の話をしよう。

大半のホンは會川昇が書いたが、中島かずき、虚淵玄《うろぶちげん》といった売り出しのライターも参加したから、メチャメチャに刺激を受けながら、ぼくも2本書かせてもらった（*『コンクリート・レボルティオ 超人幻想』）。「果てしなき家族の果て」（第9話）、「デビラとデビロ」（第17話）である。ミステリではなかったので、ロジックよりファンタスティックな構想力が求められた。

空想・夢想・妄想のたぐいは好物だけれど、自分で自分の思いつきを採点しながらでないと、足元が危くてシナリオを固めることが出来ない。ミステリと違った頭の使い方が必要でどこまでお役に立てたか心もとないが、書いた本人には楽しい経験となった。

どちらもぼくがミステリの世界にどっぷり漬かって、そろそろシナリオの書き方を忘れた頃の注文なので、やはり幸運だったと言うべきだ。

一時は小説ばかりの仕事になって、アニメと無縁になったけれど好きだから見続けていた。それでどうにか平成から令和にかけて、テレビアニメの尻尾にブラ下がることが出来た。細い糸が感覚的に昨日から今日へ繋いでくれたのだ。

◀平成29年コミック・マーケット会場にて。『コンクリート・レボルティオ 超人幻想』のキャラクターデザインを手掛けたひとり、いとうのいぢと辻のツーショット。いとうは、辻 真先のインタビュー集「僕らを育てたシナリオとミステリーのすごい人」（アンドナウの会）4号の表紙も手掛けている。

＊『コンクリート・レボルティオ 超人幻想』＝ボンズ制作のテレビアニメ。第1期を平成27年、第2期を翌28年に放映。水島精二監督。脚本には會川 昇の他、辻 真先、中島かずき、虚淵玄が関わっている。

〝継続〟がぼくを下支えしたことになる。

しつこいと言った方がいいのか、諦めが悪いと言うべきか。そんなことは知らないが、空気を読まずに勝手なとき勝手な話を始めるのは、アスペルガーのせいでもあるのだろう。

先頃日本ミステリー文学大賞を頂戴したときのことだが、帝国ホテルで記者会見をした。そのとき集まった記者さんの中には、ぼくが長くアニメに関係していることをご承知なのか、質問を受けた。

「放映中のアニメで、なにがお好きですか」

「*『ゾンビランドサガ』ですね」

そのアニメの魅力を縷々《るる》として説明したのだが、小説関係の記者さんたちにはピンと来なかったらしく、憮然《ぶぜん》とした風情で受け止められた。

でも直後にぼくをトイレに案内(なにせ前立腺肥大で近いのだ)してくれたホテルの若い人が、廊下でそっとささやいてくれた。

「今日のお話はとてもよくわかりましたよ」

帝国ホテルでゾンビの話をする爺は、さぞ珍奇な人種であったろう。

ぼくの明日とアニメ

数えで言うなら卒寿の爺が「ぼくの明日」なぞと大それたことを言い出すのは図々しいが、でも考えてみればもうあなたは、ぼくの未来につき合っている。

*『ゾンビランドサガ』=MAPPA、エイベックス・ピクチャーズ、Cygames共同企画によるテレビアニメ作品。平成30年にアニメ専門チャンネル/アニメシアターXなどで放送された。境 宗久監督。

ぼくが脱稿直前の『テレビアニメ道』を、現在読んでいる読者のあなただもの、紛れもなくぼくの未来と交差している！　たとえ5分後でも1年後でも、それはぼくの未来なのだから。

――さてそうなると、アニメライターのぼくの未来を語るため、秋に放映を開始する新シリーズ（ぼくも1本お手伝いした）を紹介したいが、あいにく番組の詳細は解禁されていない。

本書が店頭に並び、読者のあなたがこのページに目を通している時点でも、箝口令《かんこうれい》はまだ有効である。というわけで曖昧な言い方しか出来ないが、思えばそのタイトルとおつき合いするのは、半世紀ぶりだ。

ここまで書けば、読者はもう気がついているだろう。

はい、それです、そのアニメの新シリーズです、よく出来ました。

――。

これもまたぼくの未来の一部だが、より至近で確実なぼくの明日は、申し上げた通り本書『テレビアニメ道』である。

したがって本書について書くのは、まんまぼくの明日を語ることになる。

著者はたしかにぼくだけれど、ぼくに書かせたのはメモリーバンク（株）の綿引勝美という男性編集者だ。ところで出版業界では編集者は黒子に徹して、表舞台にノコノコ顔を出さないのがルールなのだろうか。それでも名物扱いされるような編集者、たとえば講談社の宇山秀雄《うやまひでお》（新本格ミステリの育ての親と言っていいだろう）、小学館の山本順也（少女マンガ家の作家性を尊重して多くのマンガ家を見出した）たちは故人ながら、名を知られている。

編集者の大半は出版社という組織のサラリーマンとして、歯車以上でも以下でもないパーツに留まるけれど、中には個性的で図抜けた存在として、作家あるいは作家未満のクリエーターを叱咤激励する人々もいる。

そうした一部にだけスポットを当てるのは、組織としていかがなものかと言われれば、ＮＨＫ時代を思い出して納得するが、それでももどかしく思う気分はある。その気分が高じて、あえて名前を出させていただいた。

本書を企画したのも全体の構成を考えたのも彼、綿引勝美なのです。

彼とぼくのおつき合いは長い。秋田書店にいた頃の彼の風貌は、吾妻ひでおの初期作品をご覧になればよろしい。肉づきのいい編集者がムチをふって吾妻にマンガを描かせているからだ。

ぼくが推理作家協会賞を頂戴した『アリスの国の殺人』の主役綿畑は、彼の名をもじっているが、実像とはまったく逆で、はじめマンガを忌避する編集者という役どころで登場してもらった。昭和56年の刊行である。

つまりはそれ以前からのおつき合いというわけで、一昨年はぼくが昔池上遼一と組んだマンガ『追跡者』を世に出してくれた。

本書のカバーを決めたのも彼だが、現物の絵コンテは手塚治虫の直筆である（カバーに使用したものを含めて、合計7枚の絵コンテをもらった。本書305〜311ページに特別収録）。『鉄腕アトム』の脚本で手塚ともめたときの産物だ。

アトムは夢を見るか？　という主題を面白がった原作者だが、いざぼくがその夢をシナリオにすると難色を示した。

「もう少し奇想天外にしてください」同じ注文を3度繰り返されて、ぼくはキレた。

「先生が考えるアトムの夢は、どんなものですか！」

▲『アリスの国の殺人』（大和書房）
児童書の編集者／綿畑克二は、自分が『不思議の国のアリス』の世界にいる夢を見るが——。

すると彼はぼくの目の前で、アッという間にコンテをなん枚も切って見せた。

それがカバーになったターザンの夢である。

ああそうなのか。

アトムは潜在的に人間になりたい希求を抱いているのか。

たとえ十万馬力を放棄しても、血肉の通った人間でありたいのだ。

いや、手塚はそんな訳知りな言葉を決して口にしない。手すさびのコンテを示しただけで、ただ勝手にぼくがそう思い、アトムを西部劇の少年として登場させると脚本はたちまちパスした。

「先生、このコンテもらっていい？」

「ああ、どうぞどうぞ」

そういうわけでぼくの部屋にあったものが、綿引の目に止まり本書のカバーに仕立ててくれたのだ。

さて、これで彼の構成による本書は――ぼくの明日を含めて、書き終えたことになるのだろうか。

改めて〝構成案〟に目を通して、アリャとなった。

最後に書かれていた、

「アニメ界の未来への提言」

をまだ書いてない。

だがここまで読んで来た読者には、自明のことではあるまいか。

この男、理論立てて書くことがまるで出来ない！

思いつくままキーを乱れ打つことは出来ても、理路整然と読者を圧倒する論旨の展開など望めたもんじゃないのだ。

仕方がない——漫然とだが、未来の日本アニメの潮流を眺めてみよう。

大雑把に言えば、中国に圧倒されてゆきそうだな。

マスコミがクールジャパンと題目を並べている内に、早くもその萌芽《ほうが》はあった。

はるか前から制作本数で日本は劣勢に立っていたからだ。

問題はその作品数を支えるカネだろう。かつて日本のアニメは韓国や台湾などを下請けとして、制作本数を底上げしていた。

今では中国のアニメは日本を下請けにして、先端的な技術を吸収しつつ本数を伸ばしている。外野席にすぎないぼくが力んでもナンセンスだが、垣間見る中国アニメの作画技法の進境は著しい。

戦前の中国にアジア最初の長編アニメ*『鉄扇公主』があったことは有名だし、水墨画に命を吹きこんだ『牧笛』を創作した国でもあって、元来中国はアニメ大国であったのだ。

そんな素地のある国が大枚を投じている。アニメ制作に従事する人の頭数も桁が違い、アニメーターの収入も違うという。

リスクを分散した製作委員会方式で、やっと資金を確保している日本のアニメプロが、とうてい太刀打ち出来るはずもない。

とはいえ、である。

ぼくの乏しい視聴体験からすると、そのあたりのニュアンスは少々違う。海外からのアニメ流入をおさえ、自国のアニメを伸ばそうと躍起の中国は、国の隅々まで一枚岩に仕立て上げるつもりらしい。

そこに企画の硬直が生まれるのではないか、単線思考は確実に作品世界をしなびさせる。戦時中の日本では純粋に絵

＊『西遊記 鉄扇公主の巻』は、上海で制作された、アジア初の長編アニメーション映画。昭和16年公開。『牧笛』は、中国の短編アニメーション映画。昭和38年公開。

の動く楽しさを追求した『くもとちゅうりっぷ』（昭和18年、政岡憲三監督）が、文部省選定を得られなかった前例を思い返そう。

こわばった大国思想の間隙に、日本のアニメが楔《くさび》を打ち込む機会は、これからも十分にある。

我田引水を承知で言うなら、企画脚本演出の自由な裁量が保証される限り、日本アニメにはまだ伸びしろがあるはずだ。

かなり前の話だが、上海でアニメを学んでいる女子大生が大勢で来日した。その彼女たちが『牧笛』の存在を知らなかったので、同席した鈴木伸一、小野耕世、ぼくの3人はびっくりした。

あの水墨画を彷彿とさせるアニメ技法は、文化大革命のとき失われており、今では日本にしか伝わっていないというのである。

文化なぞという不要不急の代物が、乱世にいかに儚いものか身に沁みた。

最後くらい、偉そうな口をきかせていただこう。

作り手も受け手も同時に芽吹いた日本のテレビアニメは、始めから双方向で互いの質を高め合う新しい文化なのだ。

花をしぼませるのは簡単でも、守り育てるのは容易ではない。

読者のみなさんの細くとも尽きない情熱を、アニメに注ぎ続けてください。それがぼくの思い描く明日のアニメです。

『鉄腕アトム』
「夢みる機械」の巻のため
手塚治虫が描いた絵コンテ案

本書のカバー表と裏に掲載された絵コンテは、1964年８月１日放映の『鉄腕アトム』
第81話「夢みる機械」の巻のシナリオ打ち合わせ時に、
手塚治虫が描いた絵コンテ案の一部だ。７枚ある絵コンテの全てを特別に公開する。

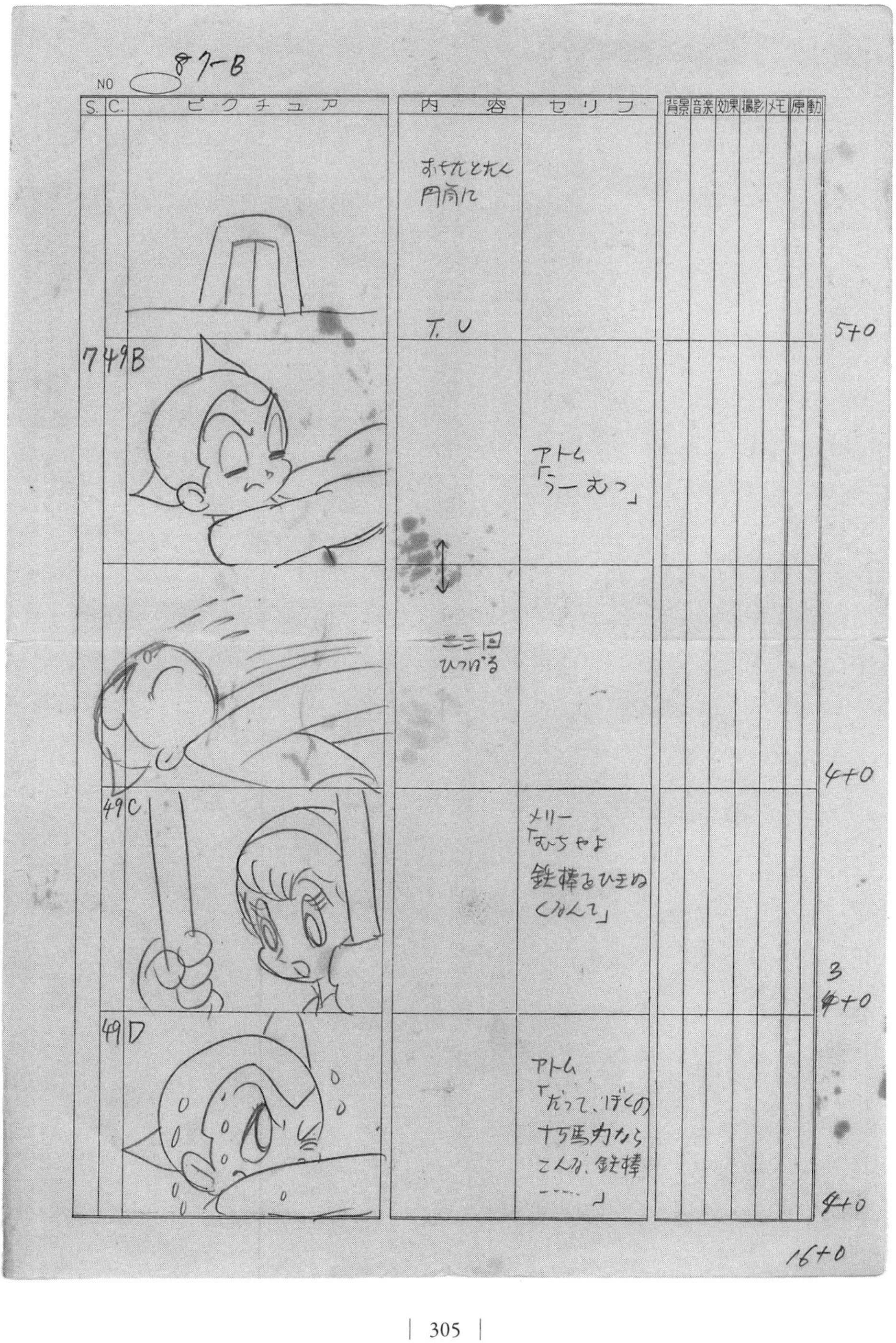
NO 87-B
S.C.
ピクチュア
内容
セリフ
背景
音楽
効果
撮影
メモ
原動
T.U
570
749B
アトム「うーむっ」
二三回 ひっぱる
440
49C
メリー「むちゃよ 鉄棒をひきぬくなんて」
49D
アトム「だって、ぼくの十万馬力なら こんな鉄棒……」
440
1640

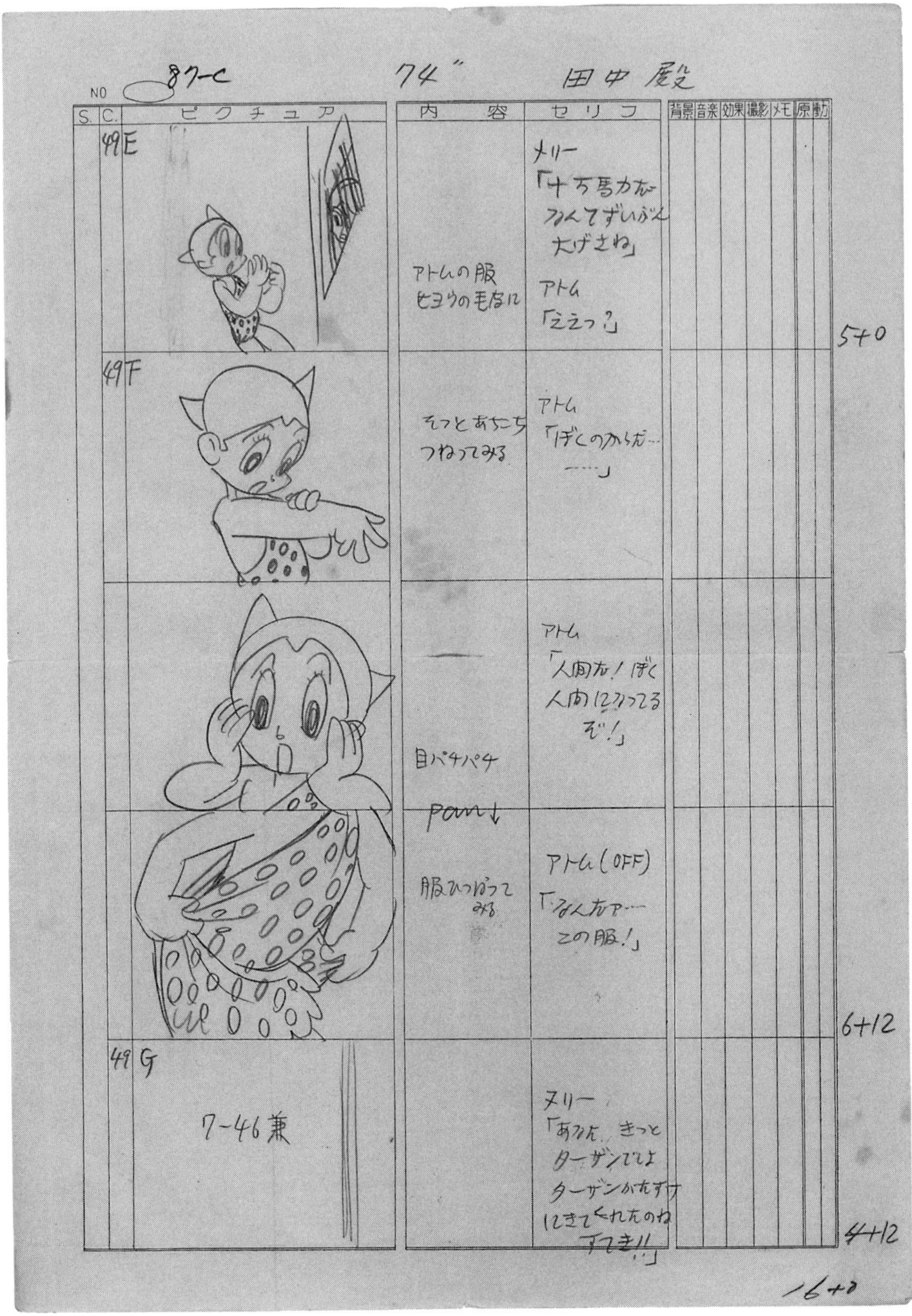
NO 87-C
74"
田中殿
S.C.
ピクチュア
内容
セリフ
背景
音楽
効果
撮影
メモ
原
動
49E
メリー
「十万馬力だなんてずいぶん大げさね」
アトムの服ヒョウの毛皮に
アトム
「ええっ？」
5+0
49F
そっとあちこちつねってみる
アトム
「ぼくのからだ……」
アトム
「人間だ！ぼく人間になってるぞ！」
目パチパチ
pan↓
服ひっぱってみる
アトム(OFF)
「なんだァ…この服！」
6+12
49G
7-46兼
メリー
「あなた、きっとターザンでしょ ターザンがたすけにきてくれたのね すてき!!」
4+12
16+0

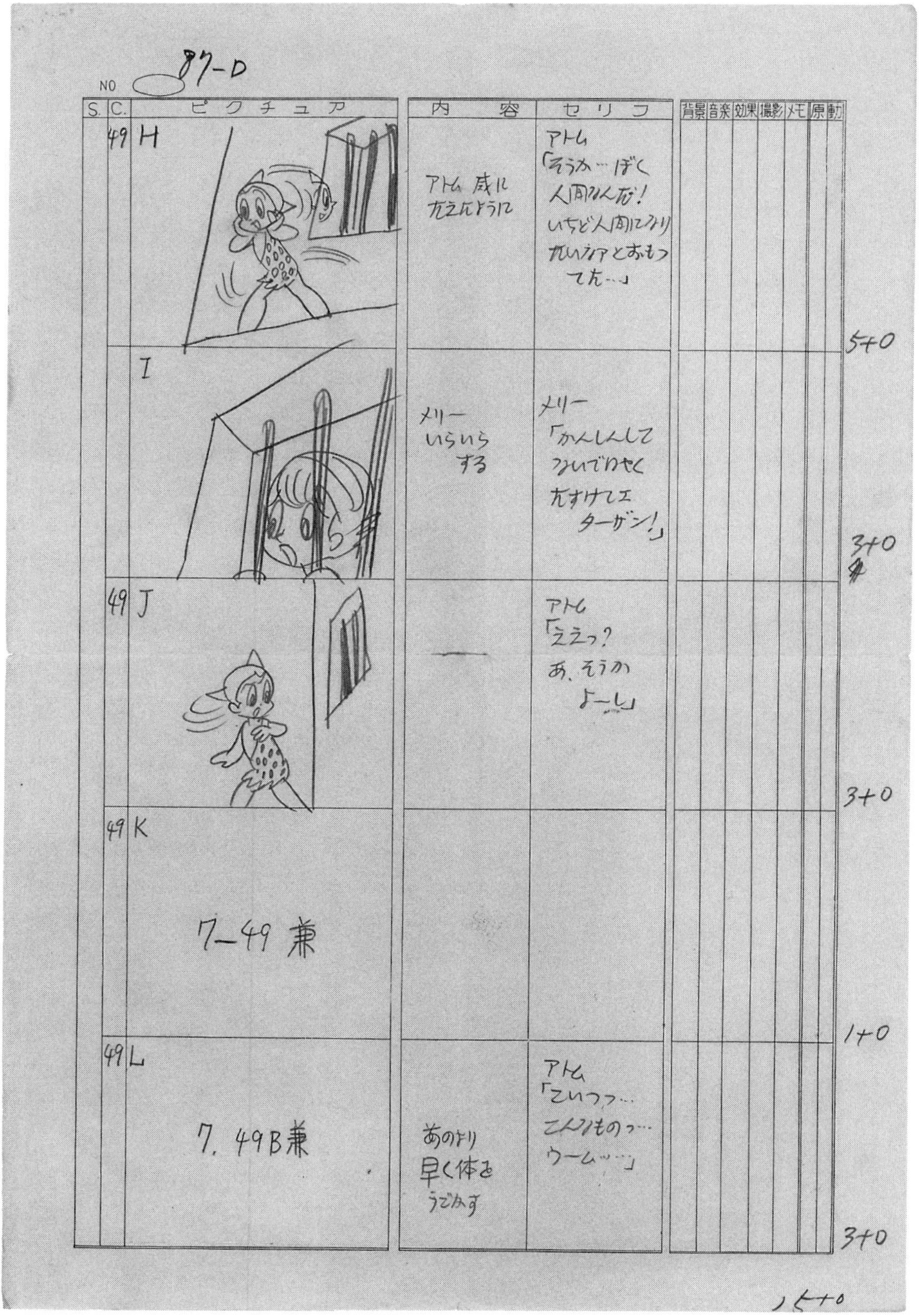
NO 87-D
S.C.
ピクチュア
内容
セリフ
背景
音楽
効果
撮影
メモ
原
動
49 H
アトム 感にたえたように
アトム「そうか…ぼく人間なんだ! いちど人間になりたいなアとおもってた…」
5+0
I
メリー いらいらする
メリー「かんしんしてないでわやく たすけてエ ターザン!」
3+0
49 J
—
アトム「ええっ? あ、そうか よーし」
3+0
49 K
7-49 兼
1+0
49 L
7. 49B兼
あのより早く体をうごかす
アトム「こいつっ… こんなものっ… ウーム…」
3+0
15+0

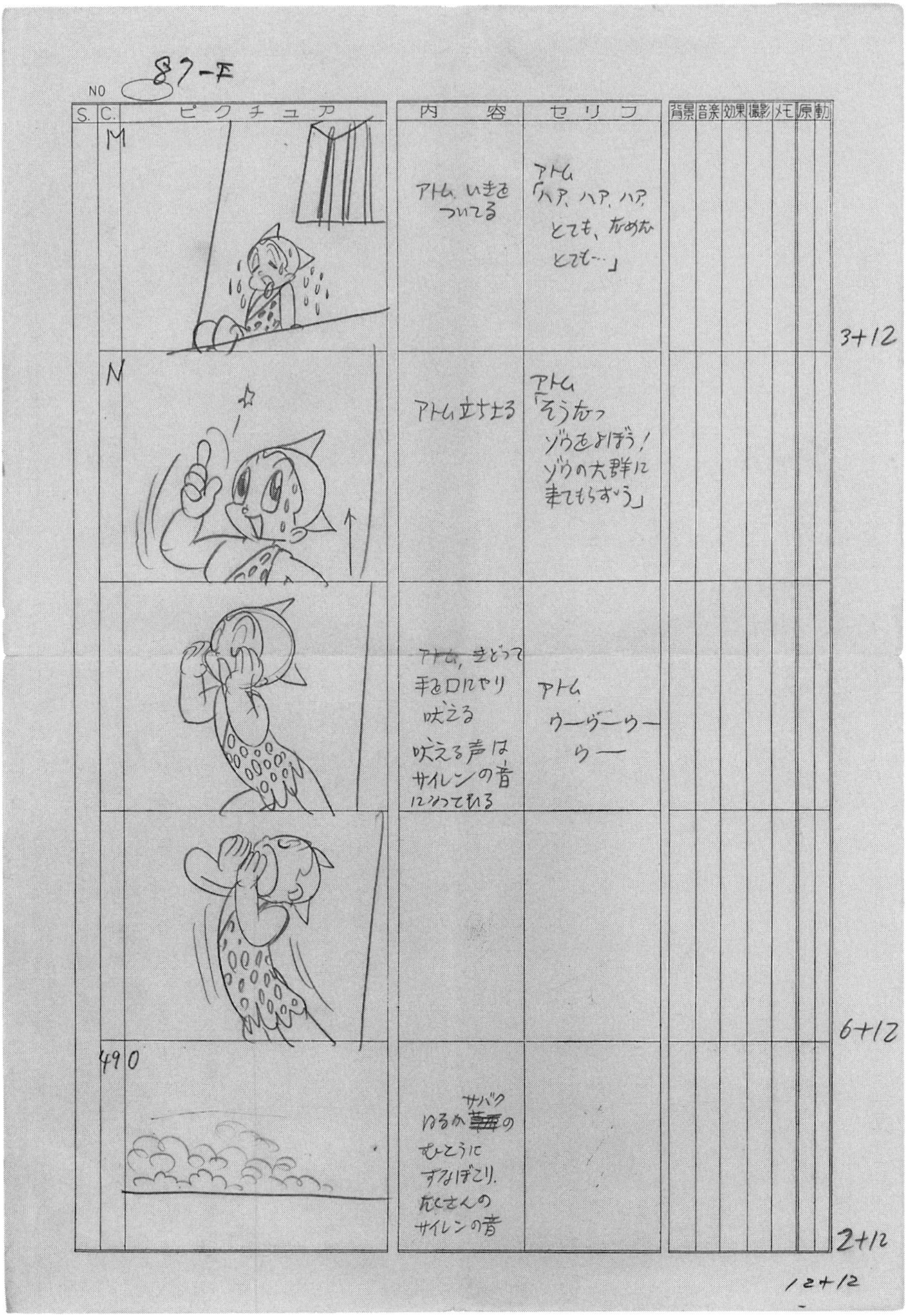

NO 87-F

S.	C.	ピクチュア	内容	セリフ	背景	音楽	効果	撮影	メモ	原	動	
	M		アトム、いきをついてる	アトム「ハア、ハア、ハア、とても、だめだとても…」								3+12
	N		アトム立ち上る	アトム「そうだっゾウをよぼう！ゾウの大群に来てもらおう」								
			~~アトム、~~ まどって手を口にやり吠える 吠える声はサイレンの音になってゐる	アトム ウーヴーウー ウー								
												6+12
49	O		はるか~~草原~~サバクのむこうにすなぼこり、たくさんのサイレンの音									2+12

12+12

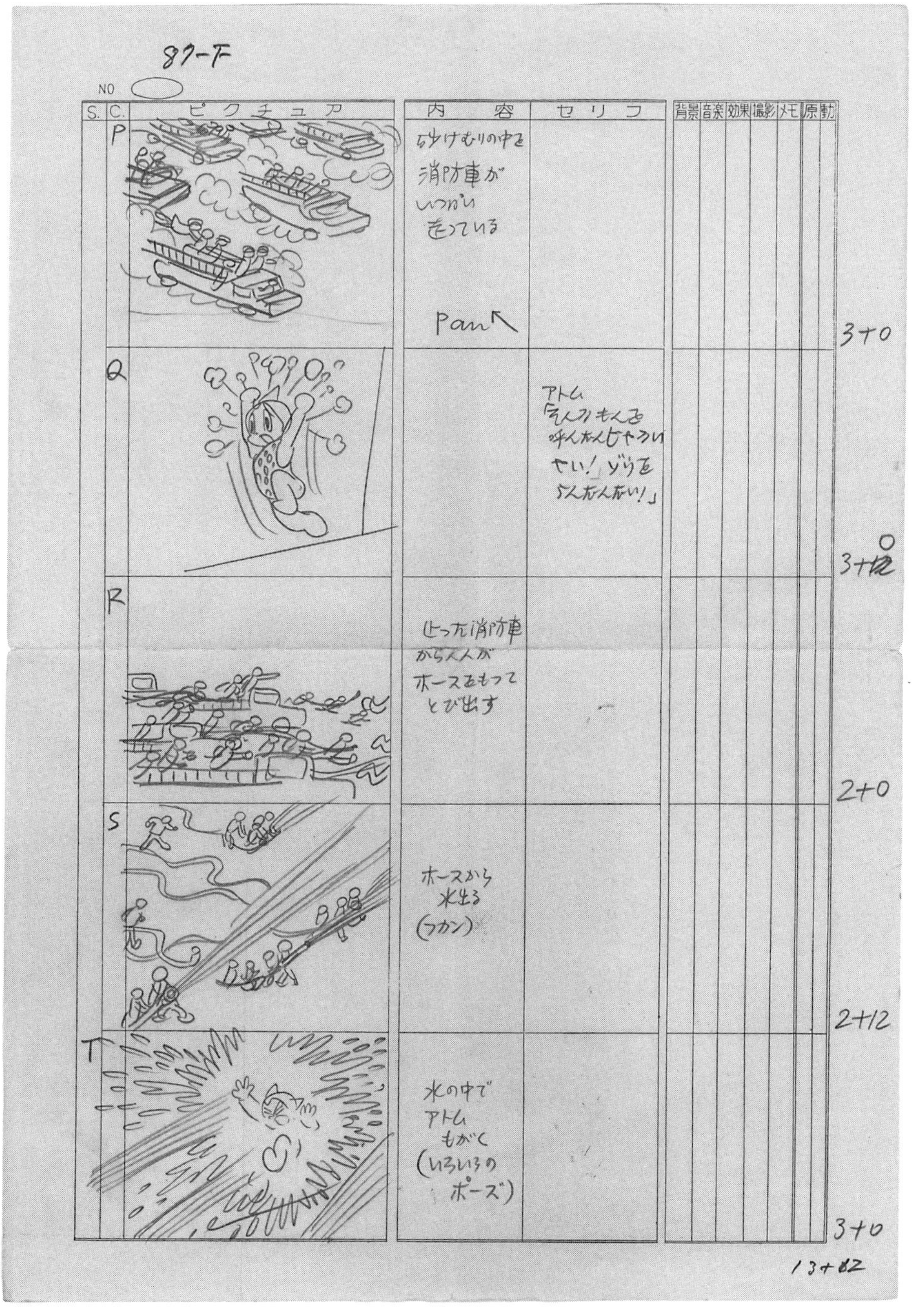
87ーF
NO
S. C. ピクチュア
内容 セリフ
背景 音楽 効果 撮影 メモ 原 動
P
砂けむりの中を 消防車が いっぱい 走っている
Pan↖
3+0
Q
アトム
「そんなもんを 呼んだんじゃない やい！」
3+12
R
止った消防車から人が ホースをもって とび出す
2+0
S
ホースから 水出る （フカン）
2+12
T
水の中で アトム もがく （いろいろの ポーズ）
3+0
13+12

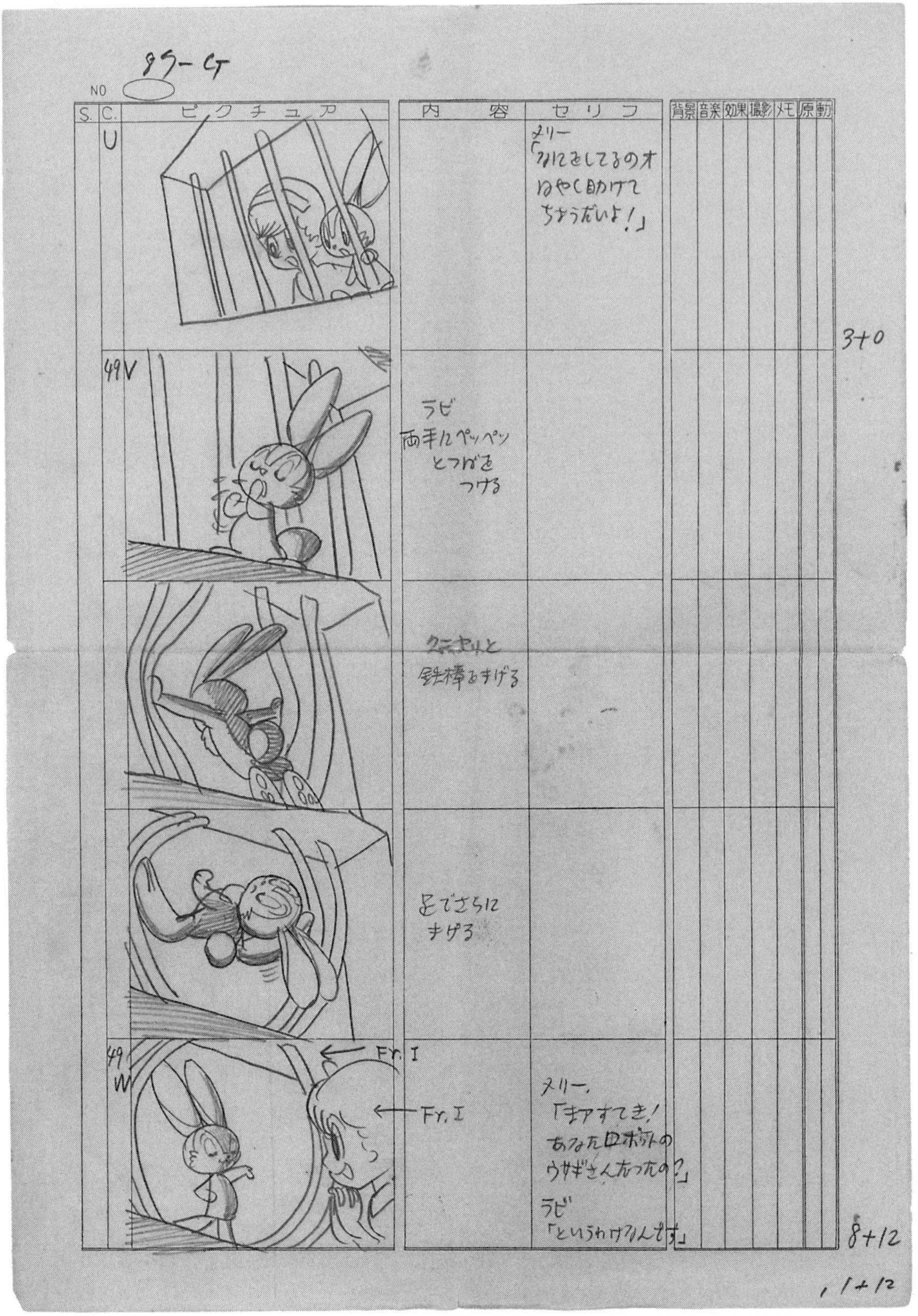

85-G
NO
S.C.
ピクチュア
内容
セリフ
背景
音楽
効果
撮影
メモ
原動
U
メリー「なにをしてるのオ　はやく助けて　ちょうだいよ！」
3+0
49V
ラビ　両手にペッペッとつばをつける
グニャリと鉄棒をまげる
足でさらにまげる
49W
Fr. I
Fr. I
メリー「まアすてき！　あなたロボットのウサギさんだったの？」
ラビ「というわけなんです」
8+12
11+12

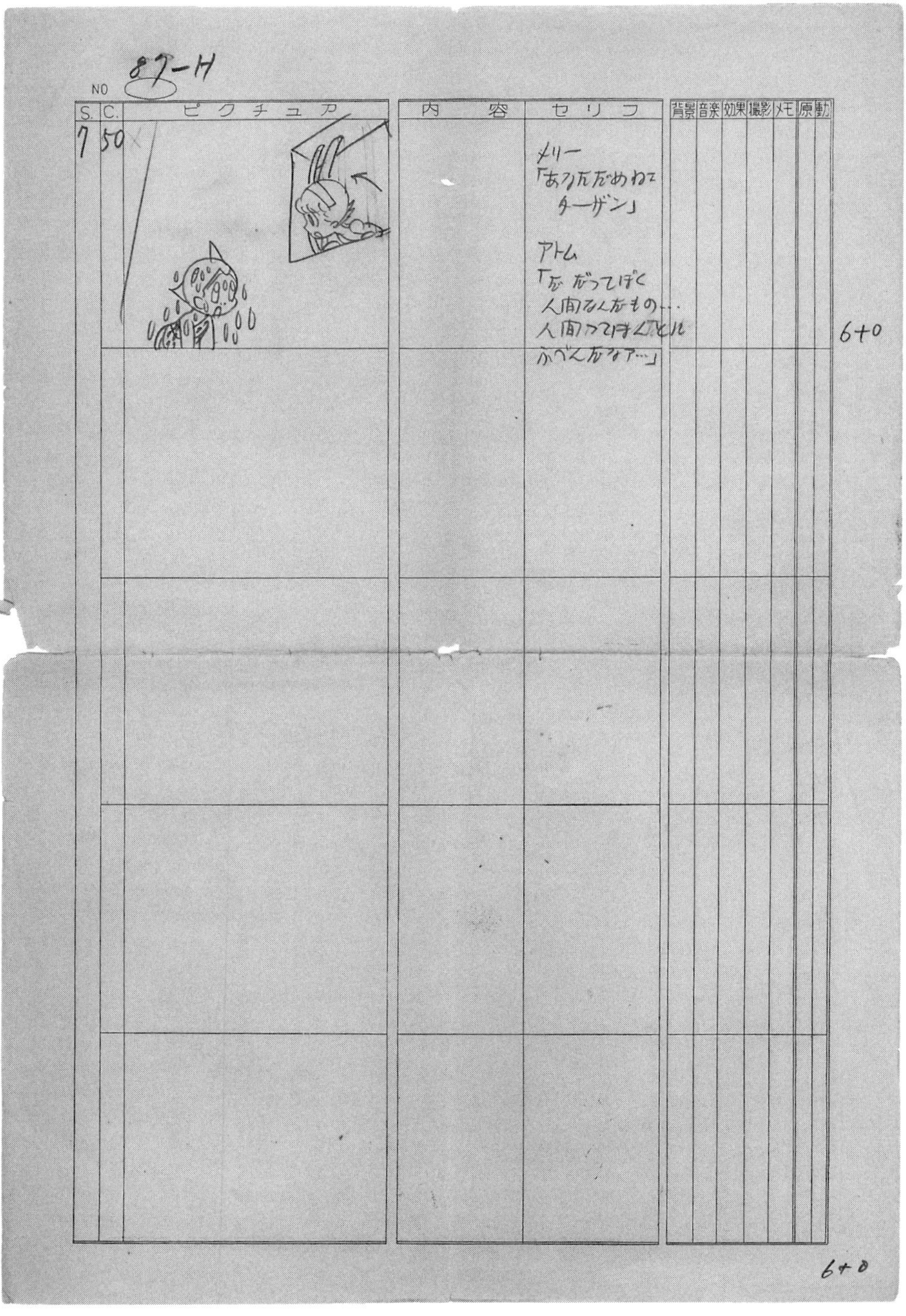
87-H
NO
S. C. ピクチュア
内容 セリフ
背景 音楽 効果 撮影 メモ 原動
7 50
メリー
「あんただめねェ
ターザン」
アトム
「だ だってぼく
人間なんだもの…
人間ってほんとに
ふべんだなア…」
6+0
6+0

辻 真先

思い出アルバム①

マンガ好き、アニメ好きが幸いして、アニメの仕事をするようになった辻 真先先生。
TBSのマンガルーム（TCJ）を皮切りに、虫プロダクション、東京ムービーなどに
その仕事を拡大させて行く。若かりし辻先生の貴重な仕事現場のスナップを２枚紹介する。

▲虫プロ文芸課にて、机に向かう辻 真先先生。
写真奥に豊田有恒が並んでいる。

▲『スーパージェッター』制作の頃、TCJスタジオで撮影された１枚。
前列右から、半村 良、辻 真先、川島治之、山村正夫、加納一朗。後列はTBSとTCJの職員。

▲辻 真先先生のアニメコレクション。
自らが携わった『空飛ぶゆうれい船』『鉄腕アトム』から、影響を受けた海外アニメまで関連資料を収集していた。

辻 真先
思い出アルバム②

仕事の場をアニメから小説にシフトした辻真先先生。
小学館のジュニア小説誌「パレット」の取材時のスナップがこれだ。
浅間温泉に設けた仕事場での２枚を紹介する。

▲パソコンに向かう辻先生。
キーを叩く手を休めてカメラに目線をもらった。

▲資料からメモを取る辻 真先先生。
短編であっても長編であっても資料をいかに使うかが大切だ。

スペシャルインタビュー

『巨神《ジャイアント》ゴーグ』で目の当たりにした、辻真先さんの間口の広さ

安彦良和

私が虫プロダクションの養成所に入ったのは24歳の時。養成期間を終えるとすぐ*『さすらいの太陽』が待っていた。当時の虫プロは*『あしたのジョー』がメインで、スタッフが手薄だったこともあったと思う。動画だけでなく、いろいろな雑用が回ってきた。ヒロインの服だとか車だとか、いちいち資料を調べて描いた。いってみれば、設定助手だが、それにプラス、作画監督の野辺駿夫さんから「手が回らない。顔ぐらいなら君も直せるだろう」と言われて、修正まで手伝わされていた。

その頃の辻真先さんといえば、アニメのシナリオライターとしてはベテランとして活躍している。エイケンの『エイトマン』を皮切りに、虫プロでは『鉄腕アトム』『ジャングル大帝』などのシナリオを書いている。しかし、この時代のことを私は知らない。アニメも観ていなかった。

私がアニメーターとして生活を始めた頃には、辻さんは『ゲゲゲの鬼太郎』や『巨人の星』『タイガーマスク』『サザエさん』などの人気アニメのシナリオを書いていた。フリーになっていた私はサンライズの仕事を手伝うようになり、『勇者ライディーン』をやったものの、そこに辻真先の名があることを知ったのは、つい最近のことだ。この時はなぜか辻さんとの接点を作れていなかった。

私が辻真先さんとご一緒させていただいたのは、後にも先にも『巨神《ジャイアント》ゴーグ』だけ。それ以前には、私は辻さんと接点を持てるような立場になかったというのが正直なところだった。

＊『さすらいの太陽』＝藤川桂介原作、すずき真弓作画のマンガを元にしたテレビアニメ。昭和46年、フジテレビ系で放映。

＊『あしたのジョー』＝高森朝雄（梶原一騎）原作、ちばてつや作画のマンガをアニメ化。昭和45年〜翌46年にかけてフジテレビ系で放映。

辻真先さんを『巨神ゴーグ』のメインライターに推したのは私、安彦良和だ。辻さんは憧れの人。一度はご一緒したいと思っていた。アニメを仕事にしている私だ。いっぱしの者になりたいと思うのは自然のことだろう。「辻さんと仕事をやった」とキャリアアップをしたかったのだ。

とにかく辻真先といえば、テレビアニメ草創期から実にたくさんの仕事をしているベテランライター。さらにミステリ小説も上梓している。ネームバリューは超一流。長い間、私のような若造には縁のない人と思っていたが、『機動戦士ガンダム』の成功で、私にも自信らしいものが芽生えていた。

その上、お願いしようという『巨神ゴーグ』は、私が原作で監督。監督権限で「メインライターは辻真先にして欲しい」と言えば実現するかと思い口にしていた。これが意外とすんなり通って辻真先起用が決まった時は嬉しかった。『機動戦士ガンダム』の成功で依頼できた憧れの巨匠・辻真先さん。一緒に組んでみて間口の広さに驚かされた。辻さんとの打ち合わせでその引き出しの多さを目の当たりにさせられた。ゴーグは中世の甲冑とか、植輪をイメージしていると私が伝えると「ユダヤ伝説のゴーレムですね」とドイツ映画の『巨人ゴーレム』（大正9年公開）の話が返ってくる。そう言われても私はうなずくしかない。私の引き出しには、手塚治虫の『魔神ガロン』とスティーヴンソンの『宝島』しかなかった。それでやりたいというと辻さんはうなずいてくれた。

監督とライターというと、物語の展開でしばしば激論が交わされる。しかし、辻さんとの打ち合わせでは議論にもならなかった。私が打ち合わせの時に展開に疑問があると言うと、辻さんは別の引き出しを開けて新しい展開を出してくる。だからといって「不勉強だね」とか「それは違う」という言葉は1回だって聞いたことがない。今でも「やってもらったなあ」という満足感だけが残っている。

アニメの演出というのは、実際以上に細かく考えないといけないことは言うまでもないだろう。20分の番組だったら、

30秒とか1分弱のオーバーでまとめなければならないのだ。カット数から作画枚数まで計算して演出する。しかし、そこまで計算してシナリオを書く人には会ったことがない。

シナリオ通りに演出すると尺が収まらない、見た目がイマイチ派手にならない、となるとブラッシュアップも含めて全部演出が処理をする。そこで、シナリオを変えた、変えないと言われたら仕事が止まってしまうことになる。私は『巨神ゴーグ』でも、そのやり方は変えていない。シナリオの2校、3校でも注文をつけたし、絵コンテで直した部分も相当ある。辻先生ほどのキャリアの人が、若造の私がシナリオをいじっても何も言わない。すごいと思ったし、助かりもした。

こちらからお願いして書いてもらった、いわば玉稿に手を入れる。それにどういう反応が来るかとスリリングな思いがしたのも事実だが、それも最初のうちだけだった。辻真先さんの度量の広さに私は図に載って『巨神ゴーグ』を完成させていった。

辻さん、『巨神ゴーグ』ではお疲れ様でした。そして、『辻真先のテレビアニメ道』刊行、おめでとうございます。私もテレビアニメ裏面史を楽しみたいと思います。

（談）

安彦良和（マンガ家）

昭和22年、北海道生まれ。昭和45年、虫プロ養成所の2期生として入社。以後フリーとして、『宇宙戦艦ヤマト』『勇者ライディーン』『超電磁ロボ コン・バトラーV』『機動戦士ガンダム』『巨神ゴーグ』などのアニメに携わる。昭和54年、『アリオン』でマンガ家デビュー。現在『乾と巽 -ザバイカル戦記-』を執筆中。

取材・執筆／綿引勝美　＊文中一部敬称略

▲『巨神ゴーグ　DVD-BOX』ジャケット（イラスト／安彦良和）
平成17年に発売されて、全26話を収録したDVDのほか、復刻盤サントラCDを収めた豪華仕様で人気となった。
◎令和４年には、新たに『巨神ゴーグ』Blu-lay-BOXの発売が決定している（発売日、価格など詳細未定）。
乞うご期待！

協力／株式会社サンライズ

あとがきにかえて

藤子・Ｆ・不二雄先生の短編に『おれ、夕子』がある。中学生のおれが、ある日突然、亡くなった恋人の夕子になってしまうという、真夏の夜の夢のようなお話だ。藤子・Ｆ先生は私に「あれは怪談ですよ」と笑いながらＯＶＡ「ＳＦ《すこしふしぎ》短編シアター」への組み込みを了解していただいた。

シナリオをお願いしたのは辻真先先生だった。当時の辻先生はミステリに活躍の場を移していた。わずか32ページの短編を、他の短編と合わせて2階建ての1時間もののＯＶＡにするという無茶なお願いにさぞかし驚かれたに違いない。

おれと夕子のデートシーンからお話をスタートさせる。そこでポール・ゴーギャンの『われわれはどこから来たのか、われわれは何者か、われわれはどこへ行くのか』の名画を観賞させたい。その帰路、おれと別れた夕子は交通事故に遭って不帰の人となるが、救急車のサイレンとおれが出会った少年の手から放たれた風船にその死を象徴したい。思いつくまま、藤子・Ｆ原作にはない冒頭のイメージを伝えてお願いした。私のいつもの無茶ぶりと承知をしながらも引き受けていただけたのは幸いだった。

当時の辻先生の仕事場は浅間温泉にあった。ミステリの締め切りの合間を縫っての執筆だったと思う。『おれ、夕子』のシナリオは深夜にかけて、私の仕事場にＦＡＸされて来た。独特な、辻先生の肉筆原稿。その1枚1枚に目を通してゆく私。次から次に送られて来るシナリオの行間に溢《あふ》れる夕子の思いに涙がこぼれて仕方がなかった。

おれに変身した夕子。しかし、夕子は愛するおれに会うことは出来ない。父親にその悲しみを訴える夕子。最愛の娘を蘇らせた父親。そこにはお互いのエゴだけでは解決できない不条理があった。夕子の切々たるセリフは、怪談の枠を越え生命論に昇華していた。

辻先生と私の仕事。いつだってマンガを愛して止まない辻先生への私の甘えで始まっているようだ。ここに上梓する『辻真先のテレビアニメ道』もマンガを、アニメを愛して止まない辻真先先生のシナリオ作法に注目して企画している。マンガからアニメへ、アニメからコミカライズなどの普及作品などなど。マンガとアニメの架け橋ともなる辻真先先生のシナリオ。紹介した図版も原作マンガ、コミカライズ作品、ソノシート、レコードなどを中心としたのも、マンガとアニメの交流がいかに広かったかを意図したものだ。１本のアニメはさらに世界を広げて多くのファンを動員していることを知っていただきたいと思うからに他ならない。

綿引勝美

おことわり

本書の中の一部の表現で、現在では不穏当であるとして使用を控える文言が使われている箇所がありま す。しかしながら、作者に差別意識がないことは本書全体を通じて見れば明らかであり、あらゆる差別への抗議の意識が流れていると、わたしたちは考えています。こうした観点と、本書の舞台となる時代の背景、展開上の必然性を考慮し、また著作者人格権の観点から、原文を生かして刊行することにいたしました。読者の皆様におかれましては、何卒ご賢察、ご理解くださいますようお願いいたします。

立東舎

辻 真先のテレビアニメ道

著者　辻 真先

企画・編集　綿引勝美（メモリーバンク株式会社）
解説・編集　柿原麻美、綿引由美（メモリーバンク株式会社）

発行人　古森 優
デザイン／DTP　木村由紀（MdN Design）
担当編集　山口一光
発行　立東舎
印刷・製本　シナノ書籍印刷株式会社

資料協力　一般社団法人 日本脚本アーカイブズ推進コンソーシアム

キャニオン・レコード、シンエイ動画、TCJ（エイケン）、手塚プロダクション、東映、
東映動画（東映アニメーション）、東京レーザーディスク、東京ムービー（トムス・エンタテインメント）、
日本サンライズ（サンライズ）、フライングドッグ、ヘラルド・エンタープライズ、虫プロダクション

秋田書店、朝日ソノラマ、講談社、集英社、小学館、少年画報社、竹書房、天夢人、東京創元社、
徳間書店、早川書房、扶桑社、双葉社、二見書房、大和書房

写真協力　石森プロ、いとうのいぢ、小山茉美／青二プロダクション、豊田有恒、
永井 豪とダイナミックプロ、永島小百合、魔夜峰央、安彦良和

写真提供　池田憲章、辻真先

（以上、五十音順）

参考資料　アニメ文庫「TVアニメ史」シリーズ『ロボットアニメ編』、『SFアニメ編』、『少女アニメ編』（以上、朝日ソノラマ）、『虫プロダクション資料集1962～1973』（虫プロダクション株式会社）、『東京ムービーアニメ大全集』（監修／東京ムービー、タツミムック）、『魔女っ子大全集〈東映動画編〉』（バンダイ）、『手塚治虫劇場』（手塚プロダクション）、『TVアニメ25年史』（アニメージュ編集部編、徳間書店）、その他